HR管理整体解决方案丛书

薪酬管理整体解决方案

共享价值分配新规则

于彬彬◎著

中国法制出版社
CHINA LEGAL PUBLISHING HOUSE

目录

CONTENTS

第一章　薪酬整体框架——多维度审视薪酬 // 001

1.1　企业内部运行神秘规律——企业生存铁三角 // 002

1.2　薪酬分配层次 // 003

1.3　腾讯公司薪酬分配层次实践案例 // 006

1.4　富士康公司薪酬分配层次实践案例 // 008

1.5　薪酬分配理念 // 010

1.6　华为的“获取分享”理念 // 013

1.7　名企高管薪酬分配观 // 015

第二章　岗位价值评估——工资不患寡而患不均 // 017

2.1　岗位价值评估 // 018

2.2　岗位价值评估的五个特点 // 020

2.3　咨询公司岗位评估工具的局限性 // 021

2.4　设计岗位价值评估模型（工具）// 021

2.5　岗位价值评估流程 // 024

2.6　岗位价值评估结果的应用 // 028

2.7　某地产集团岗位评估实践案例 // 028

2.8　中国移动集团省级公司岗位价值评估实践案例 // 034

2.9　某万人规模企业岗位价值评估实践案例 // 037

第三章　薪酬结构设计——打造薪酬之船 // 055

3.1　薪酬结构的形式 // 056

3.2　薪酬结构等级设计 // 064

3.3　薪酬职级设计 // 066

3.4　如何为员工设计职业生涯通道 // 066

3.5　薪酬级幅度设计 // 067

第四章　薪酬调查数据——让付酬更精准 // 069

4.1　薪酬调查的核心价值 // 070

4.2　薪酬调查的内容 // 071

4.3　如何购买薪酬报告 // 072

4.4　如何参与行业薪酬调查 // 073

4.5　如何获得免费的薪酬数据 // 074

第五章　薪酬策略机制组合——薪酬设计“三剑客”// 077

5.1　薪酬水平策略 // 078

5.2　薪酬弹性策略 // 081

5.3　薪酬水平与弹性策略的结合应用 // 083

5.4　华为的薪酬策略演变实践案例 // 085

5.5　薪酬构成设计 // 086

5.6　万科公司的薪酬构成实践案例 // 088

5.7　岗位序列薪酬构成 // 092

5.8　中国工商银行的薪酬构成实践案例 // 094

5.9　某投资集团薪酬体系搭建实践案例 // 109

第六章　定薪调薪机制——薪酬动态管理“亲兄弟”// 113

6.1　如何为公司员工首次定薪 // 114

6.2　如何为社会招聘人员定薪 // 115

6.3　如何为应届毕业生定薪 // 115

6.4　如何对全员普调薪酬 // 116

6.5　如何设计薪酬晋级机制 // 118

6.6 如何为晋升的员工调薪 // 120

6.7 如何为轮岗员工调薪 // 120

6.8 如何为业绩不佳员工降薪 // 121

第七章 绩效激励管理——激励之剑 // 123

7.1 绩效管理发展阶段 // 124

7.2 绩效管理经典方法论 // 126

7.3 绩效管理的策略 // 129

7.4 绩效指标套分类 // 131

7.5 绩效指标套设计方法 // 134

7.6 绩效指标权重设计 // 136

7.7 绩效目标设计 // 136

7.8 奖惩机制设计 // 138

7.9 华为营销系统关键绩效指标（KPI）与奖金考核办法实践案例 // 141

7.10 恒大地产项目奖励实践案例 // 145

第八章 薪酬管理技巧——薪酬体系运行维护的门道 // 155

8.1 员工加薪的要求是同意还是拒绝 // 156

8.2 如何平衡新老员工薪酬倒挂 // 157

8.3 如何正确理解薪酬内部公平性 // 158

8.4 如何解决薪酬外部竞争力不足问题 // 158

8.5 如何正确理解薪酬的激励性 // 159

8.6 薪酬保密还要不要 // 160

8.7 如何进行薪酬总额预算 // 161

8.8 如何进行薪酬管控 // 162

8.9 年终奖金的管理技巧 // 163

8.10 创业企业如何进行薪酬管理 // 166

8.11 快速成长企业如何进行薪酬管理 // 168

8.12 企业并购如何进行薪酬管理 // 170

8.13 战略目标调整下如何进行薪酬管理 // 171

8.14　为什么可以将薪酬绩效业务托管 // 173
8.15　薪酬咨询外包如何选择咨询机构 // 174
8.16　薪酬咨询项目如何落地 // 177
第九章　集团公司薪酬分配管控与激励——母子公司管控之道 // 181
9.1　如何为子公司总经理定薪 // 182
9.2　某投资控股子公司负责人薪酬管理实践案例 // 183
9.3　集团如何对子公司进行工资总额管控 // 187
9.4　某集团子公司职工收入分配指导意见实践案例 // 190
9.5　如何设计分子公司激励机制（含某科技公司办事处绩效激励实践案例）// 192
9.6　如何设计公司总部年终激励方案（含中银国际薪酬激励与约束机制实践案例）// 197
9.7　如何设计项目型子公司激励机制（含某地产项目公司项目奖金实践案例）// 202
9.8　如何设计任期奖励制度（含某教育集团下属某事业部经营团队任期激励实践案例）// 206
9.9　如何设计利润分享计划（含某公司利润分享计划实践案例）// 209
9.10　薪酬绩效激励中心的建设 // 212
9.11　如何进行薪酬审计 // 213
第十章　薪酬与人均效益管理——透视指标背后的管理逻辑 // 215
10.1　人均效益增长是管理的核心 // 216
10.2　人均效益指标是同行比较的标尺 // 217
10.3　58 同城营销中心 2014 年 Q1 人效分析报告最佳实践 // 219
10.4　经典人效指标套 // 224
10.5　提高人均效益的方法 // 226
第十一章　非上市公司股权激励——动态股权激励 // 233
11.1　非上市公司股权激励的本质 // 234
11.2　非上市公司股权激励的作用 // 236

11.3 非上市公司股权激励启动时机 // 237
11.4 如何设计虚拟股权激励机制 // 239
11.5 北京精冶源虚拟股权激励实践案例 // 242
11.6 非上市公司实施股权激励的几个主要问题 // 247
11.7 如何设计非上市公司股权激励机制 // 249
11.8 河北某教育集团公司股权激励实践案例 // 250
第十二章 薪酬的变革趋势 // 257
12.1 薪酬变革的趋势 // 258
12.2 企业薪酬变革环境准备 // 261
12.3 阿米巴体系下的薪酬变革 // 264
12.4 合伙制薪酬体系变革 // 267

1 第一章

薪酬整体框架——多维度审视薪酬

企业薪酬管理水平高低如何评价?

企业生存铁三角中蕴含什么规律?

薪酬分配体系由哪几个层次构成?

企业有薪酬制度为何却效果不好?

腾讯和富士康分配层次有何特点?

薪酬分配理念对企业有什么帮助?

如何理解薪酬分配理念是“分多少”?

任正非如何评价“获取分享制”?

一个企业薪酬管理水平的高低，主要表现在三个方面：第一，公司有清晰的薪酬分配理念；第二，公司有合理的薪酬分配层次；第三，薪酬分配体系对公司业绩目标的实现有保障作用。

1.1 企业内部运行神秘规律——企业生存铁三角

任何经营性企业，都隐藏着一个看不见但无时无刻不在循环运作的机制，这个机制包含三个要素：活下去、创造价值、分配价值，称为“企业生存铁三角”。

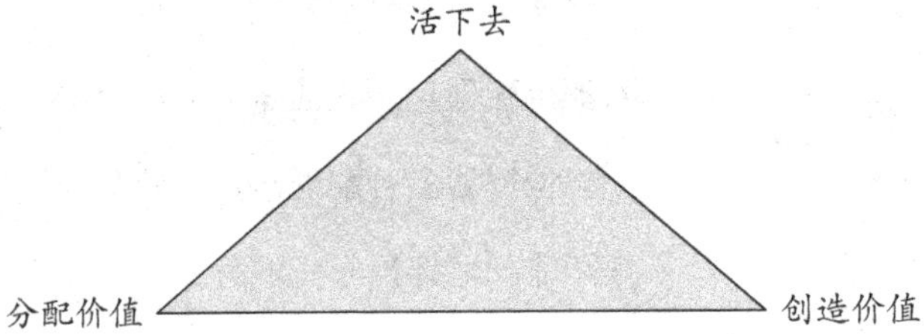

图 1-1 企业生存铁三角

企业生存铁三角的起点是“活下去”，即作为一个经营性企业，从创立之时起最基本的条件就是活着，如果活不下去也就不能成为企业，至少是不能再创造价值的企业。可以说，活下去是企业存在的终极使命。

活着的企业就要创造价值，创造价值是企业存在的意义，活得越好的企业就能创造更多的价值。当企业不再创造价值时，也就失去了活着的意义。

创造价值的企业必然分配价值，分配价值是企业存在的基础。价值分配越合理、越有效，企业就会活得越好；反之，如果企业分配搞不好，企业就会出现问题，很可能就活不好。任正非曾经说，他在华为 20 年就是把钱分好了，钱分好了，组织就活了。

企业生存铁三角是客观存在的，而且循环运转。运转的状态分为两种：一是良性运转，活着—创造价值—分配价值—活得更好—创造更多价值—分配得更好—活得更好，周而复始；二是恶性运转，活着—创造价值—价值分配不好—活得不好—创造更少的价值—活得更加糟糕，企业逐渐走向衰落。

从企业生存铁三角的运转规律看，分配价值起到了至关重要的作用，是企业运转好坏的关键。

1.2 薪酬分配层次

公司薪酬体系不是一个简单的混沌整体，而是有层次的，称为薪酬分配层次。不同层次有不同层次的特点，起到不同的作用，设计时采用不尽相同的分配依据，体系中的激励制度结合应用可以达到最佳激励效果。

第一层次：保障生活的工资

这里所说的工资是泛指，一般分为固定部分和浮动部分，浮动部分主要是绩效工资，主要作用是保障员工基本生活，如果相对高一些员工幸福感会更强。工资发放有一定规律，一般是每月发放一次。个别企业每周发放一次。通过拆分，工资中的部分比例可以延迟到年底一次发放，这部分工资一般称为年终绩效工资。

工资是薪酬分配体系的基础，能够公平、公正地分配好工资并不容易，很多公司在这方面做得并不好。也有不少公司没有对工资进行过精心设计，只是随便将工资划分为几个名目发放，很少考虑这些名目能起到的激励作用。

从薪酬弹性的角度看，虽然工资包含一定比例的浮动部分，但是仍然具有较大的刚性，也就是说在业绩非常不好的情况下，大部分工资还是要发给员工的。薪酬弹性并不是可以随意增加或减少的，否则会对员工的心态和行为产生较大影响。有一些企业工资中的浮动部分所占比例高于一般行业，主要还是这些企业的工资水平相对较高，降低固定部分工资比例也不影响员工基本生活。

从激励角度看，工资的固定部分具有明显的保障作用，浮动部分具有明显的激励作用。如果企业工资水平偏低，激励作用相对不明显，严重的甚至具有明显的负激励作用，员工工作就会懈怠，没有工作积极性。如果企业工资水平较高，工资就会具有越来越强的激励作用。

认为工资没有激励作用是片面的甚至是错误的认识。

第二层次：与目标达成挂钩的奖金

工资是员工的基本生活保障，奖金是针对业绩目标实现后给予的奖励，也是员工总收入的一个重要组成部分。

由于奖金与目标挂钩，所以奖金具有较大的弹性，目标没有实现，奖金就会打折扣甚至取消。奖金是员工通过努力挣来的，所以奖金不会增加公司的成本，也不会牺牲公司的利润，公司只是设置了某种与员工之间的分成机制而已。

在奖励机制面前，企业与员工是公平对等的，目标实现的效果关键看奖励机制对于员工是不是有诱惑力。强压业绩目标的方法虽然有效，但要真正调动员工内在主观能动性，还是要让奖励更有吸引力，更符合人性。奖励机制好不好，要看符不符合人性，能够调动员工积极性的才是好机制。

奖励机制有一个特点是灵活，可以针对不同的目的设置相应的奖励制度，也可以根据任务时点设计奖励制度。一个奖励制度结束，还可以再设计一个奖励制度。

奖励制度讲究即时激励，最好是能及时兑现相应奖励，虽然年终奖金不可少，但是这种奖励时间太长，激励效果会打折扣。尤其是对销售人员，有业绩就即时兑现奖励，这样才能让他们的销售积极性持续保持，创造更高的业绩。

第三层次：分享剩余价值的利润分享

企业经营到年底，经营得好就会有剩余利润，这里所说的利润一般指净利润。净利润就是政治经济学里面所说的“剩余价值”，剩余价值如何分配呢？

很多企业认为剩余价值是公司的，也就是股东的，因为是股东投资成立的公司。这种观点并没有错，而且很长时间里绝大多数企业一直把“为股东创造价值”作为企业价值观很重要的内容。但是，随着社会的发展，越来越多的人认为净利润不仅仅属于股东，而是股东与员工共同拥有的。华为任正非就曾经明确表达过：要管理好员工人力资本所得和货币资本所得的分配结构，货币资本所得保持合理收益即可，其他收益全部归人力资本所得。

很多企业早就建立了与员工分享利润的机制，而且这种利润分享机制通常是长期的。例如，沃尔玛于1962年创立，1971年开始实行员工利润分享计划，执行了40多年。华为执行的员工虚拟持股制度从某种意义上就是员工利润分享制度，因为员工并没有获得法律意义上股东的权利，华为员工虚拟持股制度从1990年开始，已经执行了20多年。

分享利润与奖金有什么区别呢？最重要的区别是奖金与目标相关，目标实现就要兑现奖金，与有没有利润没有必然关系（除非目标中有利润指标）。利润分享的基本条件是企业必须有利润，没有利润就没办法分享。可见，利润分享弹性更大。

由于核算利润需要更多的数据支持，利润分享制度通常以年或财年为单位，所以利润分享制度很难做到像奖金制度那样的即时激励。恰恰因此，利润分享制度是奖金制度的重要补充，让激励更为持久。

第四层次：绑定核心员工的股权激励

股权激励属于长期激励，而且是将员工绑定最牢固的方式，一旦纳入股权激励，员工离开公司的成本尤其是机会成本将大增，同行业人才竞争的壁垒也自然抬高，所以对员工的保留作用最为明显。

就股权激励的激励作用大小，制度本身起到一定作用，更重要的是在实施股权激励后，员工每年分红多少以及所持股份增值多少。实施股权激励，员工多年不分红或分红很少，所持股份价值也没有增长，这样的股权激励作用很小，在员工眼里就是鸡肋而已，有些员工甚至拒绝加入股权激励计划。

股权激励最重要的是唤起员工的责任心、能动性，让员工感觉在企业拼搏就是为自己拼搏，和自己出去创业没有区别，甚至比自己出去创立公司收获更多，更加安全，更加享受，这样的股权激励就能达到最好的效果。

第五层次：直指人心的福利

站在薪酬分配的角度，福利是薪酬的重要组成部分。员工福利指的是作为一个企业的员工所能享受到的在工资收入之外，为其本人或家属提供的货币、实物和服务。

福利可以分为补助型福利、职业提升型福利、健康型福利、法定福利和个性化福利。由于公司文化不同，企业福利的设计各不相同，但是基本的目的是一致的，也就是说通过设计合理的福利体系，帮助企业保留人才、激励人才、吸引人才，提升企业竞争力。

小贴士

有的人会说，薪酬分配所谓的五个层次，我们公司都有啊，但是好像对公司业绩并没有什么促进作用。“有”和“有效”是两个概念，有制度不一定是有效的制度，这恰恰是应该反思的地方。有制度而没有效果并不奇怪，制度运行一段时间，效果就会递减直至完全失效，因为随着企业发展会产生新的问题，老制度自然不管用了。意识到“有制度而没效果”是变革的开始。

1.3 腾讯公司薪酬分配层次实践案例

腾讯公司是中国最大的互联网综合服务商之一，是互联网企业的典型代表。该公司的薪酬分配体系有以下四个特点。1. 第一层次仅有固定工资而没有浮动工资，这是比较少见的情况。2. 第二层次中的“专项奖励”很有特点。3. 腾讯是香港上市公司，所以没有第三层次的利润分享制度。4. 第五层次中最大的亮点是“安居计划”，腾讯的安居计划于 2011 年正式推出，免息为员工提供首套房贷款，早期是 20 万元（二线城市）、30 万元（一线城市），2015 年调整为 25 万元、50 万元，迄今为止已经为超过 3000 多名员工提供过贷款，总额超过 8 亿元。

以下是腾讯公司薪酬分配层次的简要介绍。

第一层次

1. 固定工资

根据员工的岗位为员工提供具有市场竞争力的固定工资，并在每年根据最新市场趋势、员工的薪酬水平以及绩效水平进行综合的回顾和审阅。

第二层次

2. 年度服务奖金

为了感谢员工一年来的贡献，根据员工当年在公司的服务时间，为员工提供年度服务奖金即年底双薪（最后一个月发放双倍薪资）。

3. 绩效奖金

年度结束后，会根据公司整体业绩和员工绩效表现提供绩效奖金。绩效奖金与员工绩效和贡献紧密联系，体现出公司与员工同成长、共分享的理念。

4. 专项奖励

在加入腾讯大家庭后，员工将有众多机会成为公司的“明星”。公司设立了多项奖励项目以认可每一个有杰出贡献的员工及团队，如“星级员工”“星级团队”等公司级和系统级专项奖励等，主要以精神激励及实物奖金的形式奖励有突出表现和贡献的员工，向全体员工宣传“明星”们的闪光点，以树立良好的楷模。

第三层次（无）

第四层次

5. 股票期权

公司为绩效表现持续优秀且有志于在公司长期发展的骨干员工提供公司股票期权，旨在通过分享公司的业绩增长，使员工的个人利益与公司发展的长远利益紧密结合在一起。

第五层次

6. 安居计划

员工是腾讯最宝贵的财富。为了帮助多年来与公司共同成长的员工早日安居乐业，经公司讨论决定，设立安居计划，为符合条件的员工提供首套购房首付款的免息借款，帮助员工解决后顾之忧，早日实现安居梦想。

7. 住房公积金

公司一直秉承员工为企业的第一财富的理念，并致力于为员工提供舒适的工作环境和有竞争力的薪酬福利待遇。公司为员工缴纳住房公积金，属于职工个人所有，用于职工购买、建造、翻建、大修自住住房等支出，享有提取、贷款的优惠利率。

8. 社会与商业保险

公司为员工提供完善的保障计划，包括国家法定的养老保险、医疗保险、工伤保险、失业保险、生育保险及根据政府政策缴纳住房公积金。为更好地解决员工基本生活的后顾之忧，公司为员工投保了团体商业补充医疗保险，在原有社会保险之外，员工还享有意外伤害保险、定期寿险、重大疾病、补充医疗等。另外，开放配偶和子女的商业保险自费团购平台，同时新增父母、公婆、岳父母商业保险自费团购。

9. 员工假期

在法定假期方面，公司提供年休假、带薪病假、双休日 / 法定公众假期、婚假、丧假、产假、陪产假、哺乳假等相关假期。满足相应假期条件的员工，可以获得相应假期的休假资格。目前的假期类型包括：年休假、事假、病假、婚假、产假、陪产假、丧假、流产假、派驻假、未出勤假、调休假等。

10. 年度旅游

为增强公司及部门内员工的凝聚力，促进部门整体气氛积极向上、和谐自由，平衡员工工作与生活，公司提供年度团队建设活动。目前的组织形式为以部门为单位的集体旅游，依靠专业的旅游公司，提供多样的地点选择，让员工能尽情享受旅程的美好。

（以上案例来自网络，作者不详）

1.4 富士康公司薪酬分配层次实践案例

富士康是国内著名的大型生产制造企业，员工主要是流水线工人。该公司的薪酬分配体系有以下几个主要特点。1. “加班费”是工资中的重要组成部分。2. 第二层次的奖励项目非常丰富。3. 由于是针对生产工人，所以没有第三层次及第四层次。富士康的案例说明一点，薪酬分配体系建设要与员工实际情况相结合，适合才是最重要的。三级薪酬分配层次承载了富士康庞大的生产工人群体，看似简单，实则不易。

以下是富士康公司薪酬分配层次的简要介绍。

第一层次

1. 标准工资

标准工资一般占员工工资的45%～50%。其中，普工（大学以下文化的非熟练工人）标准工资一般是当地的最低工资，师一员工（大学以上文化或能独当一面的熟练工人）标准工资高出普工工资一倍。

2. 加班费

加班费一般占员工工资的25%～50%。资位越低，比重越大。加班费是平时工资的1.5倍（平时加班）、2倍（双休日加班）、3倍（国家法定节假日加班）。富士康一般会按国家法定要求支付加班费，但超过管控的加班（富士康对每一岗位和资位加班进行限制并设定管控标准）和自愿加班除外。

第二层次

3. 部门奖励

部门奖励一般占15%左右，一些效益好的部门或关键个人会有。但操作不透明。

4. 主管加给

操作不透明，一般只有较关键的个人才能享受。

5. 提案改善奖金

富士康要求员工积极参与提案改善，提案改善奖金不限，一般在100元以内。

6. 记功奖励

对做出突出贡献的人员进行的奖励，一般在数百元不等。

7. 年终奖

适用于每年年终，与当年该员工的服务时间成正比，最多相当于一个月的工资。

8. 持续服务奖

与部门的效益、员工的关键性、岗位的关键性、员工与上级的关系成正比。操作不透明且随意性很大。员工若被记过将酌情扣减，甚至全无。持续服务奖分两次发放（一为年终，一为端午节前后即年中），其金额总和相当于3～4个月的基本工资。

第三层次（无）

第四层次（无）

第五层次

9. 伙食津贴

富士康伙食外包，补助标准是330元/人，所以若员工很少吃食堂，剩余部分就是伙食津贴。

10. 外住房补

外住员工，师一以上有500元，员级及以下最多只有100多元甚至没有。房补多少与地区房价、出租房供给现状和富士康内住房提供条件相关。

11. 应付房补

只适用于规划管理层和经营层，因为如果他们住厂内，其居住条件和师级（包括师一）的员工都是一样的，所以要补足，且补足金额较大。

12. 特别慰问金

如四川地震后对四川、重庆、陕西等地员工每人支付慰问金500元。据说仅此项，富士康就耗费600万元人民币。

（以上案例来自网络，作者不详）

1.5 薪酬分配理念

薪酬分配理念是指导薪酬分配体系顶层设计的核心，是公司的付酬理念。有明确的薪酬分配理念，才能有正确的方法落地实现。

具有代表性的薪酬分配理念有低人力成本（瘦马）、量力而行（鸡肋）、让员工荣耀（肥猪）、事业共享（群狼）四种。薪酬分配理念没有对错之分，重要的是适合企业发展的阶段、适合公司发展的战略。

瘦马：低人力成本理念

低人力成本分配理念是指在企业盈利能力尚可甚至很好的情况下有意识地长期支付低于行业内平均水平的薪酬。持有低人力成本理念的企业不代表支付能力低，而只是一种发展策略，有点“既要让马儿跑，又不给马吃饱”

的感觉，所以也称为瘦马理念。

【瘦马理念的优点】

1. 低人力成本可以使企业增加市场竞争力优势，有利于企业持续生存。

2. 低人力成本会造成人员流动率较高，资历深、工资高的员工离职又有利于人力成本降低。

3. 对于某些企业，因为产品或客户的原因，需要年轻员工而不需要年老员工，低人力成本可以促进员工自动更新。

【瘦马理念应用的条件】

1. 企业对人才要求不高，社会人力资源供给充足，招聘成本低廉。

2. 岗位分工明确，工作技能容易学习和复制，通过短时间培训就可以达到上岗要求，培训成本较低。

3. 企业处于快速扩张状态（如开设分支机构），有更多的职务提供给年轻员工发展。

4. 企业有较高的品牌知名度，对人才有较大吸引力。

鸡肋：量力而行理念

量力而行的分配理念指根据企业自身的盈利能力支付员工薪酬，不太考虑同行业的薪酬情况。

持有量力而行分配理念的企业支付能力一般不高，分配意愿不强。没有明确分配理念的企业实质上执行的就是量力而行的分配理念。

在这种企业工作的员工，感觉在公司挣的工资不多，但是和行业比也没有少多少，员工感觉这份收入是“鸡肋”，食之无味，弃之可惜。在这类企业里工作的员工通常工作状态不佳，混日子的情况严重，持有一种“给多少钱干多少活”的思想。

在这种理念下支付的人力成本效益不高，相较同行业，钱没少花，效果却逊色太多，人力成本花得不经济。

【鸡肋理念的优点】

1. 符合企业实际情况，支付压力不大。

2. 可以根据需要灵活调整支付水平。

肥猪：让员工荣耀理念

所谓让员工荣耀理念，就是企业愿意支付高于同行业平均水平的待遇给自己的员工，让他们有一种在企业工作的荣耀感。在这种公司里，员工待遇非常好，不管是工资还是福利，都是同行业的标杆。这些企业里的员工，就像是肥猪一般，吃喝不愁，所以，我们也把让员工荣耀理念称为肥猪理念，这里没有任何贬义。

凡是持有这种分配理念的公司，一般盈利能力较好，能够承担高工资成本，更重要的是这种公司有更强烈的分配意识。

【肥猪理念的优点】

1. 员工忠诚度高，有归属感，离职率低，工作士气高，可以保证工作质量和流程效率。

2. 在公司快速发展过程中，薪酬优势有助于招聘到更高水平的员工，可以更快满足招聘数量的需求。

以上两个优势都有助于企业长远发展，形成稳定而突出的某种竞争优势，打造企业良好品牌。

【肥猪理念应用的条件】

1. 企业产品有较高的附加值，较高的毛利率。

2. 企业发展依赖于人才聚集。

3. 知识性企业。

4. 行业内专业人才稀缺。

虽然让员工荣耀的分配理念会给企业增加人力成本负担，造成产品价格竞争力下降，但是很多优秀企业甚至可以说伟大的企业都是坚持此理念的，他们在市场中赢得了竞争优势，打造了良好的企业形象和品牌形象。

群狼：事业共享理念

持有事业共享分配理念的企业分配意愿强烈，在正常的工资之外，将超额利润按照一定比例而且是较高比例分配给员工，或者将公司股份以某种形式分配给员工，让员工与股东共同分享收获成果，甚至让员工成为股东。在这种理念下，员工的责任心、职业观念将大为改变，从“打工”心态变成“共同创富”心态，从“绵羊”变成了“群狼”，所以事业共享理念也可以称为群狼理念。

【群狼理念的优点】

1. 将优秀员工变成股东，其工作面貌、工作心态将发生极大改变。

2. 优秀员工、核心员工离职率下降，建立了人才壁垒。

3. 员工更加关注总回报而不是一时的工资。

4. 对外部人才增加吸引力。

小贴士

薪酬分配理念本质是拿出多少钱进行分配。从“瘦马理念”到“群狼理念”，分配的比例越来越高。没有正确的薪酬分配理念指导的企业很难搞好分配，因为其很难把握好一个分配比例，分多了怕影响利润贡献，分少了怕员工满意度低。

国内企业需要重视薪酬分配理念的建设和宣传，清晰、积极的薪酬分配理念可以帮助企业吸引和保留一些员工，在企业暂时遇到经营困难的情况下，员工能容易接受降薪、低薪的工作条件，与企业共渡难关。

1.6 华为的“获取分享”理念

华为公司的分配理念是最为清晰而且也是最为有效的，下面我们从华为主要领导人的讲话来了解华为的薪酬分配理念。华为的薪酬分配理念是“获取分享制”。

2014 年 9 月，任正非在华为激励导向和激励原则汇报会上发表讲话，提出“获取分享制应成为公司价值分配的基本理念”，并做出高度评价：“这两年人力资源贡献很大，提出来一个‘获取分享制’。你赚到钱，交一点给我你才能分享，你赚不到钱活该饿肚子。获取分享制一出现，这两年利润增长很快，大家的积极性和干劲也起来了。”

什么是“获取分享制”？ 2015 年 7 月，华为消费者 BG、CEO、华为终端公司董事长余承东在一篇致辞中也提到，“按照公司获取分享制，消费者 BG 将在 Q3 提前启动 2015 年奖金评议和发放。一年开展两次奖金评定”“获取分享制强调的是‘奖金来自为客户创造价值的项目，各级组织基于项目带来的收益及在价值创造过程中所做出的直接或间接贡献，从中分享奖金’”。

关于获取分享，华为在 2011 年有一次关于激励机制的讨论，当时对于虚拟受限股、饱和配股等方面的弊端进行了深入的讨论，提出了“获取分享制”。员工持股制曾经推动了华为的发展，但如今已经成为发展的枷锁，很多老员工因为持有股票分红，变成了坐车的懒人，而华为要发展，必须依靠那些有活力的拉车人，不管是老员工还是新员工。

华为轮值 CEO 胡厚崑也曾经讲到，“在公司不上市的情况下，劳动和资本的合伙制其实是公司价值分配的基础。分配方式中劳动所得（包括 TUP/ 工资 / 奖金 / 福利等收入）与资本投入所得（指虚拟受限股收入）设置合理的分配比例，让拉车的人永远比坐车的人拿得多，那么车就会越跑越快，这样华为的发展就有了‘永动机’。如果我们把这些理念整理清楚，完全是可以给所有员工讲清楚的，让优秀人员都看到华为的分配机制，愿意进来，愿意奋斗”。

华为未来要创造价值，要承认资本的力量，但更主要的是靠劳动者的力量，特别是在互联网时代，年轻人的作战能力提升很迅速。有了合理的资本 / 劳动分配比例、劳动者创造新价值这几点，那么分配的方法就出来了。华为近几年最核心的变革思路就是向优秀的贡献者倾斜，加大他们固定薪酬（工资）和变动薪酬（奖金和 TUP）的激励力度。这样，拉不动车的老虚拟受限股股东的收益比例自然就降下来了。

华为获取分享制有以下几个要点。

1. 激励价值创造：余承东提到，消费者 BG 的获取分享制中，奖金来自为客户创造价值的项目。华为是客户价值导向的 BSC（平衡记分卡）考核模式，包括利润、销售收入等财务指标，也包括客户、内部运营以及学习成长类指标。考核结果与奖金包挂钩，员工就很清楚为何而战，从而为之奋斗。

2. 平衡两个大包：股票包和奖金包的比例是华为每年都会反复测算、精心调整的，核心要保证拉车的比坐车的多。任正非说，我们已初步确定了员工的激励结构分配系数，这个比例可以继续摸索下去，这就是两个大包的分享机制。这样，让拉车的人比坐车的人拿得多，“获取分享”的价值分配理念就能驱动公司长期健康发展。

3. 坚决反对年终奖、强调过程奖：任正非反对年终奖制度，认为年终奖已经落后，更强调过程奖和及时奖。比如，应有 50% 幅度的过程奖在年终前发完，没有发完的，到年终就收回。这样倒逼各部门发项目奖、过程奖、及时奖。

4. 薪酬包下放：华为将奖金包额度全都下放给一线负责人，让他们有充分权力。任正非说：“现在工资包、奖金包全发下去了，你们工资不敢涨，奖金不敢发，是你们的问题，不是我们的问题，胡厚崑跟我反映多次，薪酬包发下去了，下面不敢涨工资；股票包发下去了，下面不敢评；然后奖金包发下去了，你们不敢评，你们不敢动，你不敢动不是我的问题。小九九、大九九全都给你了。你要好好用好你的权力。”

华为鼓励分钱，鼓励早分钱，鼓励分钱要向有贡献的人倾斜。

1.7 名企高管薪酬分配观

每个成功的老板都有一个个性化的分配理念，让我们看看这些老板的分配理念都是什么？

华为任正非：什么是人才，我看最典型的华为人都不是人才，钱给够了，不是人才也变成了人才。

巨人网络史玉柱：根据我过去总结的经验，给员工高工资的时候，实际上是成本最低、公司的利润率最高的时候。如果用高工资，在你和他的这种关系上面，你是主动的，如果你比前面两个竞争对手，工资就这么高一截，我坚信，一年之后你回过来看，你的利润率是最高的，你的成本是最低的。

海尔张瑞敏：所有的企业驱动力都聚焦在薪酬，海尔不是企业定薪，而是用户定薪，如果能够创造用户价值就有薪金，没有创造用户价值就没有薪金，这个驱动力对每个人都是非常强的。

阿里巴巴马云：阿里信奉给结果付钱（奖），给努力鼓掌（励）。奖金不是福利，不可能人人都有，大家也绝不一样。奖金需要超越公司对你的期待才能获得。当然对那些努力但没有结果的同事，我们鼓掌激励。我们奖励坚持拿到结果的努力。

百度李彦宏：我们就是要打破平均主义，未来，我们还要拿出更多的钱，对于业绩突出的同学（员工），我们的奖金没有上限！

京东刘强东：让更多优秀的员工分享公司成长所带来的回报，让员工有更体面的工作，有更安定的生活保障，让长久以来一直在背后默默支持我们的父母妻儿感到踏实和骄傲。

2 第二章

岗位价值评估——工资不患寡而患不均

岗位价值评估为何是基础分配依据?

岗位价值结构图如何表现岗位价值?

岗位价值评估具有哪些明显的特征?

成熟评估工具为什么说具有局限性?

如何设计体现公司理念的评估工具?

岗位价值评估流程有哪些步骤技巧?

岗位价值评估结果如何更好地应用?

常言道，不患寡而患不均。薪酬分配体系的建设特别要注重把握内在公平性。不同岗位之间，要根据岗位价值的大小分配，岗位价值大的多分，岗位价值小的少分；同一岗位上的任职人，要根据个人与岗位的胜任程度分配，胜任度高的多分，胜任度低的少分；同一岗位且胜任程度相同的任职人根据绩效结果分配，绩效结果高的多分，绩效结果低的少分。可见，薪酬分配最基础的分配依据是岗位价值，公司需要建设一套科学的岗位价值评价模型（制度）来衡量每个岗位的价值。

2.1　岗位价值评估

岗位价值评估也称职位价值评估或工作评价，是在岗位职责界定清晰的基础上，采用一定数量的评估要素，如职责范围、影响大小、工作强度、管理难度、任职条件、工作环境等，对岗位内部相对价值进行评价，并依据评价结果建立岗位价值等级序列的过程。简单来说，就是依据某种方法测量出所有岗位对企业的价值贡献，依据贡献大小排序。打个比方，岗位价值评估就类似世界小姐评选，通过某种评选标准将参评的选手进行排序。两者的不同之处在于，前者评估的是岗位，后者评估的是人罢了。

岗位价值评估可以帮助企业建立薪酬层级关系图。企业里岗位很多，不同的岗位哪个价值更大，哪个岗位应该给予更高薪酬水平，可以通过岗位价值评估解决这个问题。员工在企业中，随时都会拿自己的收入跟别的员工相比，如果他觉得不平衡即薪酬的内部公平性出了问题，岗位价值评估可以解决这一问题。

未进行岗位价值评估时，组织内部岗位结构图一般表现如图 2-1，岗位价值不能有效区分。

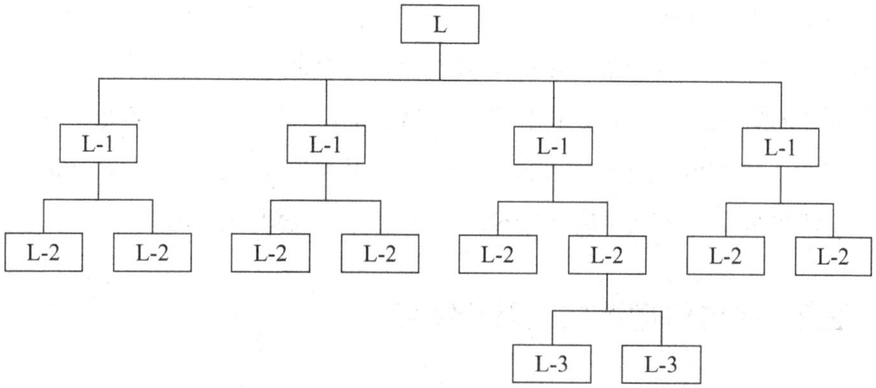

图 2-1　未进行岗位价值评估岗位结构图

通过岗位价值评估后，岗位内部相对价值的高低被区分出来，形成岗位价值结构图，如图 2-2。

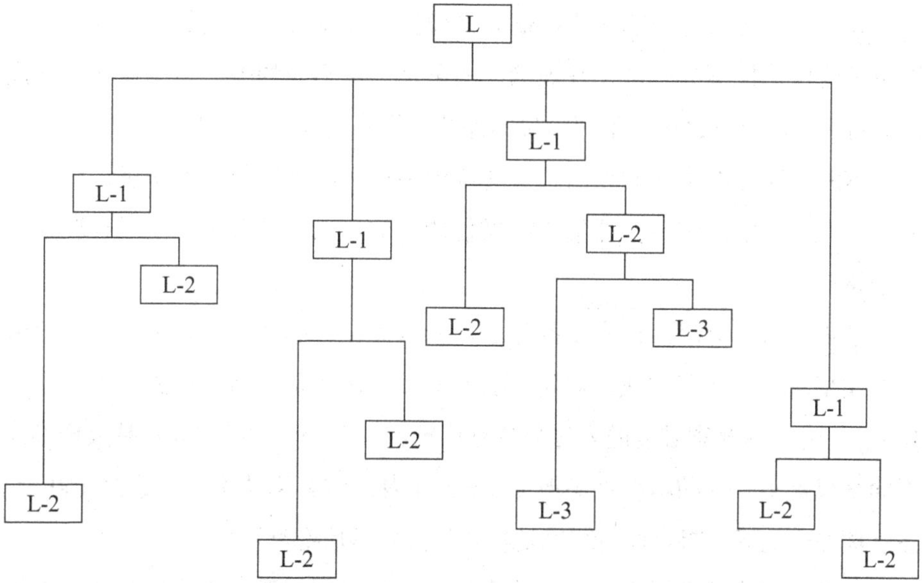

图 2-2　通过岗位价值评估后的岗位结构图

越来越多的企业在使用岗位价值评估方法作为薪酬分配的基础依据。岗位价值评估方法不是大企业独享的工具，当组织逐渐发展，组织结构逐渐稳定，岗位设置基本固定，岗位职责清晰且不再频繁调整，这样的组织都可以使用岗位价值评估方法，这时的岗位价值评估结果也相对准确。

少数企业倡导按照个人贡献或者按照绩效结果进行分配，这种方式可能只有在小微企业可以实现。按照贡献分配的理念是对的，针对少数有突出贡献的员工进行奖励也是可以操作的，但是当企业人数超过一定规模，对众多员工的个人贡献就很难有效区分了，可能会引起分配不公。只有在相同岗位上的员工区分个人贡献才是可行的，这种“区分”就是绩效考核。

2.2 岗位价值评估的五个特点

如果深入研究，岗位价值评估具有如下五个明显特点。

第一，岗位价值是公司付酬理念的体现。岗位价值评估必须使用体现企业自身付酬价值观的评估模型，所以岗位的评估结果自然也是企业付酬理念的体现。不同企业具有不同的付酬理念，所以不同企业间的岗位价值不可比较。

第二，公司只有一套岗位价值评估模型。岗位价值评估是在建立统一的岗位价值评估模型的基础上开展的，而不是运用不同的模型对企业的不同岗位进行评估。只有这样，不同岗位的评估结果才具有比较作用。

第三，评估岗位而非评估人。岗位评估针对的是岗位，不是评估岗位上的任职人，所以岗位价值评估不考虑任职人的特点，只考虑岗位对任职人的资格要求。

第四，岗位价值评估衡量的是公司所有岗位之间的相对价值。岗位价值评估模型由若干要素构成，对每个要素赋予一定权重，所有要素权重综合为 100 分（有一种要素赋值的方法分数总计超过 100 分，这种方法只是表现形式不同，权重 100 分的本质并不改变）。企业内部所有岗位都不会超过 100 分，在这种方法论下，岗位评估结果是相对分数而不是绝对分数。

第五，岗位价值具有一定的稳定性。公司发展战略、组织结构、岗位设置都具有一定的稳定性，所以岗位价值评估结果也有相对稳定性。如果公司的战略调整、流程优化，岗位工作内容发生变化，岗位价值也会随之变化。但是，如果只是岗位职责有部分调整，这时对岗位相对价值的影响并不大。另外，若公司新增个别岗位，也不会对其他岗位价值造成特别影响，只需对新增岗位进行价值评估即可，不需要对所有岗位重新评估。

2.3　咨询公司岗位评估工具的局限性

企业进行岗位价值评估时有两种选择：一是选择成熟的评估工具；二是自行设计符合自己付酬理念的评估模型。

选择成熟的岗位价值评估工具可以提高效率、节约时间，但是从测量的专业性角度，存在信度和效度的问题。

现在所谓的成熟的岗位价值评估工具，基本都是知名咨询公司提供的。咨询公司所服务的企业具有特殊性，如规模较大、层级较多、业务多元化等，另外这些工具不能根据具体企业的实际特点进行调整，所以未来的评估结果的准确性也存在一定疑问。

另外，岗位评估要素又称为付酬要素，也就是企业愿意为岗位支付报酬的因素，反映了企业对岗位的要求。每个企业愿意为岗位支付报酬的理念不同，评估要素的构成就不一样，即便要素一样，赋予该要素的权重也不一样，任何一套成熟的评估要素都不能准确反映企业的实际情况。所以，不管使用哪一套成熟的岗位价值评估工具，评估结果的准确性都与实际情况有较大差异。因此，建议企业设计一套符合自己企业付酬价值观的岗位价值评估工具。

2.4　设计岗位价值评估模型（工具）

设计岗位价值评估模型，最重要的是设计岗位价值评估要素。

2.4.1　如何设计评估要素

设计评估要素可以从四个角度着手。

第一个角度是从岗位的职责 / 贡献方面设计评估要素。例如：对组织的贡献、对组织的影响、管理难度、责任范围等。

第二个角度是从岗位所要求的技能 / 知识方面设计评估要素。例如：沟通、创新、解决问题、辅导、专业知识等。

第三个角度是从岗位所要求的资格 / 资历方面设计评估要素。例如：任职资格、技术等级、工作年限、同行业工作年限、司龄、学历等。

第四个角度是从岗位所处的环境 / 风险方面设计评估要素。例如：工作环境、工作条件、工作风险、工作危害等。

从以上四个方面设计评估要素，每个方面设计 1 ~ 2 个，一个方面最多不超过 3 个，总计控制在 7 个左右的评估要素最为恰当。理论上，岗位评估要素越多，评估结果会越精确。但是，评估要素太多，评估过程就会耗费更多的精力，对评估人的要求就会更高，不经济。

2.4.2　设计岗位评估要素的基本原则

第一，符合公司付酬价值观。

岗位价值评估要素是公司付酬价值观的反映，公司愿意为这些要素支付报酬。不符合付酬价值观的要素没有存在的意义。

第二，针对岗位而不针对任职人。

岗位评估要素是评估岗位价值的，不是评估任职人的，评估要素不要表现为对个人的评估。

第三，针对岗位但不针对具体岗位。

要用一个评估要素模型评估公司内部的所有岗位，所以评估要素需要跨职能、跨职务、针对岗位但不针对具体岗位。例如，很多人认为利润、销售额是很好的评价指标，但是这些指标只适合评价少数岗位，不能评价职能类岗位，所以不适合作为评估要素存在。

小贴士

设计岗位价值评估模型的简要方法

简要方法就是借鉴同行业评估模型。你可以先搜集几份岗位价值评估模型，一边思考公司的付酬理念，一边从中选择能反映付酬理念的要素。这个过程还包括对要素名称的修订、要素定义的修订、要素权重的修订等具体工作。

2.4.3 设计评估要素的维度

所谓评估要素的维度，就是将评估要素从两个以上角度同时进行分析，这样评估更准确。虽然多个维度准确性更高，但是仍然建议使用两个维度，有利于理解和操作。

举个例子："对组织的影响"是一个评估要素，一方面要看岗位产生影响的范围有多大，另一方面还要看岗位影响的程度有多大。"影响范围"和"影响程度"就是"对组织的影响"这个要素的两个维度。

在设计维度过程中，如果你发现有三个维度都很难取舍，建议先保留两个维度，将第三个维度再加一个维度，这样就设计出来一个新的要素。当然，增加要素要慎重，增加要素一定要符合设计评估要素的基本原则。

2.4.4 定义维度等级

确定岗位评估要素的维度后，需要给每个维度划分若干等级。一个维度一般划分4～8个等级即可。维度的不同等级需要用简要的语言进行定义和区分，一般可以使用数字、频率或语言进行区别描述。

使用频率：1. 从不；2. 偶尔；3. 经常；4. 总是。

使用数字：1. 管理10人以下；2. 管理10～20人；3. 管理20～50人；4. 管理50～100人；5. 管理100人以上。

使用语言描述：如评估要素"对组织的影响"中"影响程度"维度划分5个等级，即1. 对组织目标的实现有轻微影响；2. 对组织目标的实现有影响；3. 对组织目标的实现有中等影响；4. 对组织目标的实现有重要影响；5. 对组织目标的实现有重大影响。

维度各等级的定义应力求简洁，但等级区分明显，有利于未来评估操作的方便。

2.4.5 分配评估要素权重

当岗位评估要素确定后，如何在各评估要素间分配权重呢？一个岗位评估要素模型的权重可以设为100分，那么模型中每一个要素将按照重要程度分配权重，重要的要素赋予更多的权重，所有要素权重之和为 100 分。

使用百分制权重法，相比较其他权重分配方法，更清晰且更易理解。

2.5 岗位价值评估流程

岗位价值评估流程共分为九个步骤，简称“岗位价值评估九步法”。

第一步：将岗位说明书更新

岗位价值评估的基础就是岗位说明书，评估前要将岗位说明书进行更新。更新岗位说明书的责任属于各部门，更新后的岗位说明书要由岗位任职人、部门负责人、分管领导审核确认。岗位说明书如果没有更新，未来评估的结果将不能准确反映岗位实际价值。

这个环节要注意两个问题。

第一个问题，初级工程师、中级工程师、高级工程师是一个岗位还是三个岗位？现实中，企业通常会将其分为三个岗位，认为岗位职责是有差别的。判断是不是一个岗位，主要从工作职责出发，如果主要职责基本一样，只是熟练程度不一样，那么这些岗位都是一个岗位，可以统称“工程师”。至于初级工程师、中级工程师、高级工程师，仅仅是“工程师”这个岗位的不同级别而已。如果分为三个岗位，那么是不是公司所有岗位都要分出三个岗位说明书呢？如果都要分成三个岗位，工作量无形中就会增加三倍。

第二个问题，招聘培训岗位是不是分成两个岗位？在企业发展过程中，一个岗位分化为两个岗位甚至三个岗位都很正常。关键是要不要在现在分为两个岗位。现在分不分开的判断标准是，未来 6 ~ 12 个月公司会不会招聘一个新人补充到新的岗位上。如果招聘新人，那么现在就分开；如果不招聘新人，那么现在就不分开。因为如果岗位分开设立，但是公司又不招聘新人，原岗位上的员工就会认为自己干了两个岗位的工作却只拿一份工资，会产生不满情绪。

第二步：组建岗位评估小组

一般需要组建两个评估小组，第一个是评估基层岗位的评估小组，第二个是评估中高层岗位的评估小组。最高级别的少数岗位，可以由公司最高级别领导评估确定。

评估小组组建时有两个原则。

第一个原则就是评委不评价同级别岗位。例如，基层岗位评估小组不评价同级别的岗位，只评价更低级别的岗位，这可以有效避免评委之间的互相猜忌，评估结果更为公平和准确。

第二个原则是评委代表性（权重）合理。以基层岗位评估小组为例，公司有不同的职位族，如销售类、生产类、职能类、技术类等，不同职位族原则上有相同权重的评委作为利益的代表。实践中，在公司规模不大的情况下，一般每个部门经理都会参加到员工评估小组中，但是如果公司设有市场一部、市场二部、市场三部，每个部门都有部门经理时，只能选择一个经理进入评委会，这样的权重分配就比较合理。如果公司有市场部经理、市场总监、市场副总裁，而其他部门没有总监、副总裁等上级职务，那么建议市场部经理作为代表进入评委会。

第三步：随机抽取标杆岗位说明书

标杆岗位是指有一定代表性的岗位。现在盖大楼都是先打框架，如果框架建得端端正正，符合安全质量要求，才会去建大楼的四面外墙。同理，标杆岗位就起到类似大楼框架的作用。

标杆岗位可以从每个部门或每个职位族中随机抽取。随机抽取的好处是符合统计学规律，抽取的岗位有代表性，区分度高，评价的分数有高有低。如果是各部门推荐，有可能导致评估分数接近，无法验证评估工具的效果。

每个部门可以抽取 20% 的岗位作为标杆岗位。如果公司岗位数量不多，也可以跨过此步骤，直接进入下一步。

第四步：部门经理介绍岗位任职资格及工作职责

部门经理在介绍岗位职责时应注意“对岗不对人”。对岗不对人是指在介绍时应关注的是岗位本身，介绍的是岗位的任职资格、职责，不是介绍目前岗位上某个任职人的工作情况。未经训练的经理最容易犯的错误就是介绍某个任职人的情况，这可能会误导评委评分。

部门经理介绍的时间要控制在 3 ~ 5 分钟。介绍时间超时不是因为岗位的职责真的很多，更多是因为部门经理介绍了某个任职人的具体工作而占用时间，或过度强调职责重要性，或娓娓道来讲起故事，这些都有可能影响甚至误导评委对岗位的理解。会议的主持人对超时介绍要严格控制，甚至要及时打断。

第五步：匿名评估

评委一边听取介绍一边阅读岗位说明书，对照岗位价值评估标准逐个要素进行打分，保持客观公正。评估过程中尽量保证打分尺度一致，不忽高忽低，不因为岗位任职人与自己的私人关系而故意打高分或打低分。

主持人控制好评估的进度，确保每位评委都评价完毕，再开始介绍下一个岗位。

有人担心评委打分不公，其实没有必要，后面的环节会设置调整机制，确保统计的分数客观公正。

第六步：修订离散分数

有人担心个别评委会给自己的部门岗位故意打高分，或者给自己的部门岗位故意打低分。也有人担心有些评委不了解自己的部门，会乱打分。这些担心需要用机制加以解决。

设计机制主要是要确保每个岗位的每个要素的评估结果是公平的，这样才能保证这个岗位的评估结果是公平的。

首先要解决的是评估分数极值对数据的影响。因此，第一个机制就是去掉每个要素的最大值和最小值。评委数量不多时，可以去掉一个最大值和一个最小值。如果评委数量多，可以去掉两个最大值和两个最小值。去掉极值后，评估分会更合理，更有代表性，人为因素的影响几乎去掉了。

其次要解决剩余数据离散的问题。在去掉最高分和最低分之后，仍然有可能存在评分差距过大的问题，也就是有的分数很高，有的分数很低，这种数据离散现象说明评委对该要素的认识不一致。分数过于离散是一种不公平现象，需要介绍人重新介绍岗位职责和任职资格，评委重新打分，再经过统计去掉极值，直到数据不再离散。

如何定义数据离散？这里提供一个判断数据离散的公式：去除极值后剩余数据中最大值减去最小值的结果大于该要素权重的一半，就说明该要素评估分数离散。

第七步：计算平均分

每个岗位的每个要素评估分经过修订后计算平均分，然后将每个要素的平均分求和得出每个岗位的最终评估分，即所谓的岗位价值。需要强调的是，这个评估分数是岗位在公司内部的相对价值，不能对外进行直接比较。

标杆岗位评估结果如果得到评估小组的认可，标杆岗位的评估分数可以作为剩余岗位新的评估标准。标杆岗位就像高楼大厦的框架结构，具有重要的意义。

第八步：评估其余岗位

依据第七步标杆岗位评估表评估剩余岗位。这一步要强调评委应使用标杆岗位评分表作为新的标准，以提高评估效率。

评估标杆岗位时，是一个岗位一个岗位、一个要素一个要素地进行评估。现在，有了标杆岗位作为参考，可以就一个要素在部门内部所有岗位间比较之后进行评分，然后再评估下一个要素。这个过程中，评委需要平衡一个部门若干岗位的同一个要素如何打分更公平，可以参考该部门标杆岗位要素分数，同时也可以参考其他部门标杆岗位同一要素的分数，所有岗位之间都有某种内在联系。

对所有岗位进行评估后，在程序上数据还需要进行修订，以保证数据的公平性。

第九步：划分等级

接下来将所有岗位划分为若干等级，然后向评委进行公示。

当所有岗位按照评估分数降序排列时，评估分如果符合正态分布，那么说明评估结果基本准确。

岗位根据评估分数划分等级时，先要确定岗位价值间隔，如以 5 分作为价值间隔（拟或 6 分、8 分、10 分都可以尝试），那么 16 ~ 20（含）分为第 1 组（即第 1 等级，其他同理）、21 ~ 25（含）分为第 2 组，26 ~ 30（含）分为第 3 组，依次类推。价值间隔越小，岗位划分的等级越多；价值间隔越大，岗位划分的等级就越少。

在同一个等级里的岗位，可以认为岗位价值相同，薪酬水平也应该是相同的。

2.6　岗位价值评估结果的应用

岗位价值评估是一种非常有价值的评估工具，评估结果主要应用于人力资源管理的各个方面。

应用于薪酬设计，相同等级的岗位可以采用相同的薪酬水平（区间），岗位价值高的给予薪酬倾斜。

应用于员工股权激励，根据岗位价值重要程度分配股份，岗位价值高的股权分配更多。

应用于招聘管理，岗位价值高的，投入更多招聘力量和招聘费用。

应用于培训管理，岗位价值高的，投入更多的培训费用。

应用于人才管理，把潜力大的人才轮岗到岗位价值高的岗位上锻炼，将高价值岗位上的人才进行着力培养和提拔。

2.7　某地产集团岗位评估实践案例

某地产集团经过岗位价值评估后将公司所有岗位划分为 22 个任职职级。见表 2–1。

表 2-1　某地产集团岗位价值评估表

薪金等级	任职职级	集团职位	鸿运职位	房产职位	城市职位	物业职位	航青职位
9	22	总裁					
8	21		鸿运总经理				
	20	总工程师		房产经理			
		计划财务总监			城市经理		
		人力资源总监					
		战略规划部总监					
	19	公司创新总经理					
		信息管理总监		副总经理		物业总经理	航青总经理
		经营开发总监				副总经理 1	
		市场开发总监					
		经济法律总监					
7	18	金融资本部经理	副总经理（营销）		副总经理		
			总工程师				
			总会计师				
	17	计划财务副总监	营销执行总监	销售总监		副总经理 2	项目监理总监 1
		人力资源副总监	规划设计部经理				

续表

薪金等级	任职职级	集团职位	鸿运职位	房产职位	城市职位	物业职位	航青职位
7	17	信息管理副总监	工程部经理				
		经营开发副总监					
		市场开发副总监					
		经济法律副总监					
		金融信贷部经理					
		薪酬绩效部经理					
6	16	企业文化部经理	营销执行副总监				副总经理
		信息资源部经理					项目监理总监 2
	15	战略规划部经理	计划财务部经理	计划财务部经理	工程部经理	项目经理 1	计划财务部经理
			信息管理部经理	工程部经理	销售部经理	计划财务部经理	
			经营部经理	销售部经理	客户服务部经理		
			预算合约部经理	客户服务部经理	计划财务部经理		
			销售部经理	预算合约部经理	策划总监		
			客户服务部总监	市政配套部经理	预算合约部经理		
			市场推广部经理	信息管理部经理	信息管理部经理		
					策划部经理		
					经营部经理		
	14	招聘培训部经理	工程部经理助理	工程部经理助理	工程部经理助理	拓展部经理	计划经营部经理
		经营管理部经理	信息管理经理助理	销售经理助理	客户服务部经理助理	软件部经理	
		法律事务部经理	人力资源经理	客户服务部经理助理	人力资源经理		

续表

薪金等级	任职职级	集团职位	鸿运职位	房产职位	城市职位	物业职位	航青职位
6	14	市场研究部经理	规划设计部经理助理	人力资源经理			
		客户服务部经理	经营部经理助理	经营部经理助理			
		行政管理部经理	预算合约部经理助理				
		技术管理部经理	销售部经理助理				
		总裁秘书处经理	客户服务部副总监				
				市场推广部经理助理			
5	13	主管会计	土建工程师			信息管理部经理	
			暖通工程师			销售部经理	
						项目物业部经理	
						人力资源经理	
	12	各部门经理助理	室内工程师	土建工程师		项目经理 2	信息管理部经理
				暖通工程师		项目工程部经理	
				电气工程师			
	11	总裁秘书			土建工程师		
		出纳			电气工程师		
					暖通工程师		
4	10	人力资源主管	预决算工程师	市政配套前期主管		总经理办公室主任	人力资源经理
			电气工程师	销售主管		项目客服主任	总监代表
			销售主管	客户服务主管			工程监理部经理

续表

薪金等级	任职职级	集团职位	鸿运职位	房产职位	城市职位	物业职位	航青职位
4	10		结构工程师	材料设备主管			
			客户服务部主管	策划主管			
			规划开工主管	规划设计主管			
			市政配套主管	土地开发主管			
	9		公关活动主管	市政主管			信息管理部经理助理
			招标主管				计划经营部经理助理
	8	编辑	内业工程师		预算工程师		
		美术编辑			客户服务部主管		
	7	网络维护主管	行政主管	策划员		项目保安主任	
			媒体关系主管			项目保洁主任	
	6	车务主管	销售部行政主管			项目工程部主任	
3	5		总务后勤协调	合同律师		总经理办公室秘书	专业监理工程师1
			安全文明施工主管	市政职员			
			平面设计主管	土建预算员			
				土建技术员			

续表

薪金等级	任职职级	集团职位	鸿运职位	房产职位	城市职位	物业职位	航青职位
	5			电气预算员			
				客户服务员			
	4	文档主管	档案资料主管	人力资源主管	行政主管		
		行政主管	文档主管	行政主管	销售员		
		信息主管	销售员	销售员			
		前台接待	内业主管				
		汽车司机					
		销售员					
2	3			行政助理	档案主管		专业监理工程师 2
					销售内勤		监理员
	2		内业资料员	后勤司机			行政主管
1	1	信息录入员		前台接待			信息资料管理

（以上案例来自网络，作者不详）

2.8 中国移动集团省级公司岗位价值评估实践案例

中国移动集团对省级公司岗位进行了岗位价值评估，将 108 个岗位划分为 19 个等级。评估结果见表 2–2。这张岗位等级结构表是按照每个部门来划分的，很容易识别部门内部岗位价值的区别。

表 2–2 中国移动集团省级公司岗位等级结构表

部门	序号	职位名称	职级
公司领导	1	总经理	△ 19/18
	2	副总经理（市场）	17
	3	副总经理（网络）	17
	4	副总经理（行政人事综合）	17
	5	工会主席	17
	6	纪检组长	17
市场经营部	7	总经理	16*
	8	营销策划管理	11
	9	市场调研与分析	11
	10	大客户服务管理	10
	11	业务流程管理	10
	12	新业务管理	10
	13	宣传推广管理	10
	14	营销渠道管理	10
	15	资费管理	9
	16	系统及卡号管理	7
客户服务中心	17	主任	14
	18	服务策划	9
	19	统计分析	8
	20	服务质量管理	8
	21	技术维护管理	7
	22	投诉监督管理员	6
	23	1860 班长	6
	24	1860 话务员	5

续表

部门	序号	职位名称	职级
计费业务中心	25	主任	14
	26	系统分析	10
	27	系统软件开发	9
	28	系统维护	9
	29	数据管理	9
	30	生产管理	9
	31	网间结算管理	9
	32	计费业务处理	8
	33	值机员	6
网络部	34	总经理	16*
	35	传输系统维护	11
	36	无线网络维护	11
	37	交换网络维护	11
	38	运行质量管理	10
	39	动力系统维护	9
	40	基站维护	8
网管中心	41	主任	14
	42	传输网网管	10
	43	应急通信管理	9
	44	配套设备管理	9
	45	传输设备维护管理	9
	46	互联互通管理	9
	47	网络监控	8
	48	网络分析统计	8
网优中心	49	主任	14
	50	网络优化管理	10
工程建设中心	51	主任	14
	52	数据工程管理	9
	53	基站工程管理	9
	54	传输线路工程管理	8
	55	传输设备工程管理	8

续表

部门	序号	职位名称	职级
工程建设中心	56	电源工程管理	8
	57	基建工程项目管理	7
计划建设部	58	总经理	15*
	59	发展战略研究管理	11
	60	信息化管理	10
	61	计划管理	10
	62	规划管理	10
	63	土建项目管理	9
	64	综合统计分析	9
	65	合同管理	9
数据业务部	66	总经理	15*
	67	业务开发	10
	68	数据业务推广管理	10
	69	数据业务统计分析	9
	70	业务支撑	9
综合部	71	总经理	15*
	72	董事会秘书	11
	73	综合秘书	10
	74	公共关系秘书	9
	75	法律事务管理	9
	76	信息秘书	8
	77	档案管理	7
	78	文印	5
财务部	79	总经理	15*
	80	财务预算及分析	11
	81	会计稽核	10
	82	总账管理	10
	83	资金管理	10
	84	核算会计	9
	85	报表编制管理	9
	86	资产管理	9
	87	出纳	6

续表

部门	序号	职位名称	职级
人力资源部	88	总经理	15*
	89	绩效管理	11
	90	人事管理	10
	91	薪酬管理	10
	92	员工培训	9
	93	保险管理	9
	94	信息档案管理	7
审计监察部	95	总经理	14
	96	纪检监察员	9
	97	审计员	9
党群工作部	98	总经理	14
	99	企业文化管理	10
	100	宣传管理员	9
	101	党群干事	8
	102	工会管理	7
行政总务部	103	总经理	14
	104	安全生产管理	8
	105	安全保卫	7
	106	车辆管理	6
	107	后勤总务管理	6
	108	驾驶员	4

（本案例来自网络，作者不详）

2.9　某万人规模企业岗位价值评估实践案例

某公司人员规模超过万人，曾经于2016年2月派员工参加笔者主讲的《薪酬设计实战》课程，回去之后按照笔者教授的方法在单位内部组织岗位价值评估，并成功完成薪酬体系落地。下文为该单位薪酬管理负责人撰写的案例总结，未加修改，将原文分享给读者。

在2016年2月，我参加了于彬彬老师主讲的《薪酬设计实战》课程，名副其实的“实战”型培训和于老师的著作《薪酬设计实战》使我受益匪浅。在于老师创始的适应性薪酬分配体系理论指导下，2016年度，我单位完成了岗位梳理、岗位说明书的编写和岗位族谱的制定等各项岗位体系建立工作，建设了符合自身发展情况的薪酬体系，并按照《薪酬设计实战》著作中介绍的“工资体系设计九步法”操作完成了薪酬体系的平稳落地，2016年年底，我单位薪酬体系通过了上级部门的考核，圆满完成了年初制订的计划。以下简单介绍我单位薪酬体系的设计过程。

一、薪酬管理问题

我单位属于中央直属的事业单位，共有从业人员10000余人，通过外部和内部薪酬调查，我单位员工整体薪酬水平高于本市平均工资水平，技术人员平均薪酬位于本市同行业75%分位以上。尽管如此，仍存在员工薪酬体系未脱离事业单位档案工资结构、岗位体系未涵盖全体岗位、缺乏科学清晰的职业发展通道等多种问题，主要薪酬管理问题体现在以下几个方面。

1. 薪酬体系设计不科学

我单位原有薪酬体系建立于2004年，经过十余年的发展，虽针对部分问题进行了调整和优化，仍欠缺长效的薪酬调整机制。同时，薪酬体系未脱离事业单位档案工资结构，经济责任制单位和非经济责任制部门员工薪酬分配方式未能统一。同时，单位内部缺少薪酬体系设计专家，在全面优化薪酬体系方面，能力欠缺。员工的薪资标准根据各部门具体情况确定，领导层的随意性较大，人力资源管理效果欠佳。

2. 岗位设置不统一，职业发展通道不明确

我单位原有岗位设置存在岗位名称不统一及岗位定位、设置与职业发展通道脱节与断裂的现象。单位内部缺乏统一规范的岗位定位及岗位职责，各二级单位的岗位设置和名称不统一，尚未形成基于岗位定位的岗位类别划分。员工对岗位体系的认知度不高。由于岗位职责及分类尚待完善，岗位与员工的职业发展存在一定的脱节，现有的职业通道缺乏明确的定位，也未与岗位要求进行有效连接，不利于引导岗位任职者明确自身的定位及职业发展方向。

3. 岗位价值界定不清晰

由于缺乏系统的岗位体系，现行的岗位说明书操作性不强，业务权限与责任方面划分不清晰，部门之间存在职能交叉和越级管理现象。缺乏针对全体岗位的岗位价值评估，无法清楚地界定全体岗位价值大小，造成部分岗位薪酬分配不公的问题，影响员工的士气和组织的凝聚力。

二、岗位分析与评价

完成薪酬体系设计工作的前期准备和项目启动之后，我单位开展了岗位分析与评价工作。具体分为岗位分析、岗位评价、岗位分析与评价结果运用三步。

1. 岗位分析

岗位分析分为岗位设置调研、岗位问题分析、岗位设置优化、岗位说明书编写四步。

（1）岗位设置调研

为系统分析我单位岗位设置存在的问题，在单位内部组织了专项调研，采用资料调研、问卷调研、访谈调研三种方式开展了工作。

岗位设置调研统计表

调研方式	调研内容
资料调研	外部资料：同行业企业岗位体系及职业发展体系 内部资料：组织结构和职责分工、职业发展通道等
问卷调研	问卷内容：企业组织结构和职责分工、职业发展体系
访谈调研	访谈对象：覆盖二级单位中层及基层管理岗位及部分基层员工 访谈内容：组织结构和职责分工、员工职业发展通道、绩效薪酬管理等内容

参与调研的员工基本信息覆盖职级、岗位类别、年龄、工龄及学历等维度，其中，主要依据部门的组织功能模块进行分类。

问卷调研情况汇总表

问卷情况	具体数据
回收问卷（份）	1141
问卷覆盖人数（人）	3095
问卷回收率	36.8%
问卷有效率	90.6%

（2）岗位问题分析

通过前期调研，二级单位存在岗位设置不统一及岗位定位、设置与职业发展体系存在脱节与断裂的现象。单位内部缺乏统一规范的岗位定位及岗位职责，各二级单位的岗位设置和名称不统一，尚未形成基于岗位定位的岗位类别划分，员工对岗位体系的认知度不高。岗位体系中的“工程师”与职称体系混淆。项目中的“总设计师、主任设计师、主管设计师”等任命角色与职级体系中的“总设计师、主任设计师、主管设计师”岗位混淆。

由于岗位职责及分类尚待完善，岗位与员工的职业发展存在一定的脱节，现有的职业通道缺乏明确的定位，也未与岗位要求进行有效连接，不利于引导岗位任职者明确自身的定位及职业发展方向。

（3）岗位设置优化

结合岗位设置调研及问题诊断，对单位所有岗位确定标准规范，结合岗位设置影响因素（如工作饱和度、工作重要性、工作难易程度、人才获取度、专业兼容性）与设岗思路（一对一、一拆多、多合一、兼岗、职责分摊），将职能模块分解并落实到具体岗位，进行岗位设置优化。在组织岗位优化的过程中，针对阶段性岗位设置优化重点，结合影响因素的变化，选择、更换合适的设岗思路，进行岗位设置。例如，随着工作量的上升、业务成熟度的提高，兼岗设置的岗位可以基于职能模块设为实岗。根据价值链分析与对标管理，通过流程分析法使单位整体具有规范统一的岗位设置。

二级单位岗位设置前后对比表

<table>
<tr><th>调整前</th><th>调整后</th><th>调整前</th><th>调整后</th></tr>
<tr><td>档案管理员</td><td rowspan="4">档案管理</td><td>调试工程师</td><td rowspan="4">调试工程师</td></tr>
<tr><td>档案管理负责人</td><td>调试员</td></tr>
<tr><td>档案标准化组组长</td><td>软件调试工程师</td></tr>
<tr><td>文档管理员</td><td>终端调试</td></tr>
<tr><td>信息交换管理员</td><td rowspan="2">信息管理</td><td>联试保障</td><td>测试工程师</td></tr>
<tr><td>计算机管理员</td><td>软件测试师（调试师、测试设计）</td><td></td></tr>
<tr><td>计划管理员</td><td>计划管理</td><td>系统测试工程师</td><td></td></tr>
</table>

续表

调整前	调整后	调整前	调整后
计划协管		硬件与系统检验	
库房管理员	库管员	分机实现	
售后库管员		整件设计	整机设计
工程库管员		整机设计	
设备、器具管理员		数字电路设计	电路设计
信息输出管理员	文印管理	电路设计	
文印管理员			
打印刻录管理			
保密管理员	保密管理		
营具管理员	营具管理		
车辆管理			

（4）岗位说明书编写

岗位说明书是岗位分析的最终成果，也是进行科学岗位评价的依据。在岗位设置优化工作完成后，我单位组织了所有岗位的岗位说明书编写工作。岗位说明书主要包含五部分内容：岗位基本信息、岗位职责、工作关系、任职资格、工作条件，具体填写要求如下。

（a）岗位基本信息

岗位名称按照单位制定的岗位清单填写；分析日期是指岗位说明书最新修订的时间；直接上级即该岗位直接领导的岗位名称；汇报对象是指该岗位直接汇报对象的岗位名称；直接下属指的是向该岗位直接汇报的对象的岗位名称，没有填“无”。

（b）岗位职责

对岗位的工作任务进行描述，岗位职责描述应清晰准确，体现岗位特点，应是占用任职者大部分工作时间完成的职责，不应是暂时性的职责。

（c）工作关系

对主要工作联系对象进行描述，包括以下两方面内容：内部关系指单位内部的联系对象，如各部门经理、业务主管等；外部关系指单位外部的联系对象，如合作企业、机构等。

（d）任职资格

任职资格是从事该岗位所必备的最低要求，包括专业学历、工作经验、知识 / 证书、能力 / 技能。专业学历即任职者必须获得的最低学历或具备的专业，如大学本科以上学历、人力资源管理专业。工作经验指的是任职者在任职前必须具备的工作经验。知识 / 证书即与岗位密切相关的在该岗位任职必须具备的专业知识或证书。能力 / 技能指的是与岗位密切相关的在该岗位任职必须具备的能力或技能。

（e）工作条件

对岗位工作地点、工作危险性、工作时间进行描述。

2. 岗位评价

（1）岗位评价建模

岗位评价模型应根据单位具体情况制定，根据我单位的岗位环境和岗位要求情况，制定了一个基于 7 个因素衡量的打分系统，这 7 个因素包括了衡量岗位价值的主要方面，每个因素又被划分成 2 ~ 3 个维度，与之相对应的是不同的纵、横坐标刻度。通过以上要素，来评定岗位的重要性与相对价值。

（a）岗位环境

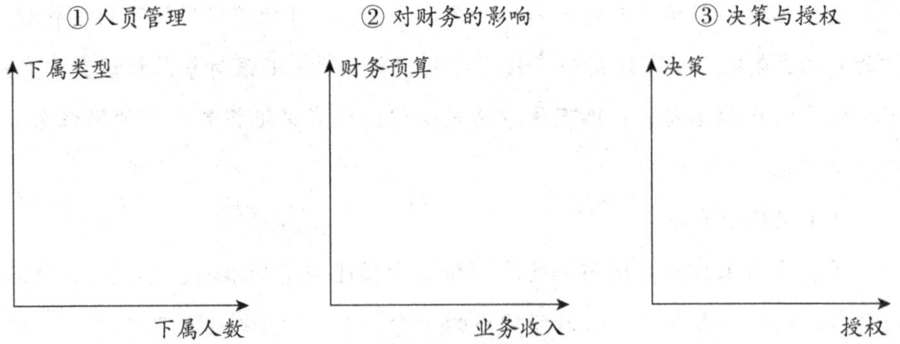

岗位评价模型一

（b）岗位要求

④ 专业资格

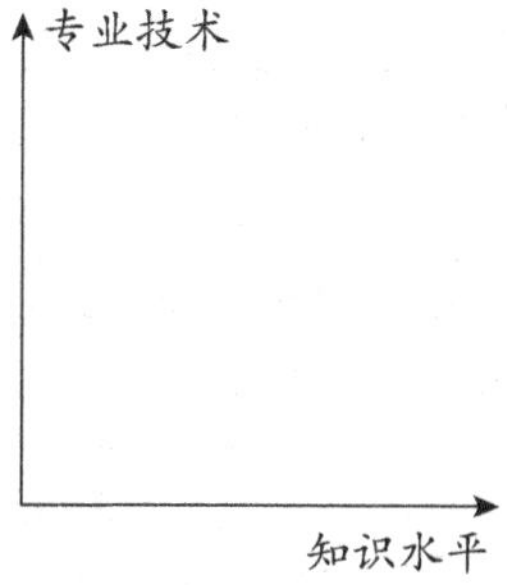

⑤ 合作能力

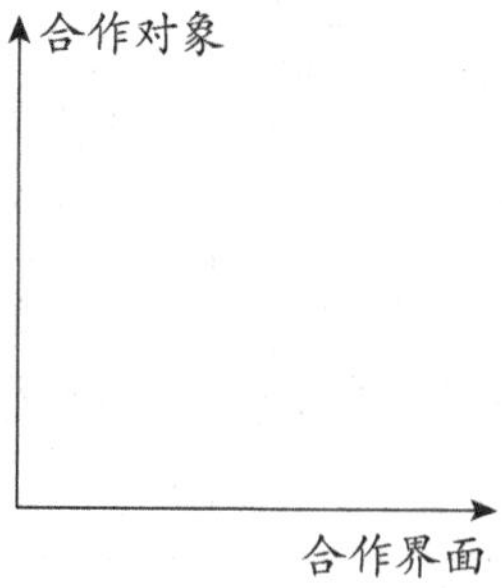

⑥ 学习与解决问题

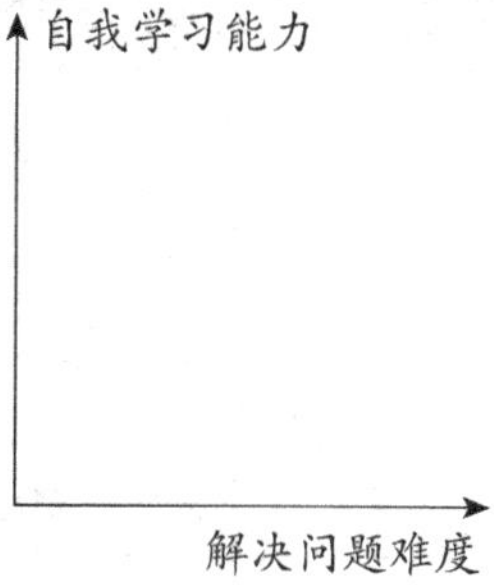

⑦ 工作条件

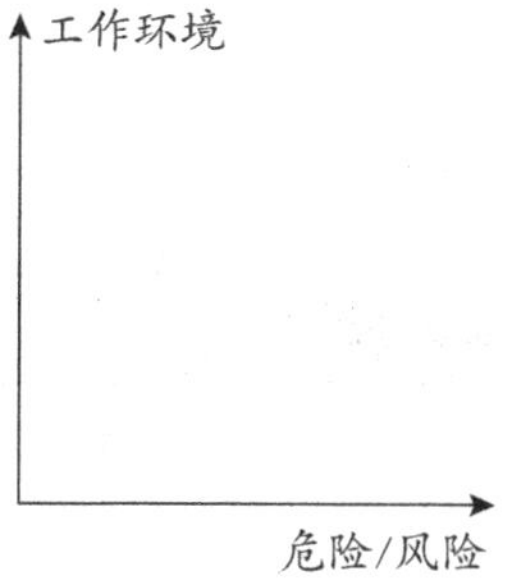

岗位评价模型二

（2）岗位评价要素、维度标准表设计

根据我单位岗位评价模型，制定了7个要素的岗位评价要素、维度标准表。

岗位要素、维度标准表一

要素一：人员管理			
下属人数（直接和间接下属）		下属类型	
A	0人	无下属	没有下属岗位
B	1～6人	有简单操作岗位	重复性简单操作岗位
C	7～20人	有一般职能岗位	要求有一些简单知识背景的操作层面的简单工作
D	21～50人	有专业岗位或一般管理岗位	专业岗位：岗位需要专门的技术；一般管理岗位：特定的部分职能的岗位

续表

要素一：人员管理			
下属人数（直接和间接下属）		下属类型	
E	51 ~ 100 人	有专业岗位和一般管理岗位	注释同上，为同时含有专业岗位和一般管理岗位
F	101 ~ 300 人	有专业岗位和部门内管理岗位	部门内管理岗位：指分管部门内某一模块或协助部门经理实施部门管理的岗位
G	301 ~ 600 人		
H	601 人以上		

岗位要素、维度标准表二

要素二：财务管理		
经营损失及决策风险责任（岗位所承担的责任）		财务预算
A	正常工作状态下，不具有任何经营损失、决策风险责任	
B	仅有一些小风险，不会给公司造成多大影响	对本团队成本费用进行控制
C	可能造成较小的损失	对二级部门的成本费用进行控制
D	有一定的风险。一旦发生问题，给公司所造成的影响能明显感觉到	对一级部门成本费用实施控制，并对分管业务部门的成本费用承担监督责任
E	造成较大的损失或有较大的风险。一旦发生问题，会给公司带来较严重的损害	
F	造成重大的损失或有较大的风险。一旦发生问题，会给公司带来较严重的损害	
G	造成不可估量的损失或有极大风险。一旦发生问题，对公司造成的影响不仅不可挽回，而且会致使公司出现经营危机	

岗位要素、维度标准表三

要素三：决策与授权				
决策指标			工作授权	
A	严格受控	工作内容明确，且不可调整	没有授权的权力	按要求制订个人计划，不影响他人
B	程序控制	工作流程明确，可在程序内微调，有指导权	授权范围限于日常工作安排	某一日常工作的实施
C	细分目标实施	有明确分解后的目标并组织人员进行操作	授权范围限于专项职能目标的实施	完成某一特定目标的组织协调
D	专项目标实施	有明确的专项目标并组织人员实施	授权范围限于部门目标的实施	根据公司整体计划，制订部门计划
E	部门目标实施	按公司已有目标，完成部门目标		
F	公司多个目标决策 / 参与公司战略决策	参与决策和分解公司目标到各职能部门	授权范围限于公司综合目标的实施	公司主要管理者和决策者，根据董事会要求，制定公司整体发展规划
G	公司综合目标 / 战略决策	对公司整体战略目标进行决策和控制		

岗位要素、维度标准表四

要素四：专业能力			
知识要求		专业技术	
A	简单知识水平，不需要专业知识	简单操作能力	简单重复性操作，没有专业要求
B	一般的专业知识，需获取并掌握与工作相关的资料	基本职业技能	有具体通用的职能，在指导下完成操作
C	专业化知识，偶尔使用其他学科知识	初级专业操作	了解简单、流程化的专业技能
D	深层次的专业知识，需要熟悉、掌握行业运作规范，推动专项工作开展	初级职业化	熟悉工作流程和技能，有一定的组织能力

续表

要素四：专业能力			
知识要求		专业技术	
E	某个领域精深的知识，掌握专项先进运作模式，能够在专项工作进行创新与研发	初级专业技术	有专业领域理论基础，需在指导下完成专业领域工作目标
F	多元而广博的专业知识，涉及多个领域，开拓、推动公司新业务	中级职业化或一般专业技术	有丰富的相关领域工作经验，熟练运用经验技能独立完成工作，能指导其他人员
G		较高级职业化或中级专业技术	在专业领域有较强的理论和实践经验，具有较强的组织管理、解决问题、信息处理能力
H		高级职业化或较高级专业技术	具有很强的组织管理能力以及对专业领域的经验
I		高级专业技术	在专业领域有很高的理论水准和实践经验，引领相关专业领域的发展，在组织中起到主导作用

岗位要素、维度标准表五

要素五：合作能力			
合作界面			合作能力
A	界面简单	合作对象及结构单一，对其他人员没有影响	日常性工作接触和人际交往，按照固定程序，不需要影响别人
B	界面较简单	合作内容简单，有时需要发挥一定的自主性，对其他人有一定的影响	与合作对象共同完成工作，承担部分合作工作的职责
C	界面有些复杂	合作内容有些复杂，存在一定的不确定因素	承担细分后的专项工作，并在工作中指导、帮助他人共同完成
D	界面较复杂	合作对象、结构较为复杂，存在较多的不确定因素	协助他人共同完成专项工作
E	界面复杂	不确定因素多，难度较大，需协调多个合作方	建立、改善并维护良好的对外关系
F	界面很复杂	合作内容很复杂，协调内容量大面广，难度大	组织、激励他人共同完成专项综合工作目标

岗位要素、维度标准表六

要素六：学习与解决问题能力			
解决问题难度			自我学习能力
A	简单问题	常规问题，有基本操作方法及流程	对自我学习能力不做要求
B	有限难度	问题解决方法基本确定，但需进行初步分析	有时需了解部分新知识、新信息
C	有些难度	问题明确，但需在已有经验基础上，进行专项分析	需要及时了解相关的新知识、新信息
D	变化性问题	问题不确定且较复杂，有类似经验解决办法可参照	有时需将新知识、新信息应用于岗位工作的改进中
E	复杂问题	问题不确定且复杂，需经深入分析后才能解决	经常需将新知识、新信息应用于岗位工作的改进中
F	非常复杂问题	问题非常复杂，涉及并影响多个领域，需系统分析整体解决	随时跟踪相关知识和信息的更新、发展动态，及时改进工作
G	系统问题	问题涉及公司整体发展战略	将新知识、新思想应用到分析制定部分产业的发展规划上

岗位要素、维度标准表七

要素七：工作条件			
工作环境（时间/地点）		工作风险/危险	
A	正常时间上下班，工作地点稳定/工作环境良好	基本无危险性	基本没有职业病或没有对身体造成危害的可能
B	工作时间基本正常，间断性的加班或出差，工作环境一般	有轻微的潜在危险性	有职业病或有对身体造成危害的可能
C	工作时间须根据具体情况确定（如轮班），或经常性加班、出差，工作环境较差	潜在危险性一般	有一定程度的职业病危害，或不注意可能造成身体危害
D	工作时间、地点不规律，突发变化性强，或长期驻外	潜在危险性较大	工作危险性大，或有可能造成很大的职业病或身体危害

（3）岗位价值排序

根据岗位评价结果，对单位全部岗位进行了岗位价值排序。

岗位评价结果[①]

3. 岗位分析与评价结果运用

综合考虑我单位各岗位的工作特点，对岗位序列进行了统筹规划与设计，形成“管理干部、专业”双通道岗位发展管理模型，员工可在“管理干部”“专业”两个不同而互通的通道间发展。岗位序列划分采用层层分解的思路，即序列—族—类—子类—岗位，各层之间为包含关系，同序列同层次之间是互斥关系，保证各序列的相对独立性。岗位序列的划分为职业发展通道设计提供了基础。

（1）岗位序列划分

员工岗位序列划分为管理干部通道和专业通道。其中，管理干部通道对接经营管理序列中职务子序列；专业通道根据技术技能要求的差异，进一步划分为经营管理类中除职务子序列外的其他序列、技术序列、营销序列、技能序列、社会化序列五个序列。

（a）职务子序列：包括领导干部子序列和非领导干部子序列。领导干部子

① 因信息敏感，对本表做模糊化处理。

序列根据中层干部管理要求，执行干部管理相关制度。非领导干部子序列是指除中层干部以外的管理岗位。

（b）经营管理序列：指从事资源与运行管理职能类工作岗位的集合。重点关注资源的调配与科学合理化使用，发挥资源监督保障作用，确保业务的正常、高效运作。

（c）技术序列：指从事科研生产等技术研究与创新类工作岗位的集合。重点关注及解决主营业务技术发展，确保主营业务的核心竞争力不断增强。

（d）营销序列：指从事市场开发、客户服务管理、市场管理等营销类工作岗位的集合。重点关注市场营销业务发展，确保所内主营业务经营发展目标的实现。

（e）技能序列：指从事生产操作、后勤服务、生产保障直接相关类工作岗位的集合。主要服务于核心业务，通过提供基础操作和支持，确保基本业务的正常运转。

（f）社会化序列：指从事医护、教师、物业、运输、宾馆食堂直接相关的工作岗位集合。主要服务于单位职工，通过为职工及家属提供医疗、教育、交通、餐饮等服务，保障职工及家属的生活，提高职工的归属感。

（2）岗位层级设置

结合我单位对在职岗位的定位等实际因素，对经营管理序列、技术序列、营销序列设置五个岗位层级：权威专家层、专家层、高级层、中级层、初级层。对接技能序列和社会化序列的岗位价值，将技能类和社会类通道层级进行相应缩短，设置四个层级，从高到低分别为：专家层、高级层、中级层、初级层。

权威专家层：技能带头人。以“开拓、引领、攻坚”为关键词，指具有很高的专业化技能和水平，能够引领专业性工作的纵深拓展、开拓业务新领域、新产品、新方法的人员。

专家层：团队核心。以“创新、带教、释难”为关键词，指具有较高的专业化技能和水平，能够对现行的工作提供创新性建议，带领较低层级员工开展日常工作，并协调解决专业分工领域中较复杂问题的人员。

高级层：业务骨干。以“协理、解惑”为关键词，指具有丰富的经验和扎实的工作技能，能够有效解决工作开展中的各类问题、指导低层级员工，并对工作开展情况进行一定的预判，采取恰当措施，确保高品质和高效率工作的人员。

中级层：独立工作者。以“独行、修炼”为关键词，指能根据分工独立完成工作，按照工作质量、时间及资源使用要求达成既定工作目标，并能够在工作开展的过程中不断学习的人员。

初级层：学习者、跟随者。以“受教、学习”为关键词，指在他人指导下，完成某项或某些具体的业务工作（偏事务性），能够对自身完成的工作成果负责，并不断在工作中学习和积累经验的人员。

（3）岗位层级与岗级对接

根据各序列岗位通道中包含的岗位价值差异，针对各序列通道设置不同的起点与终点，结合组织发展的需要和岗位定位的高低，通过各通道的长度（即“岗级”）来体现差异，设置如下：经营管理序列的岗位发展通道为一级到十七级，覆盖十七个岗位层级，其中管理干部序列的岗位发展通道为一级到十级，覆盖十个岗位层级，普通管理序列的岗位发展通道为七级到十七级，覆盖十一个岗位层级；技术序列的岗位发展通道为一级到十六级，覆盖十六个岗位层级；营销序列的岗位发展通道为一级到十七级，覆盖十七个岗位层级；技能序列的岗位发展通道为四级到十七级，覆盖十四个岗位层级；社会化序列的岗位发展通道为四级到十七级，覆盖十四个岗位层级。

（4）岗位体系建立

通过岗位分析与评价，我单位建立了包含5大岗位序列、34个岗位子序列、5个职业发展通道、5个职业发展层级的岗位体系。

岗位体系表

项目	内容
5 大岗位序列	经营管理序列、技术序列、营销序列、技能序列、社会化序列
34 个岗位子序列	经营管理序列 11 个；技术序列 14 个；营销序列 3 个；技能序列 3 个；社会化序列 3 个
5 个职业发展通道	管理干部序列、普通管理序列、技术序列、营销序列、技能序列
5 个职业发展层级	权威专家层、专家层、高级层、中级层、初级层

岗位体系表二

职业发展通道层级	岗位层级	经营管理序列（1）											技术序列（2）														营销序列（3）			技能序列（4）			社会化序列（5）		
		领导干部	非领导干部	战略管理	财经与审计	人力资源管理	行政党务管理	体系标准管理	项目管理	供应链管理	体系标准管理	管理专项	系统设计	软件设计	硬件设计	结构设计	工艺设计	产品标准化	产品质量	产品可靠性	调试、检测与试验	技术支持与保障	工程设计与实验	基础技术	情报	技术专项	市场	产品	营销	生产操作	生产保障	后勤服务	医护	教师	物业
		1	2	3	4	5	6	7	8	9	10	11	12	13	14	15	16	17	18	19	20	21	22	23	24	25	26	27	28	29	30	31	32	33	34
权威专家层	一级																																		
	二级																																		
	三级																																		
专家层	四级																																		
	五级																																		
	六级																																		
	七级																																		
高级层	八级																																		
	九级																																		
	十级																																		

续表

职业发展通道层级	岗位层级	经营管理序列（1）											技术序列（2）														营销序列（3）			技能序列（4）			社会化序列（5）		
		领导干部	非领导干部	战略管理	财经与审计	人力资源管理	行政党务管理	体系标准管理	项目管理	供应链管理	体系标准管理	管理专项	系统设计	软件设计	硬件设计	结构设计	工艺设计	产品标准化	产品质量	产品可靠性	调试、检测与试验	技术支持与保障	工程设计与实验	基础技术	情报	技术专项	市场	产品	营销	生产操作	生产保障	后勤服务	医护	教师	物业
中级层	十一级																																		
	十二级																																		
	十三级																																		
初级层	十四级																																		
	十五级																																		
	十六级																																		
	十七级																																		

三、薪酬体系构建

根据岗位分析与评价结果，规范后的薪酬体系由五个项目组成：基本工资、岗位工资、绩效工资、津贴补贴保险福利和中长期激励。根据发放方式可将薪酬结构划分为固定薪酬部分（基本工资、岗位工资、津贴补贴保险福利）和浮动薪酬部分（绩效工资、中长期激励）。根据时效性可将“五元”薪酬结构分为即期薪酬部分（基本工资、岗位工资、绩效工资、津贴补贴保险福利）和中长期薪酬部分（中长期激励）。即期薪酬是当期支付给员工的薪酬；中长期薪酬部分是员工一年以上获得的薪酬，是企业核心骨干员工激励机制的重要组成部分，随着企业发展中长期激励的占比逐步增大。

1. 基本工资

基本工资项目与单位效益情况、所在地工资水平以及员工个人学历、学位、工龄等要素挂钩。基本工资可由学历工资、年功工资等项目构成。

2. 岗位工资

岗位工资是员工履行岗位职责获得的报酬，根据员工所聘岗位确定。岗位工资由薪级和薪档共同确定。进入相应岗位序列的员工，根据员工拟任岗位的任职要求，结合个人能力素质的表现，对其进行入级评定后，确定岗位任职员工所处的岗位序列层级。

（1）应届毕业生在见习期 / 试用期期间不确定岗位序列层级，见习期 / 试用期结束后进入职聘岗位的起始薪档。

（2）具有工作经验且满足相应岗位层级条件人员，应对其初始入级进行评定。用人部门根据本部门岗位需求，提出人员拟任层级建议，新进人员原则上在与其签订劳动合同或协议前，对拟任人员进行评定，评定其与拟任层级的匹配度，提出新入体系人员拟任岗位序列层级意见，经相应审批后执行。

3. 绩效工资

绩效工资是着重体现员工即期的综合绩效表现和特殊贡献，与员工个人年度业绩考核相关联的活性收入。绩效工资采取预发绩效工资和年终绩效工资两种方式。

4. 津贴补贴保险福利

津贴补贴保险福利应遵循国家与地方政府有关政策和上级单位相关管理

规定。津贴补贴保险福利包含企业为员工缴纳的五险一金（基本养老保险、基本医疗保险、失业保险、生育保险、工伤保险，住房公积金）、国家规定津补贴（取暖补贴）、福利（交通补贴、节日补贴和午餐费补贴等）。

5. 中长期激励

中长期激励着重体现各单位和个人对企业中长期发展的贡献。中长期激励可包括企业年金或职业年金、岗位分红权等。中长期激励方案经上级主管单位审核批准后，根据国家政策有关要求执行。

四、薪酬制度设计与方案落地

完成薪酬体系构建后，我单位设计了符合自身情况的薪酬制度，对薪酬架构、薪酬发放、特殊员工薪酬的确定等内容进行了规定，并根据《劳动合同法》要求的程序，经职工代表大会通过后进行了发布。在正式实施薪酬方案之前，通过向单位领导班子汇报、分别召集中层领导干部和人事专员介绍情况、在二级单位宣传栏张贴宣传材料等方式，对薪酬体系进行了多轮多维度的宣贯和沟通。在 2016 年 10 月，我单位正式实行了薪酬体系，至今已平稳运行了 6 个月，基本完成了薪酬体系的平稳落地。但在岗位管理方面，我单位仍存在不足，对员工胜任度评估标准较为单一，后续将继续推进员工胜任度评估工作，通过多角度考察员工能力，以达到拓宽员工发展空间、完善职业发展体系、畅通员工职业发展通道的目的。

3 第三章

薪酬结构设计——打造薪酬之船

薪酬结构有哪几种主要形式?

一带式薪酬结构有什么特点?

宽带式薪酬结构有什么特点?

窄带式薪酬结构有什么特点?

级别式薪酬结构有什么特点?

薪酬结构等级设计注意什么?

薪酬结构职级设计注意什么?

员工生涯通道设计注意什么?

薪酬级幅度设计要注意什么?

薪酬结构定义了公司里所有岗位的相对位置（等级）和薪酬水平，是薪酬制度的核心内容。深入研究，薪酬结构包括薪酬结构的形式、薪酬等级、职级、级幅度、薪酬水平等要素。薪酬水平会另设章节介绍。

3.1 薪酬结构的形式

薪酬结构形式就是用一种表现方式，将公司内部所有岗位的位置和对应的薪酬水平精巧地表现出来，未来在员工定薪、调薪时操作方便。

薪酬结构有多种表现方式，从薪酬带宽及带宽数量可以分为：一带式薪酬结构、宽带式薪酬结构、窄带式薪酬结构。由于国企缺乏明确的岗位概念，更多是依据人的级别设计薪酬结构，称为级别式薪酬结构。

3.1.1 一带式薪酬结构

一带式薪酬结构是指公司内部只有一条薪酬带宽。如表 3–1 是中国工商银行薪酬结构表，员工薪酬结构分为十档 43 级，“总收入”一栏从最低 66000 元到最高 215000 元仅有一条薪酬带，这种形式称为一带式薪酬结构。

表 3–1　一带式薪酬结构表

档	级	基本工资（元）	岗贴（元）	岗贴合计（元）	级差（元）	任务奖金（元）	总收入（元）	职能职系档 / 岗位	业务职系档 / 岗位	研发职系档 / 岗位
一	1	1000	9750	117000	350	86000	215000			
	2	1000	9400	112800		83200	208000			
	3	1000	9050	108600		80400	201000	董事长		
	4	1000	8700	104400		77600	194000			

续表

档	级	基本工资（元）	岗贴（元）	岗贴合计（元）	级差（元）	任务奖金（元）	总收入（元）	职能职系档 / 岗位	业务职系档 / 岗位	研发职系档 / 岗位
	5	1000	8350	100200		74800	187000			
	6	1000	8000	96000		72000	180000			
	7	1000	7650	91800		69200	173000	总经理		
	8	1000	7300	87600		66400	166000			
二	9	1000	7050	84600	350	64400	161000			
	10	1000	6700	80400		61600	154000			
	11	1000	6350	76200		58800	147000			
	12	1000	6000	72000		56000	140000	副总经理		
	13	1000	5650	67800		53200	133000			
三	14	1000	5120	61440	120	48960	122400			
	15	1000	5000	60000		48000	120000			
	16	1000	4880	58560		47040	117600	信托理财部经理、投资银行部经理、计划财务部经理、资金管理部经理、市场发展部经理		
	17	1000	4760	57120		46080	115200			
四	18	1000	4640	55680	90	45120	112800			
	19	1000	4550	54600		44400	111000			
	20	1000	4460	53520		43680	109200	机构信托部经理、营业部经理、国际金融部经理、投资管理部经理、法律稽查部经理、人力资源部经理、综合管理部经理、公益信托部经理		
	21	1000	4370	52440		42960	107400			
五	22	1000	4280	51360	90	42240	105600			
	23	1000	4190	50280		41520	103800			
	24	1000	4100	49200		40800	102000	资产经营部经理、个人信托部经理、信托理财部监理、党务工作部主任		

续表

档	级	基本工资（元）	岗贴（元）	岗贴合计（元）	级差（元）	任务奖金（元）	总收入（元）	职能职系档 / 岗位	业务职系档 / 岗位	研发职系档 / 岗位
	25	1000	3920	47040		39360	98400			
六	26	1000	3830	45960	90	38640	96600			
	27	1000	3740	44880		37920	94800	正处调研员		
	28	1000	3650	43800		37200	93000			
七	29	1000	3560	42720	90	36480	91200			
	30	1000	3470	41640		35760	89400			
	31	1000	3380	40560		35040	87600	信托理财部副经理、计划财务部会计核算副经理、机构信托部副经理、资金管理部副经理、综合管理部行政公文副经理		
	32	1000	3290	39480		34320	85800			
八	33	1000	3200	38400	90	33600	84000			
	34	1000	3110	37320		32880	82200			
	35	1000	3020	36240		32160	80400	计划财务部计划统计副经理、营业部代理管理业务副经理、人力资源部副经理、综合管理部后勤保卫副经理、投资管理部财产信托副经理、投资管理部投资管理副经理、个人信托部地市副经理、国际金融副经理		
	36	1000	2930	35160		31440	78600			
九	37	1000	2840	34080	90	30720	76800			
	38	1000	2750	33000		30000	75000			

续表

档	级	基本工资（元）	岗贴（元）	岗贴合计（元）	级差（元）	任务奖金（元）	总收入（元）	职能职系档 / 岗位	业务职系档 / 岗位	研发职系档 / 岗位
	39	1000	2660	31920		29280	73200	营业部代理保管业务副经理、资产经营部贷款回收副经理、个人信托部综合副经理、党务工作部纪检监察副主任、党务工作部党建副主任、党务工作部群团副主任		
	40	1000	2570	30840		28560	71400			
十	41	1000	2480	29760	90	27840	69600			
	42	1000	2390	28680		27120	67800	副处级调研员	投资银行部投资顾问专责、投资银行部金融顾问专责、投资银行部企业债券承销专责	信托理财部研发专责、投资银行部研究开发专责、市场发展部市场策划专责、市场发展部产品设计专责、市场发展部产品研发专责
	43	1000	2300	27600		26400	66000			

一带式薪酬结构的优点：

1. 企业从没有薪酬结构到设计出某种形式的薪酬结构，一带式最容易被理解和接受。

2. 简洁明了，易于应用。

一带式薪酬结构的不足：

1. 很难满足岗位数量多、员工人数多的企业，薪酬区分度下降。

2. 内部等级森严，在这种薪酬结构下，员工必须获得职务晋升才能获得高收入，但是由于职务数量有限，很多优秀员工没有发展空间。

3. 内部等级所对应的薪酬标准一般是等差分别。例如，等级 1 和等级 2 之间的薪酬标准是 20000 元，等级 16 和等级 17 之间的薪酬标准还是 20000 元，在数据科学性、公平性方面都存在一定不足。

小贴士

一带式薪酬结构虽然还有很多企业在使用，但是随着企业发展，建议及时升级到宽带式薪酬结构或窄带式薪酬结构。

3.1.2 宽带式薪酬结构

一种薪酬设计的方法论叫宽带薪酬，是指在企业内部用 4 个至 6 个跨度较大的工资范围来代替原有数量较多的工资级别。例如，原来公司有十几个甚至二十几个薪酬等级，经过压缩成为几个等级。宽带式结构一般是将相同职位族的岗位纳入一个薪酬等级，如表 3-2。

表 3-2 宽带式薪酬结构表（单位：元）

等级	管理类（M）	销售类（S）	技术类（T）	职能（F）
12	342374			
11	311249			
10	282954			
9	257231	85744	128615	107179
8	233846	77949	116923	97436
7	212587	70862	106294	88578
6	193261	64420	96631	80526
5	175692	58564	87846	73205
4	159720	53240	79860	66550
3	145200	48400	72600	60500
2	132000	44000	66000	55000
1	120000	40000	60000	50000

宽带式薪酬结构的优点：

1. 适合企业初创阶段，不要求岗位职责必须清晰，不要求岗位职责稳定不变，只要岗位性质属于某一个大的类别就可以对应范围宽泛的薪酬标准。

2. 设计薪酬结构时，不需要有准确的外部薪酬数据，每个岗位类别（职位族）薪酬区间跨度较大。

3. 适合初创企业谈判薪酬制，薪酬要求较高的应聘者也可以纳入某个薪酬等级。

4. 设计过程较为简单，易操作。

宽带式薪酬结构的不足：

1. 由于设计的是某个职位族的薪酬区间，所以具体某一个岗位的薪酬区间不够准确。

2. 为新招聘员工定薪缺乏依据，随意性较大，存在定薪不公现象。

3. 虽然有薪酬等级，但是没有员工清晰的发展通道，员工不知道自己在相同岗位的员工中处于什么位置，也不确定未来的发展空间还有多少。

小贴士

宽带式薪酬结构简便易用，适合初创时间不长、快速发展的企业使用。不适合规模型企业、成熟型企业使用。成熟型企业岗位设置清晰，岗位职责相对稳定，企业对每个岗位设计更为准确的薪酬区间有更强的要求。每个岗位设计的薪酬区间越准确，公司支付的人力成本越节省，效果越好。

3.1.3　窄带式薪酬结构

窄带式薪酬结构是相对于宽带式薪酬结构而言的，实际工作中并不称呼为窄带式薪酬结构。窄带式薪酬结构适用范围最广，100 余人规模的小企业或者万人规模的中大型企业都可以应用，如表 3-3、表 3-4。

表 3-3 窄带式薪酬结构表（上）

等级	总经理办	财务部	法务部	行政部	人力资源部	宣传部	创投	企管	咨询
9	总经理						总经理		
8	常务副总经理						副总经理	总经理	总经理
7	总经理助理						基金部总经理	副总经理	副总经理
6		财务部总监			人力资源部总监		高级投资总监、投资部总经理		
5						品牌宣传总经理	投资总监、直投总监	总经理、经营服务部总经理、产业联盟总经理、技术交易经理	分院发展部总经理、培训事业部总经理
4		主管会计	律师	行政部总经理		品牌宣传、文案、平面设计	投资经理、并购经理	产业联盟经理	股东服务部总经理、咨询经理、课程研发经理、分院渠道经理、渠道经理、师资经理、教务经理
3								经营服务经理	股东服务行政经理
2		出纳		行政文员、前台		微信运营编辑			教务专员、渠道专员

表 3-4 窄带式薪酬结构表（下）

等级	最低工资（元）	最高工资（元）	初级 1（元）	初级 2（元）	初级 3（元）	中级 1（元）	中级 2（元）	中级 3（元）	高级 1（元）	高级 2（元）	高级 3（元）
9	632481	1170678	632481	683080	737726	796744	860483	929322	1003668	1083961	1170678
8	451772	836199	451772	487914	526947	569103	6146331	663802	716906	774258	836199
7	322694	597285	322694	348510	376391	406502	439022	474144	512075	553041	597285
6	230496	426632	230496	248936	268851	290359	313587	338674	365768	395030	426632
5	164640	304737	164640	177811	192036	207399	223991	241910	261263	282164	304737
4	117600	217669	117600	127008	137169	148142	159994	171793	186616	201546	217669
3	84000	155478	84000	90720	97978	105816	114281	123424	133297	143961	155478
2	60000	111056	60000	64800	69984	75583	81629	88160	95212	102829	111056

窄带式薪酬结构的优点：

1. 清晰地表现出岗位在企业内的相对价值，不同职位族岗位间薪酬水平设计更公平。

2. 相对于宽带式薪酬结构和一带式薪酬结构，窄带式薪酬结构对于岗位薪酬范围的设计更为准确。

3. 员工职业生涯通道清晰（初级、中级、高级），有利于相关人力资源工作开展。

窄带式薪酬结构的不足：

1. 岗位价值（等级）确定需要进行科学的评估，在方法论上有较高的要求。

2. 每个薪酬等级的范围（区间）在设计时需要外部行业薪酬数据的支持，才能准确掌握各岗位外部薪酬水平。

小贴士

窄带式薪酬结构适用于发展相对稳定、岗位职责变化不大、管理相对规范的企业。窄带式薪酬结构还有一些变化应用，比如，按照岗位类别分别设置多张薪酬结构表，一张结构表是一类岗位，方便应用。

3.1.4　级别式薪酬结构

级别式薪酬结构是指企业内部岗位概念不强，依据员工的职务级别、专业级别设计的薪酬结构。级别式薪酬结构在国企中应用广泛，如表 3–5。

表 3–5　级别式薪酬结构表

岗位等级	管理序列	岗位专业序列	职档 1（元）	职档 2（元）	职档 3（元）	职档 4（元）	职档 5（元）	职档 6（元）
16	总经理助理、事业部总经理、三总师	公司首席专家	477202	524923	577415	635156	698672	768539
15	董秘、副三总师		367079	403787	444165	488582	537440	591184
14	一级部门正职	专家	282368	310605	341666	375832	413415	454757
13	一级部门副职	资深经理	217206	238927	262820	289102	318012	349813

续表

岗位等级	管理序列	岗位专业序列	职档1（元）	职档2（元）	职档3（元）	职档4（元）	职档5（元）	职档6（元）
12	二级部门正职	高级经理	167082	183790	202169	222386	244625	269087
11	二级部门副职	经理	128525	141377	155515	171066	188173	206990
10		主管	98865	108752	119627	131589	144748	159223
9		主办	76050	83655	92021	101223	111345	122479
8		专员	58500	64350	70785	77864	85650	94215
7		助理	45000	49500	54450	59895	65885	72473

级别式薪酬结构的优点：

1. 适合岗位概念不明确的企业，可以依据员工的级别确定薪酬水平。

2. 方法简捷易操作。

级别式薪酬结构的不足：

1. 不适合岗位概念清晰、依据岗位价值付酬的企业。

2. 理论上员工上升空间不受限制，不利于员工薪酬水平控制。

小贴士

由于级别式薪酬结构在国企应用最多，经常被外界认为是吃“大锅饭”的分配方式。分配方式本身没有对错，关键是适合不适合企业文化，配合的管理机制是不是科学。某些使用级别式薪酬结构的民营企业，每年公司的发展速度仍然超过30%，内部氛围和谐，员工士气高涨。

3.2 薪酬结构等级设计

薪酬结构中的等级设计是必不可少的。薪酬等级是指根据岗位价值划分的等级。薪酬等级设计要注意把握等级的数量、空等级设置。

3.2.1 薪酬等级数量

薪酬结构表到底设计多少等级为好呢？薪酬等级数量与使用哪种薪酬结构有关系。一带式的薪酬结构的薪酬等级数量就会较多，20余级、40余级甚至更多都是正常的。其他类型薪酬结构的等级相对较少。

薪酬等级数量的多少与企业岗位设置的数量有较大关系，岗位越多，等级的设置也会越多。主要原因是，在岗位数量多的情况下，对岗位重要性区分的要求就越大，划分的等级自然就多。

小贴士

薪酬等级数量多少的大原则是：薪酬等级在适用的前提下，尽量少一些为好。因为薪酬等级越多，需要的岗位价值区分度越大（细），更容易产生矛盾。如果等级数量少，就不用把岗位价值划分得太细，也就减少了矛盾。

3.2.2　空等级的设置

在设计薪酬结构时，会有意地设计一些空等级，即薪酬结构中这些等级存在但并没有岗位在其中。一般可以设置底部空等级、中部空等级、顶部空等级。

底部空等级

如表 3–3、表 3–4 的案例中，最低等级分别是从 2 等级和 7 等级开始的。为什么最低等级不是从 1 等级开始呢？这主要是考虑到心理学作用，任何人都不希望自己所在岗位是价值最低（工资最低）的，所以薪酬结构下部可以设计若干空等级。

中部空等级

有些公司因为发展的原因，现阶段中层岗位数量不多，区分度也不大，设计 2 ~ 3 个薪酬等级已经够用。考虑到还会继续发展，中层还会设置更多岗位（职务），那么就可以增加设计 1 ~ 2 个空等级，未来有新岗位时可以使用。

顶部空等级

薪酬结构顶部也可以预留 1 ~ 2 个空等级。顶部空等级为高管发展预留空间。

3.3 薪酬职级设计

薪酬职级是指员工在所在岗位上薪酬可以发展的层级有多少。

薪酬职级数多少主要是与未来员工晋级机制有关的。如果公司的员工薪酬增长是小步快跑，即每年都有增长，但增长不多，这种情况需要较多职级数。日韩企业因为是年功序列制，员工每年都需要增长，优秀的员工还会增长 2 ~ 3 级，所以在日韩企业职级数量多达四五十级，当然这是包括更高级别职务在内的。如果企业每年只有优秀员工才晋一级，这样需要的职级数就可以不用太多，9 ~ 12 级基本够用。如果某类岗位人数众多，还可以再增加职级数。总之，职级数量设置的多少与加薪规律和员工人数有较大关系。

3.4 如何为员工设计职业生涯通道

职级在某种意义上就是员工的发展通道，但是职级是冷冰冰的数字，缺乏感性的标签。很多公司为职级划分等级，也可以称为职等。

企业把职级 1、职级 2、职级 3 划定为初级，可以称为初级 1、初级 2、初级 3。

企业把职级 4、职级 5、职级 6 划定为中级，可以称为中级 1、中级 2、中级 3。

企业把职级 7、职级 8、职级 9 划定为高级，可以称为高级 1、高级 2、高级 3。

企业把职级 10、职级 11、职级 12 划定为资深级，可以称为资深 1、资深 2、资深 3。

企业把职级 13、职级 14、职级 15 划定为专家级，可以称为专家 1、专家 2、专家 3。

初级、中级、高级、资深、专家，这些职等的名称给予员工一种身份，这种身份的递进就是员工职业发展的通道。

职等与岗位结合使用，如工程师岗位，就划分出：初级工程师、中级工程师、高级工程师、资深工程师、专家工程师。其他岗位的道理是一样的。

3.5　薪酬级幅度设计

薪酬级幅度是指薪酬职级每增长一级，薪酬增长的比率。随着员工职级提升，薪酬标准逐渐增长。其公式为：级幅度 =（上一职级薪酬标准 - 下一级薪酬标准）/ 下一级薪酬标准 ×100%。

级幅度设计有三个关键：级幅度大小、相同级幅度、差别级幅度。

级幅度大小

级幅度是薪酬职级每增长一级，薪酬增长的比率。级幅度的本质是员工晋级时给予的激励程度。有的公司级幅度达到5%（员工每晋一级薪酬增长5%）就可以达到激励的效果，有的公司级幅度要达到10%才可以达到激励效果。所以，不同公司设计的级幅度是不一样的。

级幅度大小还与公司晋级机制有关。如果公司每年优秀员工晋一级，10%的级幅度恰恰好，如果晋级机制是优秀员工晋两级，那么级幅度就可以相应减小。

相同级幅度

不考虑少数岗位特殊性的前提下，薪酬结构各等级的级幅度原则上应该相同。级幅度相同的原理是在一个公司内，虽然岗位不同，薪酬标准有差别，但是晋级时激励（级幅度）水平应该是一致的，激励水平一致，是较为公平的。

差别级幅度

考虑到少数岗位或少数岗位任职人的特点，薪酬结构设计时也会采用差别级幅度。

如果某类岗位（如技术类）年轻员工成长非常快，可以考虑在该岗位低职级阶段使用稍大的级幅度，这样员工晋级加薪幅度大，有利于年轻员工的保留和激励。

如果某类岗位（如生产类）成熟老员工随着工龄的增加贡献逐渐减小，

可以考虑在岗位的高职级阶段使用稍小的级幅度，这样员工晋级加薪幅度小，节约成本。

如果在职级中设置了初级、中级、高级等级别来区分员工的水平和等级，可以将初级升中级、中级升高级的级幅度加大，让晋级的员工有一个更大的收入增长，我们称为跃升幅度。

差别级幅度的使用，是激励工具的灵活应用，代表了设计者对岗位特点的理解。

小贴士

很多公司没有级幅度的概念，每个职级按照某个绝对值在增值，如普通岗位区间每级增长 500 元，中层管理岗位每级增长 1000 元，高管岗位每级增长 2000 元。这种增长方式很普遍，只是在科学性方面略有欠缺。

4 第四章

薪酬调查数据——让付酬更精准

薪酬调查在哪些方面发挥重要作用？

薪酬调查内容包括哪几个主要方面？

如何选择购买准确的薪酬调查报告？

如何参与外部机构的薪酬调查活动？

如何才能获得免费的薪酬调查数据？

薪酬调查就是通过一系列标准、规范和专业的方法，对市场上各岗位（职位）进行系统分类、汇总和统计分析，形成能够客观反映市场薪酬现状的调查报告，为企业提供薪酬设计方面的决策依据及参考。

设计薪酬结构时必须有准确的行业薪酬调查数据作为参考，才能为岗位设计出准确的薪酬水平（区间）。薪酬数据来自薪酬调查，薪酬调查是指搜集同行业、同地区、同规模、同性质的企业岗位薪酬水平数据，为企业制定薪酬策略、设计岗位薪酬水平、薪酬调整提供依据。

4.1 薪酬调查的核心价值

薪酬调查是薪酬设计、薪酬管理的重要工具，主要在以下几个方面发挥重要作用。

一、为薪酬调整提供依据

公司定期为员工进行薪酬调整，薪酬调整的重要依据就是同行业、同地区的薪酬数据。掌握了外部薪酬数据，调薪才能做到心中有数，恰到好处。

很多大企业每年会参与多个机构组织的薪酬调查活动，这样可以从不同的薪酬报告中获取自己关心的数据。

有些企业抱怨给员工加薪了但离职率仍然较高，可能是因为加薪没有加到位或者是加给了不该加的人。

二、为薪酬结构设计和调整提供依据

如果说薪酬调整是关注对具体人的调整，那么对薪酬结构设计和调整就是针对岗位薪酬水平的调整。

薪酬结构中岗位所在等级，除了岗位价值评估是重要依据，同时外部同行业薪酬数据（薪酬水平）也是验证岗位等级的重要依据。通过外部薪酬数据的对比，岗位等级、薪酬水平（区间）将更为合理和准确。

三、为薪酬构成设计和调整提供依据

设计薪酬构成时，可以参考同行业的方式方法，掌握同区域、同行业的薪酬特点，可以让薪酬设计更符合员工的需求，在薪酬不增加的情况下，提升员工满意度，增强激励效应。

四、对标同行业人力资源成本指标

通过了解同行业的人力成本数据，可以判断行业竞争对手产品、人力、成本含量，评估企业相应竞争策略，也为企业改善人力成本结构提供依据。

五、减少员工对公司薪酬水平的怀疑

公司薪酬结构设计或薪酬水平调整，要让员工接受和信任，很重要的一点就是有外部数据支持。让员工明白，薪酬调整是有依据的，是与外部市场水平同步并且吻合的。提升人力资源部门的技术含量，提升在薪酬管理中的话语权。

六、有助于优秀员工的招聘和保留

很多时候，在员工提出辞职时，公司可能使用盲目加薪予以挽留，也可能会拒绝合理的加薪要求而错失一个优秀员工，这些都会给企业带来不可估量的损失。如果有薪酬数据作为参考，这样的错误就可以避免。

综上，薪酬调查数据对于薪酬管理、薪酬设计作用非常重要。

4.2　薪酬调查的内容

薪酬是一个比较整体的概念，影响因素较多，如果薪酬调查只涉及薪酬中的一部分基本薪酬，或者只调查薪酬本身，那么很显然无法准确反映市场的真实状况。薪酬调查的内容主要包括以下几个方面。

一、国家发布的经济数据。包括消费者物价指数（CPI）、GDP 增长率、社会平均工资、社会平均工资增长率、政府颁布的工资指导线。

二、同行业薪酬数据。包括岗位固定工资、变动工资、福利、薪酬构成、薪酬构成比例、薪酬总额比率、人才供求关系等。

三、同行业管理数据。包括人均工资、人均产值、人均毛利、人力投入产出比等。

四、上市公司相关薪酬调查数据。包括高管人员薪酬水平、员工薪酬水平等。

小贴士

从薪酬调研的内容看，同行业的薪酬数据最难获得，因为薪酬数据一直被认为是企业的核心秘密。有的公司通过面试或同行聊天的方式收集信息，虽然能有所帮助，但是很难收集全面的薪酬数据，而且对这些数据的准确性也会画上问号。

4.3 如何购买薪酬报告

购买薪酬调查报告是获得薪酬数据最快捷的方式，有很多专业机构提供薪酬报告服务。

目前能够提供专业薪酬报告的机构有不少，各有优势，方法论也各有区别，可以提供的薪酬报告各有千秋。到底哪家的报告值得信赖呢？

购买报告前应该注意以下几个方面。

首先，要选择那些知名度高的调查机构。只能说，知名度高的调查机构在方法论上更专业，有更多的固定客户参与，对数据准确性的把握要求更高，所以相对值得信赖。对于一些由招聘网站、咨询公司提供的薪酬报告要慎重选用。

其次，应该选择同行业、同地区、近期的调查报告。经常有人在网络上问，谁有薪酬报告可以共享，这是非常不专业的表现。一份有效的薪酬报告，一定是由同行业企业参与调查的，这样的报告才有参考价值。同地区是指参与调查的样本公司与自己公司在相同省份、市、区，这样的报告参考价值更高。所谓近期是指报告出具的时间越近，数据参考价值越大，时间越远自然参考价值越小。

最后，选择样本公司规模接近、性质类似的调查报告。一份薪酬调查报告一般会由几十家甚至上百家同行业企业参与调查，样本公司性质不同、规模不同，应该选择样本公司中有更多与自己企业性质相似、规模接近的企业调查报告。调查机构一般还可以提供更多服务，比如，可以从所有样本公司中选择出性质相似、规模接近的公司形成一份新的调查报告，这些企业一般是行业内的竞争对手，尤其是人才的竞争对手，这样的报告是最有针对性的。

总结一句话：购买薪酬报告要选择知名调查机构提供的同行业、同地区、规模接近、性质类似、近期的薪酬报告。

4.4　如何参与行业薪酬调查

薪酬调查是收集同行业企业薪酬数据，做出分类、汇总、统计、分析并形成客观反映岗位市场薪酬现状的调查报告的过程。企业参与薪酬调查需要注意以下相关问题。

1. 选择参与调查的岗位

企业可以将公司所有岗位参与薪酬调查，也可以选择标杆岗位参与调查。

将全部岗位参与薪酬调查，工作量相对大一些，因为不仅要提供岗位薪酬数据，还需要提供岗位人员的基本情况。由于部分岗位具有企业个性特点，同行业内不一定都设置此类岗位，所以即便提供也不一定能够获得数据报告。

效率更高的做法是将行业内普遍设置的岗位参与薪酬调查，提供的数据量小，调查更有针对性和实用性。

2. 薪酬调查的内容

薪酬调查一般包括：（1）组织的基本信息，包括企业基本情况、财务状况、组织绩效、企业规模、组织机构等。（2）薪酬体系的基本信息，包括基本工资、工龄工资、效益工资、绩效工资、年终奖、现金福利、非现金福利、法定福利、股权、期权等。（3）被调查岗位任职人基本情况，包括从业时间、入职时间、学历、专业能力、薪酬数据等。（4）企业人力资源基本情况，包括员工人数、生产效率、劳动力成本、人力资源政策、员工满意度等。

3. 岗位描述

参加薪酬调查时，必须将岗位的职责和任职资格描述清楚，尤其是岗位名称应尽量符合行业习惯，否则在薪酬数据汇总统计时可能无法使用。有时存在职位名称相同，但是工作内容及任职要求差距悬殊的情况，参与调查时最好使用能更准确概括岗位职责名称的方式。

4. 岗位层级

对同一部门岗位根据实际情况划分层级，如总监、经理、主管、专员。每个公司情况不同，按实际情况汇总报告。

5. 薪酬数据

一定要按照调查时间周期提供最新的薪酬数据，注意调查口径一致，避免将上一周期的部分薪酬数据误统计在本周期，也避免本该统计在本周期的数据发生遗漏。

小贴士

参与薪酬调查，切忌提供虚假数据，这样不仅自己得不到准确报告，同时对参与调查的其他企业也有损害。宁可不参加调查，也不要提供假数据。

4.5 如何获得免费的薪酬数据

很多公司 HR 关注如何免费获取薪酬数据，下面介绍几种可行的方法。

一、可以通过行业协会获取。部分行业协会组织会员单位进行内部交流和薪酬数据共享，企业通过加入协会会员单位，可以免费获得同行业薪酬数据。

二、人力资源同行交流，共享信息。多参加同行线下活动，在互相信任的基础上，可以交换双方薪酬数据。当然，交换的薪酬数据一定不是工资表，而是经过处理的薪酬信息。例如，找出你们都关心的几个关键岗位，将该岗位的最低薪酬、最高薪酬、平均薪酬等数据进行交换即可。

三、政府公布的数据。政府每年都会定期公布各行业薪酬数据，这些数据具有较好的参考价值，有一定可信度。

四、通过应聘者获得数据。可以在对外招聘面试过程中，通过应聘者获得同行业薪酬水平情况。当然，应聘者有时候提供的薪酬情况会有一定水分，毕竟很多公司薪酬保密，所以应聘者不一定了解详细的薪酬情况。

五、同行业上市公司年报。同行业上市公司年报会报告公司高管薪酬情况及公司薪酬总额和员工数量，可以了解员工平均薪酬情况和高管薪酬情况。

小贴士

薪酬数据关键是要尽量准确可信，通过不同渠道调查得到的信息可以互相印证，然后根据判断得出结论。避免盲目相信，错误信息可能会对公司制定准确的薪酬策略造成误导。

5 第五章

薪酬策略机制组合——薪酬设计“三剑客”

薪酬水平策略对薪酬设计有什么帮助?

哪三个薪酬水平策略具有较好代表性?

薪酬弹性策略与薪酬水平策略的关系?

哪三个薪酬弹性策略具有较好代表性?

薪酬构成由哪些常见的薪酬项目组成?

不同岗位序列的薪酬构成会有何不同?

万科地产集团的薪酬构成有什么特点?

中国工商银行的薪酬构成有什么特点?

在设计薪酬结构过程中会参考外部薪酬调查数据作为依据，如何参考外部数据，这就需要根据公司制定的薪酬水平策略来操作了。另外，薪酬弹性策略对薪酬水平有较大影响，所以本章会深入探讨两者如何配合使用。最终，薪酬弹性策略会以薪酬构成为表现方式。薪酬水平策略、薪酬弹性策略、薪酬构成三者相辅相成，是薪酬设计中技术性非常强的环节，本章将详细进行介绍。

5.1 薪酬水平策略

薪酬水平策略，就是公司在较长时间内掌握的平均薪酬尺度，主要包括领先策略、滞后策略、跟随策略。

关键问题在于，这里所说的“薪酬水平”具体包括哪些内容。通常，薪酬水平是指薪酬性质的所有收入，既包括第三章所讲的薪酬结构中岗位的薪酬区间（标准），也包括薪酬结构之外增加的某些针对个人的固定性质的辅助工资（如学历工资、职称工资、司龄工资等）。有些公司在薪酬结构之外，还有因某种奖励机制而发放的奖金，这种奖金不确定性较大，原则上不在本节讨论范围内。

薪酬领先策略

所谓薪酬领先策略，是指企业实施的薪酬水平高于同行业平均水平。一般是指企业实行的薪酬水平高于同行业、同地区、类似规模企业的平均薪酬水平。

薪酬领先策略下，企业的人力成本相对较高，可能造成产品竞争力下降，影响产品市场推广。但是，很多企业在有意识采取薪酬领先策略后，人力成本占销售收入的比例反而可能下降。单纯执行薪酬领先策略不会影响企业盈利能力。

薪酬领先策略可以帮助企业更容易地招聘到想要的人，也有助于企业的人才保留，降低离职率，提升员工士气和荣誉感。

哪些企业适合采用领先策略呢?

第一，行业内优秀的企业。优秀的企业要保持优秀，公司必须持续发展，需要大量的人才聚集，自己培养肯定不能满足对人才的需求，高薪酬水平就是吸引人才的利器，也是对竞争对手的某种暗中打击。华为、腾讯、大连万达，它们都是行业内的优秀企业，这些企业的薪酬采用领先策略是恰当的。

第二，处于新兴行业的企业。新兴行业发展所需人才都在传统行业，对于从事传统行业的人来说，新兴行业风险大且看不清未来发展，所以新兴行业要不自己培养人才，要不就需要制定超过传统行业薪酬水平的薪酬来吸引人才。培养人才终归速度有限，恐怕会错失发展机遇，薪酬领先策略是战略实施的重要保证。回顾众多新兴行业的发展历史，都有过对传统行业人才掠夺的过程，掠夺人才都少不了高薪酬水平的支持。

第三，处于快速发展期的企业。快速发展期对人才的需求量巨大，同时，你的企业处于快速发展期，你的竞争对手很可能也处在快速发展期，甚至整个行业都处在快速发展期，这时整个行业人才短缺，提高薪酬水平才是上策，否则你需要的人才可能被同行业竞争对手抢走。

第四，产品具有较高附加价值的企业。如果公司产品具有很高的附加价值，也适合采用薪酬领先策略，一方面是产品能够承受人力成本增加，另一方面说明这个行业还有很大发展空间，高薪酬水平有利于人才保留和激励。

第五，人才因素非常重要的企业。有些行业如律师事务所、设计院、咨询公司等，人才都是非常重要的因素，营业收入的增加与企业员工的数量和质量有较大关系，这些行业更需要人才稳定，建议采用薪酬领先策略。

有些人说，在员工激励方面薪酬不重要，这种观点实在是胡说八道！不发工资，没有人会留下来陪着老板。非薪酬手段在激励方面只是“锦上添花”。

杰克·韦尔奇说过，工资最高时企业成本最低。

薪酬滞后策略

薪酬滞后策略，顾名思义，是指企业的薪酬水平低于同行业平均薪酬水平。薪酬水平低于同行业，可以提升产品市场竞争力，短期使用可以帮助企业渡过难关，配合低人力成本战略快速开拓市场。

薪酬滞后策略原则上不宜长期使用，否则可能会造成较高的员工离职率，对外招聘没有吸引力，员工士气低下，甚至造成公司产品出现质量问题，对公司的影响深远。

计划采用薪酬滞后策略的公司，需要具备一些基本条件，才可能有较好的效果。第一，行业有较充足的人力供给，招聘非常容易。第二，岗位技能要求低，任何人通过简单培训就可以上岗，培训成本低。第三，公司重视培训，人才可以轻松复制，人员离职对公司影响有限。第四，公司发展快，晋升机会多。

使用薪酬滞后策略，最好配合其他弹性激励制度联合使用。员工工资低一些，但是如果公司发展了，员工的收入也会相应增加，这样会让员工更容易接受。

长期采用薪酬滞后策略的公司中不乏成功的企业，但是薪酬滞后策略通常不是它们成功的重要因素。

薪酬跟随策略

所谓薪酬跟随策略，是指企业实施的薪酬水平与同行业平均薪酬水平持平。在实际应用中，薪酬跟随策略是指与同行业、同地区、同规模企业的薪酬平均水平持平。薪酬跟随策略的好处是人力成本不高不低，企业没有负担，人才流动可控，对外招聘难度也不大。

采用薪酬跟随策略在招聘高端人才时会有一定局限，需要独立制定政策。

成熟型企业一般才会有跟随策略，成熟型企业对人才的需求不急迫，人才外流也不严重，没有必要支付过高的薪酬成本，当然，过高的薪酬成本也不现实，毕竟成熟型企业发展的速度已经不太快。

跟随策略较容易产生庸才沉淀，这一问题值得企业关注。有更高期望的人可能离开企业，竞争力不强的人感到现在的薪酬水平可以接受，所以庸才沉淀很自然就会发生。在跟随策略下，要建立末位淘汰机制，这是组织的良性代谢过程，只有让出位置才能为新鲜血液提供机会。

小贴士

薪酬水平策略没有对错好坏之分，任何一种薪酬水平策略都有优秀企业在使用。任何一种薪酬水平策略都需要坚持，所谓坚持就是每年的薪酬都要按照这种策略去及时做出调整。领先策略和跟随策略要保持恰当的增长幅度，而滞后策略则不同。滞后策略下虽然也要进行薪酬调整，但这不是重点，重点是能扛住来自各方加薪的压力而毫不动摇。

5.2 薪酬弹性策略

薪酬弹性策略，是指根据岗位特点和激励要求，设计出不同程度的固定薪酬与浮动薪酬的比例。根据固定薪酬与浮动薪酬不同比例，薪酬弹性策略分为高弹性策略、高稳定性策略、调和型策略。

固定薪酬很容易理解，是薪酬中不变化的部分，比较稳定的部分。关键是浮动薪酬部分包括哪些项目。在第三章设计的薪酬结构中，企业会根据管理需要将各等级薪酬标准划分为固定薪酬和浮动薪酬，本节所讲的“浮动薪酬”既包括薪酬结构中的浮动薪酬，也包括薪酬结构之外的奖金、利润分享、分红、股票、股权激励等中长期激励。

高稳定性策略

高稳定性薪酬策略是指浮动薪酬与固定薪酬的比例小于1/4。

高稳定性策略下，员工收入较稳定，绩效不好的情况下对收入的影响不大，业绩好的时候，薪酬增长也有限。

高稳定性策略让员工更有安全感，可以吸引追求稳定的员工，员工忠诚度高，但可能成为滥竽充数的港湾，庸才沉淀。高稳定性薪酬刚性大，公司业绩好的时候，薪酬成本比较低，但是员工希望公司给予更多奖励；公司业绩不好的时候，薪酬成本几乎不可能降低，只能用裁员的方式降低人力成本，这时又带来相应的裁员成本。高稳定性薪酬对有更高收入要求的员工吸引力低，通常薪酬要求更高的员工资历更深、能力更高（当然，现实中也不一定）。

长期采用高稳定性薪酬可能造成员工缺乏拼搏精神，推卸责任，内部一团和气，效率降低。所以高稳定性薪酬需要配合其他机制联合使用，如末位淘汰机制，让庸才不沉淀，让员工保持必要的精神状态。

高弹性策略

高弹性策略与高稳定性策略相反，浮动薪酬与固定薪酬的比例大于2/3。也就是说，工资中有较大比例并不保证员工一定能获得，而是与业绩实现挂钩的。极少数公司没有固定工资，弹性达到最大，但是这种方式涉嫌违反《劳动合同法》，需要改变用工模式才符合法律规定。

高弹性工资体系的特点是奖勤罚懒，员工工资与业绩相关度高。业绩不好时，企业支付员工较低工资，人工成本低；较长时间业绩不好时，员工会因工资不能满足日常生活需要而选择离开企业，企业不用支付解雇成本；员工业绩好时，企业根据考核机制支付较高浮动工资，对绩优员工是一种积极正面的肯定和支持，可以留住这些追求高收入的优秀员工，同时，浮动工资有业绩做支持，对企业没有任何负担。

高弹性工资体系也有明显的缺点。这种机制适合喜欢挑战、希望通过努力获得高收入的员工，对于那些不喜欢挑战、希望获得稳定收入的员工则不太适合。这种机制在企业整体业绩好时，对企业内部员工有很大的激励作用，对企业外部人才也有一定吸引力。

计件工资是典型的高弹性薪酬策略。

调和型策略

调和型策略的弹性处在高弹性策略和高稳定性策略之间。调和型策略不走极端，更容易被接受，所以适用广泛，尤其适合发展成熟型的企业。但是，调和型策略缺乏主见，没有态度，激励性一般。

小贴士

有些企业有更多激励方式。例如，年终奖金、利润分享、分红、任期奖金、股票期权激励等，这些中长期的收入也在浮动薪酬的概念当中。越是高级别的管理人员，薪酬弹性越高。

好的分配激励机制，就是用有诱惑力的弹性激励机制调动员工的工作积极性，让员工获得高额的回报，企业获得又好、又快的发展。

5.3 薪酬水平与弹性策略的结合应用

单纯从理论上看，薪酬水平策略和薪酬弹性策略是独立的，但更多时候薪酬水平策略和薪酬弹性策略是结合使用的。接下来将从某些应用场景介绍两种策略如何结合使用。

企业发展分为四个阶段，分别是初创期、成长期、成熟期、衰退期，在不同发展阶段应该采用不同的策略组合。

初创期

初创期可以采用薪酬滞后策略 + 高弹性策略。初创期企业各种条件都不具足，资金不宽裕，业务不稳定，企业几乎没有知名度，对人才的需求迫切但是支付能力不足。在这种困难条件下还要吸引人才，最恰当的策略是滞后薪酬水平 + 高薪酬弹性。初创期企业采用滞后薪酬水平几乎是迫不得已，因为其支付能力所限。初创期企业最需要的不是人才，尤其不是要价过高的人才，这时候最紧急的是保证企业能活下来，尽量节约资金才是上策，工资压得越低越好。但是，低薪酬水平几乎招聘不到合适的人才，招聘到位也很难保留，保留住也不能调动员工的积极性，所以，初创期企业在薪酬滞后的情况下，一定要配合使用高弹性薪酬策略。这时的高弹性策略，就是建立与业绩挂钩的奖励机制，业绩达成，奖金到位；业绩不好，人力成本可控。

初创期企业最需要的人才是那些可以忍受低薪酬且具备发展潜力的人。资历不深，希望获得机会，具备可培养潜力，这就是初创期企业最合适的人选。初创期企业在人才竞争时，不要拼薪酬水平，薪酬水平对企业来说是刚性支出，这是初创期企业的劣势。要拼薪酬弹性，因为浮动薪酬与业绩目标相关，业绩目标实现了就能兑现奖金，从某种意义上奖金是员工挣出来的，这样的分配合情合理。初创期企业建立弹性薪酬制度，成本最低，效果最好，而且能够吸引有成就欲望的员工。

成长期

成长期企业可以采用薪酬领先策略＋高弹性薪酬策略。成长期企业的主要特点是业务发展速度快，自己培养的人才不足，需要大批量招聘以扩充员工队伍，而且招聘要求也逐渐提高，需要员工有较好的资历和能力。这个阶段建议从初创期的滞后策略逐渐调整为跟随策略，然后过渡到领先策略。快速成长阶段的企业，已经有一定企业知名度，但是和成熟企业相比，知名度仍然不够，而且还有可能要从知名企业挖人或者与知名企业竞争人才，这个时候薪酬领先就非常重要。同时，高薪酬弹性仍然非常重要，让员工努力之后可以获得超过预期的回报。之所以必须配合高弹性策略，是因为即使成长型公司给予领先薪酬，这时的吸引力仍然不足，高弹性策略就是一种加持。可以增加业绩奖金、项目奖金、利润分享、股权期权激励等与业绩强挂钩的激励机制。

不要担心高弹性薪酬带来人力成本的增加，一定要通过机制设计让这些增加的成本能被实现的业绩消化。也就是在高弹性薪酬策略下，发给员工的奖励都应该是员工自己挣出来的，给员工发得越多，企业挣得越多。当然，这需要机制设计合理，避免出现没有预料到的员工挣钱而企业亏损的尴尬局面。

成熟期

成熟期企业可以采用薪酬跟随策略＋调和型薪酬策略。成熟期企业经营业绩相对稳定，对人才需求不强烈，自己培养的人才足够，人才流失也不严重，所以这个阶段的企业原则上采用薪酬跟随策略＋调和型薪酬策略即可，这样人力成本不高、可控。但是每个企业要认真审视公司发展阶段，判断到底是不是真的进入了成熟期。不要认为业务发展稳定就是进入成熟期，这是“假成熟”。成熟不成熟要看这个行业发展是不是稳定了，还要看同行的发展速度和位置是不是基本稳定了，只有这两个条件同时具备，公司也很难再有大发展，姑且可以认为是成熟了。如果行业还在快速发展，或者同行还在快速发展，你的公司稳定了，这不是成熟，这非常危险，可能是企业掉进了发展的陷阱。

虽然建议成熟期的企业采用跟随策略＋调和型策略，但是，一个有强烈发展欲望的企业完全可以继续采取领先策略＋高弹性策略。当一个企业“迫不得已”采用跟随策略＋调和型策略时，说明企业发展可能出现了一些疲态，需要关注。

衰退期

衰退期企业可以采用薪酬跟随策略＋高弹性薪酬策略。衰退期的企业，业务规模快速萎缩，缺乏有竞争力的产品，人员流失加剧，竞争对手林立，行业内地位不保。这个时候薪酬已然不具备竞争力，员工士气低落，必须以壮士断腕的气魄进行一场革命。首先，要进行人员缩编，淘汰一定（较大）比例的冗余人员，然后对现有员工进行加薪，达到同行业平均水平，稳住关键人才，最后建立高弹性的激励机制，让员工努力拼搏之后可以获得超过预期的收入。

当企业处于困难的衰退时期，有些企业采用减薪的方法也会起到作用。巨人集团史玉柱说，企业减人是淘汰没用的人，减薪是赶走有用的人。建议企业在减人还是减薪的选择中，首先选择减人，然后加薪。加薪是为了让留下的人才安心努力工作。

在企业的不同发展阶段，笔者没有推荐滞后策略和高稳定性策略，不代表这两个策略没有用武之地，也不代表这两个策略存在问题。相反，这两个策略是现实中很多企业正在应用的，也正是因此，笔者才建议企业在变革中要更多地使用其他策略。

5.4 华为的薪酬策略演变实践案例

华为从小到强的发展历程中，薪酬管理在不同历史时期起到了非常重要的作用，解决了不同时期的问题。

1988 年至 1996 年，华为处于初创阶段，资金不充裕，同行业竞争激烈，华为无法支付高额薪酬，更多的是采用薪酬滞后策略＋高弹性策略。华为于 1990 年开始推行员工持股制度，用股权激励弥补薪酬偏低的劣势，同时减少现金奖励带来的资金压力。另外，股权激励对于员工的保留也起到了很好的作用。

1996 年以后，华为进入快速发展阶段，成为行业内有力的竞争者，具备了一定实力，这时华为的薪酬策略已经是领先策略 + 高弹性策略。华为一直采用“有竞争性的薪酬”来吸引企业所需的各种人才。薪酬体系中的各个部分基本上都处于行业领先水平，高薪酬作为重要推动力促使公司成长。

随着华为进入成熟发展阶段，华为根据管理需要对薪酬策略进行适度调整，薪酬策略变为薪酬领先策略 + 调和型策略，继续加大人力资本所得比例，适度降低货币资本所得比例，让拉车的比坐车的收入高，目标还是追求分配公平。

任正非有一句经典的话：什么是人才，我看最典型的华为人都不是人才，钱给多了，不是人才也变成了人才。

华为的成功与长期坚持鲜明与符合企业发展战略的薪酬策略密不可分。

5.5 薪酬构成设计

薪酬构成是指员工所有收入的组成部分，一般由基本薪酬、激励薪酬、福利薪酬以及各种津贴等部分构成。

- 基本薪酬：又叫基本工资，由职位工资和技能工资两部分组成。职位工资需要通过对各类不同职位的价值进行评价分析后分为若干个等级，并与相应的薪酬相对应。技能工资需要根据任职者本人的学历、功能、能力等因素确定等级，并与相应的薪酬相对应。
- 激励薪酬：按照公司绩效考核标准对每一个员工的工作表现及工作业绩进行考核，根据考核结果确定其应享受的绩效工资。绩效薪酬将员工的利益和员工个人业绩及公司业绩相结合，体现多劳多得的分配原则，充分调动员工潜能。绩效工资按月发放。
- 福利薪酬：福利薪酬是另一种形式的薪酬，强调为员工的未来提供保障，如医疗保险、失业保险、养老保险等。
- 职务津贴：津贴是薪酬的有机补充，一般是针对比较特殊的工作或者在企业担任特殊的职务而提供的特殊优惠待遇。

企业薪酬总体构成参考表 5–1。

表 5-1　企业薪酬总体构成参考

薪酬分类	构成细分	备注
基本薪酬	基本工资	可以根据学历来确定基本工资级别，通过学历工资引进企业期望的人才层次
	工龄工资	如果企业期望获得忠实的员工，就应提升工龄工资；如果希望员工的流动性较大，就应设立较低的工龄工资或者不设
	岗位工资	岗位工资体现了公司对不同岗位的倾斜，应该根据岗位对企业的影响力和贡献大小设立岗位工资
激励薪酬	绩效工资	把考核结果和薪酬挂钩，就产生了绩效薪酬。绩效薪酬取决于绩效考核导向，通过绩效考核体现企业的意图。与奖金相比，绩效薪酬可以更系统、更全面地体现企业的战略主张和意图
	计件工资	由生产操作员工依据产品实际产量、质量等综合确定，用以激发生产人员积极性，提高生产效率，改善产品质量，降低生产成本
	业绩提成	提成一般指以员工业绩（如销售额）为基数乘以固定的百分比，所得数额即为奖励给员工的货币数额。这意味着鼓励员工努力增加销售额。如果提成是以销售量而不是销售额为基数，则意味着企业鼓励员工多多促销，提高企业产品的市场占有率
	奖金	奖金是企业为了奖励有突出贡献的人而设立的。为了鼓励员工技术创新，可以设创新奖；为了鼓励员工节约，可以设节约奖。奖金体现了企业想让员工干什么的价值导向，也是塑造企业文化的重要方式之一。需要说明的一点是，企业奖金的形式很多，如年终奖、项目奖、创新奖以及成本节约奖等
	分红	年终分红是常见的短期激励性方案，形象地说，就是用企业的中高层管理人员承包企业的利润，在规定时间内实现承包目标之后，按照预先约定分享获得的利润。企业的年终分红比例一般在5%～15%，部分分红力度较大的企业可以达到20%左右。企业在对分红多少进行排序时，不能完全按照工资级别排序，把分红变成纯粹的工资补充，这不利于调动员工的积极性，应根据绩效考核的结果进行分红
	股权激励	针对上市公司，企业可以给予中高层管理人员在一定时间内以特定价格购买一定数量股份的权利，并在将来获利，这就是利用股票和期权对中高层管理人员进行长期激励的薪酬方案。虽然同为长期激励手段，但股票和期权在价值的认定和实现方面有所不同。一般而言，管理层持股应用管理层的奖金购买，通过分红、股票兑现等方式实现持股人的收益。而期权往往是约定的股票价格和份额，通过市值差额实现

续表

薪酬分类	构成细分	备注
福利薪酬	社会保险	法律规定企业必须为员工缴纳“五险一金”，否则就是违法行为
	公司福利	包括补充商业保险、带薪休假等
	职务补贴	补贴也是企业福利薪酬的一种，是就企业员工的特定工作项目发放的非常设激励薪酬，如手机补贴、出差补贴、艰苦岗位的岗位补贴等。补贴视员工的具体情况分别发放
	特殊福利	有针对性地发放福利，如给核心员工配车、付买房首期款等
职务津贴	职务津贴	针对比较特殊的工作或者在企业担任特殊的职务而提供的特殊优惠待遇

5.6 万科公司的薪酬构成实践案例

万科是地产行业的标杆企业，该公司的薪酬制度体现了全面薪酬思想，现截取万科某时期薪酬管理制度中对薪酬构成的详细说明，对涉及数字的内容进行了修订，仅供参考。

第二章　薪酬构成

第八条　集团执行统一的薪酬构成，分为：任职薪金、绩效奖金、津贴、补助、福利、利润分享计划、财富俱乐部七项。

第九条　集团职员薪酬构成明细表具体如下：

人力总资本	任职薪金	详见附件
	绩效奖金	月度奖金
		半年奖金
	津贴	通信津贴
		制装费
		教育培训费
		旅游费
		节日津贴

续表

人力总资本	补助	午餐补助
		交通补助
		出差补助
	福利	养老保险
		工伤保险
		失业保险
		医疗保险
		住房公积金
		汽车补贴
		年假、婚假、丧假、产假、哺乳假、公假带薪休假
	利润分享计划	详见细则
	财富俱乐部	详见细则

第三章　任职薪金

第十条　任职薪金的确定依据职位评估结果，集团职位分22级，结合公司职级实际情况，任职薪金共分9级，每级分不同薪点。具体如下：

薪酬等级	一	二		三		四					五			六			七		八			九
职位评估等级	1	2	3	4	5	6	7	8	9	10	11	12	13	14	15	16	17	18	19	20	21	22
薪酬等级档数	6档	6档		6档		5档					5档			5档			5档		5档			4档

第十一条　人力资源部门根据各职位职员的职位评估结果，评定相应职级，确定相应的薪酬等级，并依据任职者能力，由直接上级提出申请，经人力资源部门审核，认定相应的薪酬等级。

第十二条　职员薪酬等级的初定与调整程序

1. 职员薪酬等级的初定与调整，需填写《职员薪酬等级确认表》，报经相关部门和领导会签，并报人力资源中心备案。

2. 集团职员和子公司薪酬等级在7级（含7级）以上职员，薪酬等级的初定与调整需经部门经理、人力资源经理、总经理/总监、人力资源中心总监和总裁审批。

3. 子公司薪酬等级在7级以下职员，薪酬等级的初定与调整需经部门经理、人力资源经理、总经理审批，报人力资源中心备案。

第四章　绩效奖金

第十三条　集团绩效奖金按照时间分类为月度绩效奖金、半年度绩效奖金两种。

第十四条　月度绩效奖金同任职薪金一起按月发放，总额纳入集团计划预算管理系统。

月度绩效奖金的发放额度依据职员月度绩效考核结果确定。

第十五条　半年度绩效奖金：集团根据半年经营情况和职员前6个月的绩效考核成绩，决定职员半年度绩效奖金的发放额度。

第五章　津贴、补助

第十六条　集团津贴：包括通信津贴、制装费、教育培训费、旅游费以及节日津贴等。

第十七条　集团补助：包括午餐补助、交通补助、出差补助等。

1. 午餐补助：详见细则。

2. 交通补助：

（1）不享受公司配车和私车公用补助的职员，公司补助1000元/人·月，以现金形式按月支付。

（2）乘坐公司班车上下班的职员，交通补助标准为500元/人·月。

（3）享受公司配车和私车公用补助的职员，由集团为每辆车统一缴纳保险费和养路费，并按每月补助燃油费2000元，依据集团车辆管理实施细则规定，以燃油票据报销。

3. 集团为因公赴国内外出差的职员提供出差补助，详见细则。

第十八条　通信津贴

根据职员行政级别，集团原则上为已转正职员，提供不同数额的通信津贴。其中：集团总监、子公司总经理及以上职员800元/人·月；集团副总监、子公司副总经理500元/人·月；其他职员300元/人·月。

1. 通信津贴以现金形式按月发放，计入职员个人账户。

2. 由集团统一代交手机话费的职员，较标准之差额部分由计划财务中心提供明细，由人力资源部门在月度薪酬内调整。

第十九条　制装费

集团为已转正的职员，按月以现金形式支付200元制装费，全年共计2400元。已由集团及子公司统一制装的职员不再享受此津贴。

第二十条　教育培训费

集团为已转正的职员，按月以现金形式支付200元教育培训费，全年共计2400元。

第二十一条　旅游费

集团为已转正的职员，按月以现金形式支付200元旅游费，全年共计2400元。

第二十二条　节日津贴

集团将根据经营情况，在节假日对在职人员以现金形式发放节日津贴：元旦1000元、五一节1000元、国庆节2000元、中秋节1000元，全年共计5000元。

第六章　福　利

第二十三条　公司按照国家规定为职员办理养老、医疗、失业、工伤等社会保险和住房公积金，并在每月薪酬发放时为每位职员在税前代为扣缴，扣缴基数为上年度北京市社会平均工资，缴费比例详见相关实施细则。

第二十四条　汽车补助：对于符合享受集团配车的职员，集团领导个人承担购车费的10%，其他职员个人承担购车费的20%～30%，其余由公司负担的部分，按5年（60个月）进行折旧，详见集团车辆管理实施细则。

第二十五条　集团按照《国家节假日放假办法》和《劳动法》中的有关规定为职员提供相关假期。目前法定节假日共10天，具体为：

元旦（1月1日）	1天
春节（正月初一）	3天
劳动节（5月1日）	3天

国庆节（10 月 1 日）　　　　　　　　　　3 天

第二十六条　带薪年假：职员在公司工作满 1 年可享受 6 个工作日的带薪休假，以后在本公司工作每满一年增加 1 个工作日的带薪年假，最多不超过 20 个工作日，详见集团年休假实施细则。

第二十七条　其他有薪休假：公司视职员个人情况，根据管理权限批准职员申请婚假、丧假、产假、哺乳假、公假等有薪假。

（本案例来自网络，作者不详）

5.7　岗位序列薪酬构成

企业最常见的岗位序列（类型）大体分为 5 种。

1. 管理序列

在企业中从事管理工作并拥有一定管理职务的岗位。通俗的理解是"'手下有兵'的人，因其承担管理职责（即计划、组织、领导、控制）而成为主要的企业付薪依据"。

例如，在企业中使用"中层"或"高管"的概念（中层如中心级、部门级别等）。

管理序列典型薪酬结构：

高管 = 年薪制（年薪制 = 基础年薪 + 风险年薪）+ 股权激励 + 奖金 + 分红 + 职务津贴

中层 = 基本工资 + 岗位工资 + 工龄工资（可选）+ 绩效工资 + 奖金 + 股权激励 + 分红 + 职务津贴

工龄工资：有的企业不设置工龄工资

奖金：这里主要是年终奖

中层是否设置职务津贴由企业决定。

2. 营销序列

在市场上从事专职销售的岗位，一般工作场所不固定，如销售、市场等岗位。

营销序列典型薪酬结构 = 基本工资 + 岗位工资 + 工龄工资（可选）+ 绩效工资 + 业绩提成 + 奖金

工龄工资：有的企业不设置工龄工资

奖金：这里主要是年终奖

营销序列是否设置股权激励和分红由企业决定。

3. 研发序列

在企业从事技术研发、设计和操作的岗位，表现为研发人员需要一定的技术含量，企业付薪的主要依据是该岗位所具备的技能。

研发序列典型薪酬结构 = 基本工资 + 岗位工资 + 工龄工资（可选）+ 绩效工资 + 奖金

工龄工资：有的企业不设置工龄工资

奖金：这里主要是年终奖

研发序列是否设置股权激励和分红由企业决定。

4. 职能序列

在企业从事职能管理和生产管理等职能工作且不具备或不完全具备管理职责的岗位。职能与上述“管理序列”的区别在于该岗位下可能有下级人员，但企业付薪的主要依据不是其承担关键的管理职责，而是其对管理形成职能支持的职责。

职能序列典型薪酬结构 = 基本工资 + 岗位工资 + 工龄工资（可选）+ 绩效工资 + 奖金

工龄工资：有的企业不设置工龄工资

奖金：这里主要是年终奖

职能序列是否设置股权激励和分红由企业决定。

5. 操作序列

指在企业内部从事生产作业的岗位，一般工作场所比较固定。

操作序列典型薪酬结构 = 基本工资 + 岗位工资 + 工龄工资（可选）+ 计件工资 + 奖金

工龄工资：有的企业不设置工龄工资

计件工资：代替绩效工资（和绩效工资概念类似但严格按照生产产量计算工资）

奖金：这里主要是年终奖

职能序列是否设置股权激励和分红由企业决定。

薪酬结构中还有一点就是薪酬福利部分，包括社会保险、公司福利、职务补贴和特殊福利。

社会保险：法定保险全员共享；

公司福利：可以全员覆盖，也可以根据岗位侧重；

职务补贴：如车补等，一般按照职务级别制定；

特殊福利：可以全员覆盖，一般按照职务级别制定。

5.8 中国工商银行的薪酬构成实践案例

中国工商银行的薪酬构成是按照岗位序列设计的，符合“激励基于岗位设计”的理念，值得借鉴。

第二章 薪酬构成

第九条 员工收入总体上包括以下几个组成部分，并根据不同岗位作业方式、工作特点、技术含量高低等进行不同的组合

（一）基本工资，主要反映员工的知识、技能和经验等因素，是依据员工的能力和素质确定的个性化工资单元。包括太原最低基本生活费、学历职称工资、年功工资、福利性补贴。

（二）岗位津贴，是整个工资体系的基础，从岗位价值和员工的技能因素方面体现了员工的贡献。员工的岗位津贴主要取决于当前的岗位性质。在工作分析与职位评价的基础上，以评估的结果作为确定岗位津贴等级的依据，采取一岗多薪、按技能分档的方式确定各员工的岗位津贴等级。

（三）奖金，是依据员工通过努力而取得的工作成果和业绩确定的工资单元，包括年度奖金、业绩提成奖、项目奖三种形式。

（四）附加工资，附加工资是正式在册员工所能享受到的一种福利待遇，包括一般福利、保险等。

第十条　基本工资

基本工资＝基本生活费＋学历职称工资＋年功工资＋福利性补贴

（一）基本生活费：参照太原市最低生活费，并随太原市最低生活费的调整而调整，2002年基本生活费为340元。

（二）学历职称工资：根据不同学历和职称的价值进行比较，并遵循就高不就低的原则而确定。不同学历和职称员工的具体工资额可通过附表一查询。

附表一　学历职称工资标准

学历		职称	学历职称工资（元）
博士及以下		高级职称	300
硕士		中级职称	250
本科	正规院校或同等学力	助理职称	200
专科	正规院校或同等学力	初级（员）	150
中专及以下	正规院校或同等学力		100

（三）年功工资：体现员工对公司忠诚、工作经验积累的价值认可，主要依据员工的工龄、公司工龄确定，工龄以2002年3月31日为界限计算到年。

（1）公司龄津贴金额＝公司龄×适用津贴标准

（2）工龄津贴金额＝工龄×适用津贴标准

附表二　年功工资津贴一览表

年功工资项	公司龄	工龄
津贴标准	5元/年	5元/年

（四）福利性补贴参照国家规定实行的各种福利和补贴，具体见附表三。

附表三 福利性补贴一览表

福利性补贴项	交通补贴	误餐补贴	独生子女补助	通信费	异地补贴	公积金补贴	医疗补贴
补贴金额（元 / 月）	待定	300	10	按公司有关规定执行	20（每人每工作日）	参见附表四	参见附表五

注：异地补贴覆盖的外派员工是指：

1. 原招聘地与现工作地不同的员工，但夫妻双方在同一地生活和工作的已婚员工除外；
2. 经人力资源部审核，公司总经理核准的其他情况的员工。

附表四 公积金补贴一览表

岗位	一般专责	中层干部	公司领导
补贴金额（元 / 月）	100	150	200

附表五 医疗补贴一览表

年龄（岁）	20~25	26~30	31 ~ 35	36~40	41~45	46~50	51~55	56~60	60 以上
医疗补贴（元 / 月）	20	40	60	100	125	150	200	225	250

第十一条 确定岗位津贴的原则

（一）以岗定薪，薪随岗变，实现薪酬与岗位价值挂钩；

（二）以岗位价值为主、技能因素为辅，岗位与技能相结合；

（三）针对不同的岗位设置晋级通道，鼓励不同专业人员专精所长。

第十二条 岗位津贴的晋升通道

为给不同岗位员工提供合理的晋升空间，根据岗位性质将岗位划分为职能职系、业务职系和研发职系。员工可以通过三条不同的通道进行晋升。

（一）管理职系：涵盖中高层管理岗位、职能部门一般管理岗位，分为事务岗位、一般管理岗位、中层管理岗位和高层管理岗位；

（二）研发职系：涵盖主要从事运作研发、投行研发、信托产品研发等工作的岗位，分为初级研发岗位、中级研发岗位和高级研发岗位；

（三）业务职系：上述两职系之外的岗位，分为初级业务岗位、中级业务岗位和高级业务岗位。

第十三条　员工初始岗位津贴等级的确定

（一）岗位分档分级。依据岗位评价结果，在最低分158分和最高分1000分之间共划分出［　　］档［　　］级。

（二）按照岗位特点和岗位价值得出的岗位评价分数，以及岗位所属职系将各个岗位对应到相应类别的档次等级上，形成《岗位等级分布图》。

（三）各岗位的岗位津贴初始等级确定原则：不考虑职务因素，岗位相同，岗位津贴相同。

（四）岗贴的调整：新的工资体系实施后实行整体调整与个体调整。个体调整根据年度考核结果和员工的聘任职务等级来决定岗位津贴的具体档级，不再考虑外在的职务等级。

第十四条　奖金

包括年度奖金、业绩提成奖、项目奖三种形式。

（一）年度奖金与年度经营情况、年度考核结果挂钩，是在公司取得一定的整体经营效益基础上对员工的一种激励。适用对象是职能部门和市场发展部员工，职能部门包括综合管理部、人力资源部、计划财务部、党群工作部、法律稽查部、投资管理部。

（二）业绩提成奖专门针对与信托产品销售/营销工作、资本运作直接相关的业务部门员工，体现销售/营销人员、资本运作人员的业绩与能力，考核、奖励方式根据部门业务特点区别式对待，具体奖励金额按照部门、个人销售收入、运作盈利的一定比例来确定，比例系数根据每年实际经营情况拟定。适用对象为机构信托部、个人信托部、公益信托部、资金管理部、营业部、国际金融部、地市信托部、投资银行部、信托理财部和资产经营部的部门员工。

（三）项目奖主要针对从事产品/市场研发的市场发展部，以及以项目运作为主的投资银行部。对于可以单独评价考核的项目，为鼓励部门/团队完成任务、达成目标，公司将在部门/团队承担某一项专项工作时设立项目奖金，奖励对象是整体部门/团队，以鼓励部门/团队为业务部门、客户提供有效支持和服务时集思广益、勇于创新。

第十五条 奖金发放的原则

（一）奖金以部门 / 项目组为单位提取，由部门 / 项目组负责人根据下属的具体年度 / 项目期内具体表现经考核后进行二次分配。

（二）公司依据上半年经营指标完成情况，酌情考虑下半年预发部分当年奖金。

第十六条 附加工资

附加工资 = 一般福利 + 医疗保险 + 失业保险 + 养老保险 + 住房公积金

（一）一般福利是指公司或部门在各个重大节日期间发放的过节费和其他实物形式的收入。

（二）医疗保险由公司与员工各承担一部分。具体数额参见国家有关规定和公司相关政策。

（三）失业保险由公司与员工各承担一部分。具体数额参见国家有关规定和公司相关政策。

（四）养老保险由公司与员工各承担一部分。具体数额参见国家有关规定和公司相关政策。

（五）住房公积金由公司与员工各承担一部分。具体数额参见国家有关规定和公司相关政策。

第十七条 考核对薪酬的影响

考核与薪酬直接相关。季度考核结果直接影响下一个季度的岗位津贴 / 季度预提奖金的实发额度；年度考核影响员工的奖金分配和岗位津贴等级的晋级或者降级。考核结果表现为个人的季度考核系数和年度考核系数以及部门的考核系数，相关的考核系数定义如下：

（一）个人考核系数

附表六 个人考核系数一览表

考核结果	优	良	中	基本合格	不合格
个人考核系数	1.1	1.0	0.8	0.6	0.3

（二）部门考核系数

附表七　部门考核系数一览表

考核结果	优	良	中	基本合格	不合格
部门考核系数	1.1	1.0	0.8	0.6	0.3

第三章　高管人员的薪酬体制

第十八条　年薪制的收入结构

收入整体构成 = 月收入 + 年底年薪补足 + 年度超额奖金 + 附加工资

其中，月收入 = 基本工资 + 岗位津贴

第十九条　年薪总额确定

年薪总额按照年初总经理、副总经理承担的经营业绩确定。年底根据经营情况，按照不同的比例发放。

年底年薪补足是根据经济考核指标完成情况决定的实发年薪总额扣除月收入后的部分。年底年薪补足 = 经考核确定的年薪总额 –12 个月的月收入

第二十条　年度超额奖金

年度超额奖金是总经理、副总经理超额完成经济指标后由公司直接奖励的奖金。

第二十一条　年薪制收入的支付

总收入中，月收入部分按月计算。扣除月收入的剩余部分，年底根据考核指标完成情况计算，下年年初发放。

第四章　职能部门的薪酬体制

第二十二条　职能部门以管理或综合服务和支持为主要职责，重过程、不承担经济指标，工作内容难以量化和衡量。业绩主要体现在对公司其他部门职能管理水平或服务质量方面。对此类业务特点的部门采用职务职能工资制。

职务职能工资制覆盖的部门有：综合管理部、人力资源部、计划财务部、党群工作部、法律稽查部、投资管理部。

第二十三条　工资结构

收入整体构成 = 基本工资 + 岗位津贴 + 年度奖金 + 附加工资

实发岗位津贴＝岗位津贴 × 个人季度考核系数

第二十四条 年度奖金

年度奖金＝（年度基准任务奖金＋年度超额奖金）× 部门年度考核系数 × 个人年度考核系数

（一）年度基准任务奖金

年度基准任务奖金＝个人年度岗贴总额 ×a× 经营指标系数 b

a：是与月度基本工资、月度岗贴挂钩的发放系数；年度 a 值 =2/3（月度基本工资 / 月度岗位津贴 +1）

经营指标系数 b：依据公司年度完成各项经营指标（年初制定）的实际情况进行核定，b ≦ 1

（二）年度超额奖金

在公司超额完成年初制定的各项经营指标前提下，职能部门的年度超额奖金在各业务部门超额完成情况的加权平均基础上进行核定。

第五章 市场发展部的薪酬体制

第二十五条 市场发展部以信托市场研究、信托产品的设计和推广为主要职责，为业务岗位提供信息、产品支持。以过程为主，偏重成果，不承担经济指标。对该部门采用项目奖励工资制进行激励。

第二十六条 工资结构

收入整体构成＝基本工资＋岗位津贴＋年度奖金＋附加工资＋项目奖

实发岗位津贴＝岗位津贴 × 个人季度考核系数

第二十七条 年度奖金

年度奖金＝（年度基准任务奖金＋年度超额奖金）× 部门年度考核系数 × 个人年度考核系数

（一）年度基准任务奖金

年度基准任务奖金＝个人年度岗贴总额 ×a× 经营指标系数 b

a：是与月度基本工资、月度岗贴挂钩的发放系数；年度 a 值 =2/3（月度基本工资 / 月度岗位津贴 +1）

经营指标系数 b：依据公司年度完成各项经营指标（年初制定）的实际情况进行核定，b ≦ 1

（二）年度超额奖金

在公司超额完成年初制定的各项经营指标情况前提下，市场发展部的年度超额奖金在各业务部门超额完成情况的加权平均基础上进行核定。

第二十八条　项目奖

公司基于开发项目的难易程度和取得的成果确定奖金总额，研发出的成果经业务部门使用后证实效果良好，由公司根据取得的成果给予部门 / 项目组一次性奖励。部门 / 项目负责人提出二次分配方案并负责考核发放。

项目奖的适用条件是：

1. 项目的独立性强，一个工作团队可单独完成。

2. 项目奖评审可量化标准多，便于单独考核。

3. 项目的效果或效益明显。

第六章　个人信托部薪酬体制

第二十九条　个人信托部以吸纳区域式个体类目标客户群的资金作为主要职责，重结果、承担具体的经济指标，工作成果易于衡量和量化，业绩以承担的经济指标完成情况体现。对该部门采用超额吸存量提成工资制进行激励。

第三十条　工资结构

收入整体构成 = 基本工资 + 附加工资 + 季度预提奖金 + 年度业绩提成奖金

第三十一条　个人信托部薪酬体制实行的原则

（一）个人信托部季度预提奖金建立在所核岗位津贴的基础上，是为鼓励个人信托部取得的阶段性业绩采用的一种奖励方式。个人信托部完成公司年初下达的吸存资金量、吸存资金成本等指标的好坏程度决定所核岗位津贴的实际发放额。

（二）个人信托部年度业绩提成奖金是在部门完成公司年初下达吸存资金量、吸存资金成本的前提下进行发放。是对个人信托部创造的超额经营业绩的年终奖励，公司根据个人信托部为公司创造的价值和付出的努力在年底统一核算发放。

（三）年度业绩提成奖金比例根据公司经济责任制要求予以确定，考虑业务工作效率的不断提高和公司形象以及品牌效应对业务工作业绩的影响程度，每年年初确定当年业绩提成比例。

第三十二条 个人信托部经营业绩指标

（一）年度吸存资金量

个人信托部年度吸存资金量不低于　　万元

（二）吸存资金成本

公司对吸存资金成本实行动态管理。根据市场变化与公司实际运作能力，由公司经理办公会核定下一阶段内吸存资金成本的最高值。

　　年　月至　月吸存资金成本不高于　　%。

第三十三条 季度预提奖金

季度提成奖金 = 所在岗位核定津贴 × 个人季度考核系数

第三十四条 年度业绩提成奖金核算方式

（一）部门未完成公司下达的任务指标

若个人信托部只完成部分核定任务指标，则年度奖金发放公式为：

年度基准任务奖金 = 个人年度岗贴总额 ×a× 实际完成核定任务指标的比例 × 部门年度绩效考核系数 × 个人年度绩效考核系数

a：是与月度基本工资、月度岗贴挂钩的发放系数；年度 a 值 =2/3（月度基本工资 / 月度岗位津贴 +1）

（二）部门超额完成公司下达的经营指标

部门年度业绩提成奖金 = 年度基准任务奖金 +{［（部门超额吸存资金 − 超额吸存资金成本 + 年内净利润 − 年度发生的业务费用总额）× 个人信托部业绩提成比例］− 部门当年已发工资总额 }× 部门年度绩效考核系数 × 个人年度绩效考核系数

第三十五条 个人信托部年度业绩提成比例

个人信托部年度业绩提成比例为　　%。

个人信托部第一负责人年度奖金建立在部门年度业绩基础之上，采用对部门年度业绩提成方式发放，核算公式为：

年度奖金 = 个人信托部年度业绩提成奖金 × 提成比例 × 个人信托部第一负责人年度绩效考核系数

第三十六条 由于个人信托部无法抗拒的原因，所导致的任务指标不能按原定指标完成，公司经审查后应对指标进行调整。

第七章　投资银行部薪酬体制

第三十七条　投资银行部以中介服务或项目运作为主要职责，重结果、承担具体的经济指标，工作成果易于衡量和量化，业绩以承担的经济指标完成情况体现。对该部门采用净利润提成工资制与项目奖励工资制相结合的方式进行激励。

第三十八条　工资结构

收入整体构成＝基本工资＋附加工资＋季度预提奖金＋年度业绩提成奖金＋项目奖

第三十九条　投资银行部薪酬体制实行的原则

（一）投资银行部季度预提奖金建立在所核岗位津贴的基础上，是为鼓励投资银行部取得的阶段性业绩采用的一种奖励方式。投资银行部完成公司年初下达的中介服务收入指标的好坏程度决定所核岗位津贴的实际发放额。

（二）投资银行部年度业绩提成奖金是在部门完成公司年初下达中介服务收入、年度净利润等指标的前提下进行发放。是对投资银行部创造的超额经营业绩的年终奖励，公司根据投资银行部为公司创造的价值和付出的努力在年底统一核算发放。

（三）年度业绩提成奖金比例根据公司经济责任制要求予以确定，考虑业务工作效率的不断提高和公司形象以及品牌效应对业务工作业绩的影响程度，每年年初确定当年业绩提成比例。

（四）项目奖，主要针对跨年度运作的项目。公司基于项目的难易程度和预计的成果确定任务指标、奖金总额/提成比例，在项目结束时根据实际业绩结果给予部门/项目组一次性奖励。部门/项目负责人提出二次分配方案并负责考核发放。

第四十条　投资银行部经营业绩指标

（一）中介服务收入

年度中介服务收入不低于　　万元

（二）年度净利润

年度净利润不低于　　万元

第四十一条 季度预提奖金

季度提成奖金＝所在岗位核定津贴 × 个人季度考核系数

第四十二条 年度业绩提成奖金核算方式

（一）部门未完成公司下达的任务指标

若投资银行部只完成部分核定任务指标，则年度奖金发放公式为：

年度基准任务奖金＝个人年度岗贴总额 ×a× 实际完成核定任务指标的比例 × 部门年度绩效考核系数 × 个人年度绩效考核系数

a：是与月度基本工资、月度岗贴挂钩的发放系数；年度 a 值 =2/3（月度基本工资 / 月度岗位津贴 +1）

（二）部门超额完成公司下达的经营指标

部门年度业绩提成奖金＝年度基准任务奖金＋{[（部门实际完成税后利润－最低年度净利润）× 业绩提成比例]－部门当年已发工资总额}× 部门年度绩效考核系数

第四十三条 年度业绩提成比例

投资银行部年度业绩提成比例为　　%。

投资银行部第一负责人年度奖金建立在部门年度业绩基础之上，采用对部门年度业绩提成方式发放，核算公式为：

年度奖金＝投资银行部年度业绩提成奖金 × 提成比例 × 投资银行部第一负责人年度绩效考核系数

第四十四条 由于投资银行部无法抗拒的原因，所导致的任务指标不能按原定指标完成，公司经审查后应对指标进行调整。

第八章 其他业务部门薪酬体制

第四十五条 机构信托部、公益信托部、资金管理部、营业部、国际金融部、地市信托部、信托理财部和资产经营部等业务部门以吸纳资金或资金运作为主要职责，重结果、承担具体的经济指标，工作成果易于衡量和量化，业绩以承担的经济指标完成情况体现。对上述部门采用净利润提成工资制进行激励。

第四十六条 工资结构

收入整体构成＝基本工资＋附加工资＋季度预提奖金＋年度业绩提成奖金

第四十七条　提成工资制实行的原则

（一）季度预提奖金建立在所核岗位津贴的基础上，是为鼓励上述业务部门取得的阶段性业绩采用的一种奖励方式。各业务部门完成公司年初下达的任务指标（参见本章第四十八条第一项）的好坏程度决定所核岗位津贴的实际发放额。

（二）年度业绩提成奖金是在上述业务部门完成公司年初下达的任务指标（参见本章第四十八条第二项）的前提下进行发放。是对部门创造的超额经营业绩的年终奖励，公司根据各部门为公司创造的价值和付出的努力在年底统一核算发放。

（三）年度业绩提成奖金比例根据公司经济责任制要求予以确定，考虑业务工作效率的不断提高和公司形象以及品牌效应对业务工作业绩的影响程度，每年年初确定当年业绩提成比例。

第四十八条　各业务部门经营业绩指标

（一）影响岗位津贴发放额的任务指标

附表八　影响各业务部门岗位津贴发放额任务指标一览表

部门名称	任务指标	指标最低值
机构信托部	年度吸存量最定量	≥　万元
	吸存资金成本	≥　%
公益信托部	年度吸存量最定量	≥　万元
	吸存资金成本	≥　%
地市信托部	年度吸存量最定量	≥　万元
	吸存资金成本	≥　%
营业部	年度吸存量最定量	≥　万元
	吸存资金成本	≥　%
国际金融部	年度吸存量最定量	≥　$
	吸存资金成本	≥　%
资金管理部	年度吸存量最定量	≥　万元
	吸存资金成本	≥　%
	资金收益率	≥　%
信托理财部	资金收益率	≥　%

续表

部门名称	任务指标	指标最低值
资产经营部	新放贷款本金	≥　万元
	新放贷款利息	≥　万元
	旧贷款本金	≥　万元
	旧贷款利息	≥　万元

注：1. 吸存资金成本：公司对吸存资金成本实行动态管理。根据市场变化与公司实际运作能力，由公司经理办公会核定下一阶段内吸存资金成本的最高值。

2. 资产经营部新贷款界定：新贷款指 2001 年内发放的贷款，并将贷款期截止在 2002 年年底前。

（二）影响年度业绩提成奖金的任务指标

附表九　影响各业务部门年度业绩提成奖金任务指标一览表

部门名称	任务指标	指标最低值
机构信托部	影响部门岗位津贴发放额的任务指标	参见《附表八：影响各业务部门岗位津贴发放额任务指标一览表》
	净化润基数	≧　万元
公益信托部	影响部门岗位津贴发放额的任务指标	参见《附表八：影响各业务部门岗位津贴发放额任务指标一览表》
	净化润基数	≧　万元
地市信托部	影响部门岗位津贴发放额的任务指标	参见《附表八：影响各业务部门岗位津贴发放额任务指标一览表》
	净化润基数	≧　万元
营业部	影响部门岗位津贴发放额的任务指标	参见《附表八：影响各业务部门岗位津贴发放额任务指标一览表》
	净化润基数	≧　万元
国际金融部	影响部门岗位津贴发放额的任务指标	参见《附表八：影响各业务部门岗位津贴发放额任务指标一览表》
	净化润基数	≧　万元
资金管理部	影响部门岗位津贴发放额的任务指标	参见《附表八：影响各业务部门岗位津贴发放额任务指标一览表》
	净化润基数	≧　万元

续表

部门名称	任务指标	指标最低值
信托理财部	影响部门岗位津贴发放额的任务指标	参见《附表八：影响各业务部门岗位津贴发放额任务指标一览表》
	净化润基数	≧ 万元
资产经营部	影响部门岗位津贴发放额的任务指标	参见《附表八：影响各业务部门岗位津贴发放额任务指标一览表》
	净化润基数	≧ 万元

第四十九条 季度提成奖金

季度提成奖金＝所在岗位核定津贴 × 个人季度考核系数

第五十条 年度业绩提成奖金核算方式

（一）部门未完成公司下达的任务指标

若业务部门只完成部分年度任务指标，则年度奖金发放公式为：

年度基准任务奖金＝个人年度岗贴总额 ×a× 实际完成任务指标的比例 × 部门年度绩效考核系数 × 个人年度绩效考核系数

a：是与月度基本工资、月度岗贴挂钩的发放系数；年度 a 值 =2/3（月度基本工资 / 月度岗位津贴 +1）

（二）部门超额完成公司下达的经营指标

部门年度业绩提成奖金＝年度基准任务奖金 +{[（部门实际完成税后利润－最低年度净利润）× 业绩提成比例]－部门当年已发工资总额}× 部门年度绩效考核系数

第五十一条 年度业绩提成比例

部门年度业绩提成比例为 %。

部门第一负责人年度奖金建立在部门年度业绩基础之上，采用对部门年度业绩提成方式发放，核算公式为：

年度奖金＝部门年度业绩提成奖金 × 提成比例 × 部门第一负责人年度绩效考核系数

附表十　年度业绩提成比例一览表

部门名称	部门提成比例	部门第一负责人提成比例
机构信托部		
公益信托部		
资金管理部		
营业部		
国际金融部		
地市信托部		
信托理财部		
资产经营部		

第五十二条　由于业务部门无法抗拒的原因，所导致的任务指标不能按原定指标完成，公司经审查后应对指标进行调整。

第九章　其他奖励

第五十三条　其他奖励的目的在于对员工的优秀表现予以正强化，以激励员工自觉地关心公司的发展，维护公司的形象。

第五十四条　创新奖

员工在工作方法、工作思路或开拓业务等方面有较大的突破和创新，对改善工作和提高工作效率或管理水平有突出贡献，由部门申报经公司评审后给予一次性奖励并记入考核档案。奖励金额在 2000 ~ 20000 元。

第五十五条　优秀建议奖

对公司的发展或管理问题提出了很好的建议被采纳或十分关心公司发展经常提出建议的员工，经公司评审后给予一次性奖励并记入考核档案。奖励金额在 500 ~ 5000 元。

第五十六条　伯乐奖

为公司推荐公司急需人才经聘用后证明能够为公司带来预期的价值和贡献的员工或对下属积极培养并使其迅速成长为公司优秀人才的上级，由部门申报经公司评审给予一次性奖励并记入考核档案。奖励金额在 500 ~ 5000 元。

第五十七条　全勤奖

对每季度内坚持全勤的员工给予一次性奖励并记入考核档案。奖励金额为　　元。

第五十八条　其他特殊奖

除上面几种形式之外，其他方面为公司经营活动做出特殊贡献、付出超额劳动，均给予奖励。例如：工作模范、见义勇为、助人为乐等。奖励金额在300～3000元。

（本案例来自网络，作者不详）

5.9　某投资集团薪酬体系搭建实践案例

本案例详细介绍了集团化公司薪酬构成的情况，值得借鉴。

M投资公司（以下简称投资公司）作为集团全资子公司，同时又是一个完全参与市场竞争的集团化中大型投资类型公司，所以投资公司逐渐形成具有独特性的三级薪酬体系，分别为高管薪酬体系、中层管理岗位薪酬体系和子公司高管薪酬体系。下面进行简单说明。

第一级：高管薪酬体系

投资公司高管包括董事长、总经理、副总经理、总会计师等职务，全部由上级集团任命，薪酬构成由集团薪酬制度确定，高管年薪受到集团严格管控。

高管薪酬为年薪制，薪酬体系构成包括：基本薪酬、绩效薪酬、奖金三个部分。

基本薪酬为平时发放工资，不接受绩效考核。

绩效薪酬为基本薪酬的1.6倍。即平时发放40%年薪（基本薪酬），年终绩效考核后发放60%年薪（绩效薪酬）。由于高管工作的特殊性，每年核算的绩效薪酬并不全部发放，预留其中的20%作为风险抵押金延期发放。延期至少一年以上，经过集团审计部门审计合格后再行发放。

奖金是为激励高管努力完成年度目标业绩而设计。公司年度业绩目标一般分为基本目标和挑战目标，完成挑战目标的公司高管，会获得年度奖金奖励。

第二级：公司中层管理岗位薪酬体系

投资公司中层管理岗位薪酬体系构成包括基本薪酬、辅助薪酬、绩效薪酬、年终奖金四个部分。

其中，基本薪酬为每月发放的固定工资，没有绩效工资。辅助薪酬是根据任职人学历、职称、工龄不同而支付的固定工资。绩效薪酬是经年终绩效考核后发放的浮动薪酬。年终奖金是由公司统一测算发放的一次性奖励。基本薪酬 + 辅助薪酬统称固定薪酬，绩效薪酬 + 年终奖金统称浮动薪酬。

投资公司中层管理岗位薪酬体系设计有三个特点。

（一）薪酬水平采用“跟随策略”

投资公司作为基建类型集团下属的子公司（行业薪酬水平偏低，高管薪酬受集团控制），同时又是投资类型公司（行业薪酬水平偏高），所以要兼顾两个方面选择适合的薪酬水平策略。通过与行业薪酬数据对标，中层管理岗位薪酬水平采用行业跟随策略，处于 50 分位。这个策略的特点是：在集团内部薪酬水平并不突出，在投资行业内部又保持一定竞争力，能够吸引和保留行业内的中高端人才。

（二）采用“高弹性”薪酬结构

中层管理岗位具有较高薪酬，同时也要承担高风险，投资公司采用高弹性薪酬结构，平时发放的固定薪酬（包括基本薪酬、辅助薪酬）与年终发放的浮动薪酬（包括绩效薪酬、年终奖金）的比例约为 5∶5。绩效薪酬通过严格的绩效考核后发放。

（三）多方式考核与分数强制分布

中层管理岗位浮动薪酬与部门业绩挂钩，主要绩效考核方式为 KPI（关键绩效指标）+360 度评价。部门 KPI 由战略规划部门统一设计，使用战略地图方式分解，服务于公司战略目标。360 度评价是由该岗位上级、平级、下级进行多维度评价，从而客观反映被评价人的工作结果。KPI 考核分数占总考核成绩的 60% ~ 70%，360 度评价分数占总考核成绩的 30% ~ 40%。

为避免考核分数过于集中，投资公司实行考核分数“四级强制分布”，考核为优秀的比例不高于 20%，良好的不高于 70%，合格与不合格的总计不少于10%，有效区分绩效等级。

第三级：子公司高管薪酬体系

投资公司设立的下属全资或控股子公司有30余个，子公司高管薪酬体系、发放方式基本参照我司高管薪酬体系设计，保持集团上下薪酬一体化。同时，由于子公司类型丰富，所在行业不同［包括地产公司、在建BT/BOT公司、城市综合开发公司、（高速公路、港口）运营公司］，地域不同（分布全国），发展阶段不同（亏损严重或盈利丰厚），在子公司薪酬激励机制方面采取了创新的方法。

（一）薪酬市场化原则

所谓薪酬市场化原则，就是子公司高管薪酬水平的确定，要根据公司所在行业、所在地区市场化薪酬水平确定。例如，相同地区的两个子公司总经理的薪酬，因为行业不同（地产行业薪酬高、运输行业薪酬低），薪酬水平会有较大差异。同理，相同行业的两个子公司总经理的薪酬，因为所在地区不同（北京地区薪酬高、山西地区薪酬低），薪酬水平也会有较大差异。这是由行业市场化薪酬水平决定的。

（二）根据贡献确定奖金原则

在市场化薪酬的大原则下，根据企业贡献核算高管奖金。企业贡献由多个因素进行评价，包括利润额（利润增长率）、营业收入（营业收入增长率）、EVA等。贡献大的子公司，高管奖金高。

（三）中长期激励

为激励子公司高管树立长期经营观念、不贪图短期利益，在部分子公司中推广中长期激励机制。例如，对于地产公司高管，不以一时收益为考核重点，设计了全项目周期奖励机制，以项目全部销售完成（如5年）为考核重点，设计远期奖金，这样地产高管将以项目整体利益最大化设计开发计划，只有完成这个计划才能获得未来的个人较大收益。这种中长期奖励机制让企业受益和个人受益同时达到最大化，还能有效预防高管项目中途离职的风险。

6 第六章

定薪调薪机制——薪酬动态管理“亲兄弟”

如何为公司员工首次定薪?

如何为社会招聘人员定薪?

如何为应届毕业生定薪?

如何对全员普调薪酬?

如何设计薪酬晋级机制?

如何为晋升的员工调薪?

如何为轮岗员工调薪?

如何为业绩不佳员工降薪?

如果把薪酬结构比作一条船，那么定薪调薪机制就是开动这条船的操作系统。只有有了操作系统，这艘薪酬之船才能航行起来，才能从一个封闭的静态系统变成一个开放的动态系统。定薪是人适应薪酬结构的过程，调薪是薪酬结构适应人的过程。

6.1　如何为公司员工首次定薪

薪酬结构重新调整岗位等级和薪酬水平，对公司原有员工需要重新进行评价来确定所在薪酬职级，支付相应的薪酬，这个针对员工的评价，称为胜任度评估。

胜任度是指员工担任某一岗位所必备的条件与能力。员工胜任度等级（职级）的高低取决于其所具备的条件与能力水平的高低。当员工具备更高一级的条件和能力水平时，才能赋予其相应水平的薪酬标准。

在公司内部对岗位进行梳理，可以梳理出若干个职类，如管理类、职能类、销售类、技术类、商务类等。每一个职类可以建立一个胜任度评估标准文件，每个胜任度评估标准文件可以结合职级数量，划分为初级、中级、高级、资深级、专家级等职等。每个职等再划分若干职级，这就与职级设计联系在一起了。

胜任度评估标准文件要详细设计各职等划分标准，如资历、资格、贡献、表现等，参照标准可以将相同岗位任职人划分在不同职等。

每个职类都可以成立一个专门的评估小组，负责该职类所有员工的胜任度评估。通过胜任度评估，对所有员工确定合理的薪酬职级。

胜任度评估标准文件在撰写时应考虑到未来应用，首次评估时该标准可以适当放宽条件。

6.2　如何为社会招聘人员定薪

为社会招聘人员定薪是一个较为复杂的工作。

正常情况下的定薪方法：基于公司薪酬结构表，依据拟聘用人员的个人情况（资历、学历、能力、业绩等），对标该岗位胜任度文件标准，把握评估尺度，确定拟应聘人员的职级。简单说，就是参照胜任度标准，确定拟聘用人员职级。

如果公司薪酬水平有竞争力，前述方法几乎可以为大多数新招聘员工定薪。然而，大部分企业的薪酬水平不一定有竞争力，可能只能达到跟随水平甚至滞后于同行业。这时如何为社会招聘人员，尤其是薪酬要求高于公司内部员工的人员定薪，方法将更为复杂。

有下列情况的人员可以在现有基础上定高 1 级至 2 级：

1. 相同薪酬条件。要知道，如果公司的薪酬水平与市场持平，为什么同行业的员工会接受相同水平的工资跳槽过来呢？员工跳槽通常会希望加薪 30% 甚至更高，所以，如果我们要招聘他，就要接受这种成本增加。换个角度考虑，能够接受现有薪酬水平的应聘人员，在多数情况下，很可能与我们的预期是有差距的，这种体会相信大家都有。

2. 工作上急需的或者市场上人才稀缺的。这个道理不用赘述，大家都能理解。

小贴士

在相同条件下，社会招聘人员的薪酬高于内部人员，这就造成了常见的“新老倒挂”的问题。这个问题比较好解决。第一是控制新员工在未来两年内的加薪速度，逐渐提高老员工的薪酬水平；第二是在发放年终奖金时，给予老员工倾斜和补偿。我们要正视一点，一定程度的“新老倒挂”不算问题，对企业是利大于弊的。

6.3　如何为应届毕业生定薪

每年招聘应届毕业生的企业都会遇到定薪的问题，如果应届毕业生直接进入岗位职级，观念上很难一下子调整过来，主要表现是相同学历但岗位不同时薪酬有差别，学校知名度不同但学历相同时薪酬相同，学校相同学历相同但岗位不同时薪酬不同，等等。这些问题虽然看似正常，但是确实也存在一定接受度的问题。

比较好的方式是为应届毕业生设置见习期，并设置见习期工资标准。新毕业生进入公司后首先进入见习期，见习期的工资标准不考虑岗位区别，仅根据学历设置，例如：本科毕业生见习期工资 3000 元，硕士毕业生见习期 4000 元，博士毕业生见习期 6000 元。刚毕业的学生在不同岗位见习，但是工资标准按照公司统一标准执行，这种形式更容易被接受。

不同学历的见习期可以不同，例如：本科毕业生见习期 10 个月，硕士毕业生见习期 6 个月，博士毕业生见习期 3 个月。见习期时间长短可以区分，也可以不区分，如统一为 6 个月。见习期结束后，按照见习转正程序，评价合格的人员进入所在岗位对应职级。见习不合格的，可以制定相应措施，延长见习期。

6.4 如何对全员普调薪酬

这里所说的普调，是指将公司薪酬结构中的工资标准进行同比例增长，这样员工在职级不变的情况下，薪酬水平将自动增长。当然，普调过程中，也可以对不同薪酬等级进行有区别的普调。例如，5 等级以下的岗位普调 8%，6 等级以上的岗位普调 10%。

普调的方式很简单，重要的是为什么使用普调的方式。

没有使用普调的企业大致有三种做法。第一种做法是给员工晋级，毕竟需要涨工资，那就一级一级往上涨。采用这种做法，企业原有的薪酬结构很快就会失效，如果再需要加薪就要给员工晋升职务。这种做法是错误的，因为原有的薪酬结构失效了，管理也会混乱，但这种现象很普遍。第二种做法是根据员工绩效考核成绩和贡献，以原工资水平为基数按比例调整。例如，绩效成绩优异的员工下年度薪酬上调 15%，成绩良好的上调 10%，一般的员工上调 5%，少数人不调整。按比例调整与普调的区别很大，普调不用对人进行等级区分，对员工没有“伤害”，但是按比例调整时要对多数人区分等级，每个人的期望都会较高，所以受到“伤害”的可能性就更大。第三种做法是每人加薪的数额相同，如每人加薪 1000 元。这种加薪方式简单、粗暴，简单在于方法简单，对员工不加区分，人人加薪 1000 元；粗暴仍然是在于对员工不加区分，技术水平高的老员工加薪 1000 元和年轻员工加薪 1000 元，感受是完全不一样的。上述三种调薪方式，负面作用较大，所以普调的方式更应该考虑。

薪酬普调方式的好处是可以保持薪酬结构的科学性和合理性，保持与外部市场水平的相对均衡。所有员工所在职级没有变化，但是达到了工资增长的目的。这有点像水涨船高的感觉，外部市场工资水平提高了，公司通过普调的方式达到与市场之间的平衡（在减薪的时候，普调就是普减了）。

2016 年 10 月，京东集团人力资源部向公司管理者发邮件通知员工薪酬普调。邮件中说：“刘总（刘强东）多次强调过，京东的每一次成功、每一个进步都是因为我们优秀的员工和团队，深深刻上京东价值观烙印的京东人，是京东最大的财富！在最近例行的高管早会中，公司公布了 2017 年中基层员工的薪酬普调政策。P/T1 员工薪酬普调不低于 10%，M1&M2、P/T3、P/T2 员工薪酬普调不低于 20%，2017 年 4 月 1 日生效。针对重点战略型人才群体，公司将设置更加灵活有竞争力的涨幅空间。对于中高层管理人员，公司将继续通过现金加股票结合的方式激励优秀人才！刘总特别强调，随着公司业务的不断健康发展，公司会把更多的资源投入提升京东人薪酬福利竞争力和工作环境改善中去，让最优秀的京东人获得市场上最具有竞争力的回报，也会更加大力加强对于高端技术人才的投入！”

2011 年腾讯马化腾给员工发邮件，通知薪酬调整。邮件中这样写道：“大家将在本周内收到这次年度加薪的个人明细通知。本次调薪公司特别向董事会申请额外追加了年度加薪的预算。除了公司业绩与个人绩效等因素外，也充分把国内 CPI 增幅加大等影响员工实际收入水平的外界因素充分考虑在内。我们希望通过这次薪酬调整，让每位腾讯员工通过自己的努力，在个人收入上得到更加有力的回报……在年度加薪的基础上，为了让员工每个月的可支配收入能更好地应对生活开销，带来更加稳定和高质量的生活水平，公司还决定对现有正式员工的薪酬结构进行优化，在个人年收入总数不变的基础上，将年底目标奖金的一部分转移到固定月薪中，以增加大家每个月的收入和支付能力。具体的调整方案为，把原来 15.3 个月的薪酬结构调整为按 14 个月来发放，在年收入不变的情况下，员工每个月实际的税前月薪可提高 9.3%。”

格力 2017 年加薪的通知非常简单，《关于公司全员每人每月加薪 1000 元的通知》内容显示：“从 2016 年 12 月起，在现有月工资的基础上，格力电器将对入职满三个月的全体员工（特殊议薪人员除外），每人每月加薪 1000 元。”

小贴士

名企老板关于加薪的代表性观点

格力董明珠：不要等员工要求涨工资，要主动加工资，超越员工的期望。一个企业的责任，是应该主动地给自己的员工与其工作付出相匹配的工资待遇，这是企业主观上就要做的一件事，不能因为企业成本上升就挤压劳动力成本，以此来实现市场竞争。

阿里巴巴马云：加工资是因为我们对这些岗位有了更高的要求。工资是公司发给每个岗位的报酬。加工资除了应对物价因素外，重要的是公司对你的岗位有了新的更高要求。2013 年，我们对很多岗位加了工资，主要原因是我们对这些岗位有了更高的要求。希望大家努力提高自己的能力适应新的要求。同样，有增必有减，如果你的能力不及要求或者未来不及要求，我们将会找到更合适的人或减薪。我们希望不要发生这样的事，但这样的事一定会发生的。

娃哈哈宗庆后：我们对员工有激励机制，每年给员工加工资，提高他们的收入。收入高了以后，也会产生惰性，所以我们有竞争机制。

6.5　如何设计薪酬晋级机制

晋级是解决员工工资增长的重要手段，是薪酬分配体系设计中的核心机制。

所谓薪酬晋级也就是员工加薪机制。公开、公平的晋级（加薪）机制能使公司管理有序，老实的员工不吃亏，小人难获利，员工就会将注意力关注于业务而不是人际关系中。

单纯说加薪，实践中有不少加薪的方式。有按绝对值加薪的，如加薪500元、1000元；也有按比例加薪的，如加薪5%、10%。这些方法的使用都很普遍，但都说不上严谨。有薪酬结构的公司建议使用晋级的方式加薪，也就是从低职级逐渐向高职级调整，职级越高对应的薪酬水平也越高。

在晋级的时间安排方面，建议每年做一次薪酬调整工作。薪酬调整的频率保持每年一次，严格避免随意加薪。员工适应了每年一次的调整规律，可以减少他们在要求加薪方面分散的精力。新兴行业企业或初创期的企业，每年可以调整两次，但是未来逐渐过渡为每年调整一次为宜。

在晋级的数量方面，建议每年有一定数量的优秀员工晋一级，极少数卓越员工晋两级，其余员工可以两年晋一级，绩效较差的员工还可以降级。这样的安排适合多数企业。有些企业职级数量多，可以酌情增加晋级数量。例如，日韩企业职级数多，级幅度小，是典型的小步快跑。

每年可以根据企业业绩目标的完成情况，控制优秀员工的数量，如公司业绩超额完成，晋一级或晋两级的员工数量或比例可以酌情增加。这是对员工贡献的积极认可。

如何选出工资晋级的优秀员工呢？一般是各部门按照规定比例推荐，推荐时比例可以适当放宽，被推荐员工需提交个人总结，公司召开薪酬委员会进行讨论评议，通过某种决策机制选出优秀员工。虽然被推荐但是最终没有被评选为优秀员工的，不用担心他们被打击，其实能被推荐参加评议，本身就是一种褒奖，类似于奥斯卡的提名奖，员工也很有面子。不必将绩效考核成绩的优秀与晋级的优秀对等起来，因为这是两个评选过程，晋级员工的比例更有刚性。很多公司都有薪酬委员会，薪酬委员会可以作为员工是否晋级的最终审批机构。由薪酬委员会最终审批结果，可以减少部门负责人自己决策的压力和矛盾。

再解释一下“合格的员工两年晋一级”。合格员工就是能够承担岗位职责、完成任务，至少不至于被辞退的员工。这些员工有必要按照某种规律晋级。

如果制度设计为一定要达到“优秀”才能晋级，那么事实上不优秀的是大多数人，时间长了，工资体系必然走向失衡。最好的方法就是让大多数普通员工“每两年晋一级”，优秀员工晋级快一些得到激励，合格员工也没有落下太远，团队内部保持和谐的氛围。

6.6 如何为晋升的员工调薪

晋升是指员工从没有职务提拔为有职务或者从低级职务提拔为高级职务的过程。对晋升员工调薪在有薪酬结构的企业是非常简单的。

更高级的职务在薪酬结构中的等级会更高，所以薪酬水平也会更高，晋升之后的任职人应按照新职务所在等级职级 1 的薪酬标准定薪。还有一种情况是，员工在上一岗位任职时间较长，在原岗位属于职级较高的，薪酬标准也高，如果定薪在新岗位的职级 1 薪酬会下降，这时候掌握的原则是薪酬应该增长，毕竟是职务的晋升，一般向高于原薪酬水平的上一级或二级定薪。

还有一种情况是，下级子公司某位员工晋升到集团更高职务，但是集团薪酬水平低，这时会考虑员工资历的原因，降薪使用。

6.7 如何为轮岗员工调薪

员工轮岗主要有三种情况。

第一种情况是公司有意培养的员工，从一个岗位轮换到其他岗位进行锻炼或去新岗位承担更重要的责任。这种轮岗是有计划、有安排的公司行为，以薪酬不下降为原则。从一个低等级岗位轮岗到高等级岗位，薪酬可以略有增长。如果低等级岗位某个职级对应的高等级岗位相同职级的薪酬过高，可以适当降低职级，但员工的薪酬水平要保持不降低。

第二种情况是公司安排调整岗位，与第一种情况不同的是，第二种情况通常是该员工在原岗位不胜任，调整岗位再考察，所以第二种情况的原则是不涨薪。

第三种情况是个人申请轮换岗位，定薪原则是根据实际情况确定，可能高也可能低。

综合来看，轮岗是一种复杂的情况，薪酬制度中不方便说得很明确（尤其是第二种情况的存在），需要酌情把握。

6.8　如何为业绩不佳员工降薪

对业绩不佳的员工降薪，前提是应该有相应的薪酬管理制度或绩效管理制度，按照制度降薪即可。降薪主要是将薪酬职级根据制度降一级或降两级，甚至一降到底。

降薪不是整人，降薪是管理手段，不可不用，也不可乱用。

7 第七章

绩效激励管理——激励之剑

绩效管理共发展了几个阶段?

绩效管理有几个经典方法论?

OKR 适合什么类型的企业应用?

绩效管理的策略有哪几种?

如何设计有效的绩效指标套?

如何科学分配绩效指标权重?

如何设计有挑战的绩效目标?

如何设计有活力的奖惩机制?

薪酬绩效不分家。薪酬中的浮动部分需要某种机制来衡量分配的数量，这就是绩效考核。现在社会上对绩效考核有很多误解，甚至把企业经营出现问题的“屎盆子”也扣到绩效考核的头上，认为是绩效考核“害死了”企业。马云曾经说过，“每个人都恨 KPI（Key Performance Indicators，关键业绩指标），但如果没有结果导向、没有效率意识、没有组织意识，就会变成一个梦想者，理想成为空话。不是绩效考核害死了企业，而是很多企业真的不懂什么是绩效考核，不会使用绩效考核工具，自己死掉了。举一个不恰当的例子，一个人本不会开车，突然有钱了买了一辆轿车上去就开，车毁人亡，然后非要说这车有问题”。

绩效考核也是一门复杂的技术，不是设计出几个 KPI 就算绩效考核了。绩效考核的成败受很多因素影响，包括考核人、被考核人、激励机制等，任何一个环节出问题都会影响绩效考核的效果。考核人水平不高，再高明的考核机制也会出现执行偏差；被考核人能力不足，再有激励性的考核制度也没有作用；考核人优秀、被考核人优秀，没有一套科学有效的激励机制，企业发展可能仅仅是自然增长，难以取得超速发展。本章并不研究人的问题，而是重点介绍绩效激励机制建设的思路和方法。

7.1 绩效管理发展阶段

大家通常认为绩效薪酬的发放是通过绩效考核完成的，绩效考核得出每个员工的绩效成绩后，用绩效薪酬再乘以绩效考核成绩（或绩效成绩转化成的绩效等级）就可以得出实发绩效薪酬了。虽然道理是这样，但是如果想把绩效薪酬算好，确实不是那么简单。先让我们来了解一下绩效考核的发展历史。

7.1.1　绩效考核阶段

绩效考核阶段是第一阶段，这个阶段的思想是“考、考、考”，严格考核，全面考核。企业非常看重绩效考核的负激励作用，希望绩效考核打分（扣分）功能可以鞭策员工努力工作，实现既定目标。

少数企业认为，可以借助绩效考核工具改变企业经营现状，或者说，在企业经营不好的情况下首先想到使用严格的绩效考核来改变经营业绩，提升经营业绩。

有些企业在实施绩效考核的过程中，发现绩效考核的效果没有达到预期，会认为是因为考核不严格造成的，然后提出要“严格考核”。严格考核的方法通常是严格扣分，但是很多时候，严格考核过后，员工士气低落，业绩下滑严重，并没有达到预期目的。

还有些企业在实施绩效考核的过程中，总会发现某些方面没有考核到，所以会逐渐增加考核项目，理由是要全面考核。考核项目越来越多，貌似越来越全面，但是由于权重被分散，关键的指标所占权重越来越小，反而出现经营业绩不好但员工考核分数并不低的怪现象，造成公司经营业绩不好，但是员工的工资并没有少的局面。过于关注全面考核，也是一种误区。

绩效考核阶段是企业认识到公司业绩管理需要通过具体工具和手段辅助完成的一个阶段。很多企业取得了较好效果，也出现了一些问题，应通过积极实践和探索，寻找更有效的方法。

7.1.2　绩效管理阶段

第二阶段是绩效管理阶段，这个阶段的特点是企业认识到单纯的“考、考、考”已经不能满足管理的需要，不能达到预期目标。绩效管理阶段强调公司目标要从上到下进行分解，并重视业绩目标的沟通和绩效考核阶段反馈。

绩效目标从公司层面分解到各部门，再从各部门分解到基层员工，而且每个层级对目标都加以沟通确认，无疑有利于计划的完成和落实。绩效考核结果的沟通，有利于员工了解自己的工作业绩情况，有利于工作的改进与提升。

与绩效考核阶段关注结果不同的一点是，绩效管理阶段同样关注过程，通过绩效辅导帮助被考核人实现目标。

绩效管理阶段容易出现的问题是沟通成本增加，反馈绩效成绩的会议变成了“挑毛病”“批评”“辩论”会议，部门内部氛围不融洽，如果掌握良好的沟通技巧将有助于业绩的实现和团队氛围的建设。

7.1.3 绩效改进阶段

如果说绩效管理阶段注重目标分解，注重过程管理，注重沟通和辅导，那么绩效改进阶段注重的是组织效率和个人效率的不断提升。绩效改进阶段关注部门的流程效率提升，部门人效提升，希望通过辅导提升个人能力，提升部门整体能力，最终完成部门整体任务目标。

绩效改进过程就是管理过程，强调改进就是强调工作总有改进空间。

7.1.4 绩效激励阶段

第四个阶段是绩效激励阶段。虽然前三个阶段都与激励不可分割，但是绩效激励阶段更加强调建设一套全面的、完整的、科学的、与业绩挂钩的激励分配体系。

绩效激励阶段强调在薪酬分配理念指引下，结合薪酬分配体系搭建，开展绩效激励体系的顶层设计，将业绩与激励挂钩，激发员工稳定、持久的工作热情和积极性。

小贴士

绩效管理发展的四个阶段不是后者对前者的否定，而是后者对前者的发展。只有前一阶段做好了，才能发展到下一阶段。

7.2 绩效管理经典方法论

绩效管理目前主要有四种方法论，包括目标管理（MBO）、平衡计分卡（BSC）、关键绩效指标（KPI）、目标与关键成果（OKR）。企业会选择一种或多种工具对各级组织和员工进行考核，依据考核分数决定绩效工资或业绩奖金的发放。

7.2.1　目标管理法（MBO）

目标管理（Management By Objective），是美国著名管理大师彼得·德鲁克于1954年在其著作《管理实践》中提出的“目标管理”的概念。德鲁克认为：先有目标才能确定工作，所以“企业的使命和任务，必须转化为目标”。如果一个领域没有目标，这个领域的工作必然被忽视。因此，管理者应该通过目标对下级进行管理，当组织最高层管理者确定了组织目标后，必须对其进行有效分解，转变成各个部门以及各个人的分目标，管理者根据目标的完成情况对下级进行考核、评价和奖惩。

目标管理方法强调目标分解。这种方法在很多企业被使用。方法简便易行，没有特别要求，只要有目标就比没有目标要好。由于没有更详细的方法论，并且伴随其他方法论的诞生，更多企业转而使用其他绩效管理工具。

7.2.2　平衡计分卡法（BSC）

平衡记分卡（Balanced Score Card），源自哈佛大学教授Robert Kaplan与诺朗顿研究院（Nolan Norton Institute）的执行长David Norton于20世纪90年代所从事的“未来组织绩效衡量方法”一种绩效评价体系。当时该计划的目的，在于找出超越传统以财务量度为主的绩效评价模式，以使组织的“策略”能够转变为“行动”。经过近20年的发展，平衡计分卡已经发展为集团战略管理的工具，在集团战略规划与执行管理方面发挥非常重要的作用。

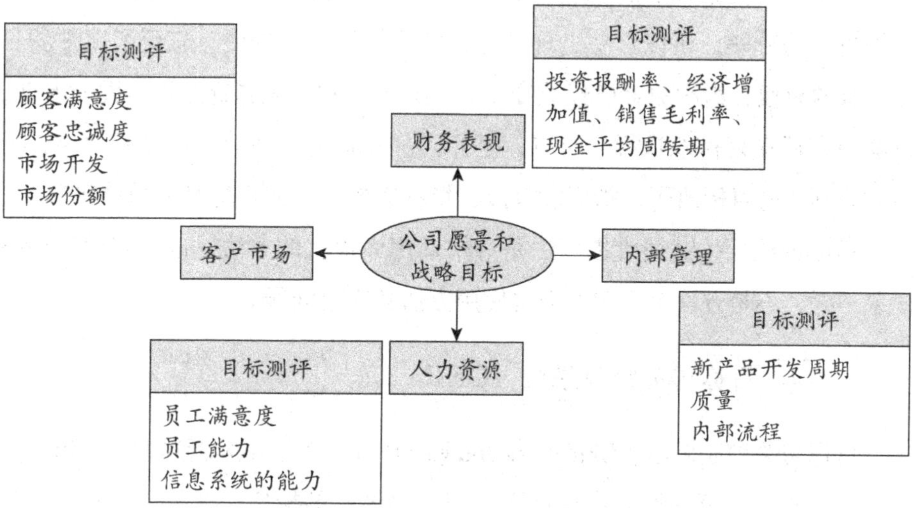

图7-1　BSC设计的四个维度

平衡计分卡是一套系统、复杂的绩效管理方法，为了便于理解，我们应抓住平衡计分卡的几个主要特点。第一，相较于目标管理，平衡计分卡将目标分成了四大类别，包括财务表现、客户市场、内部管理、人力资源，如图 7-1 所示。划分为四个维度，能使目标设置更为全面，更有针对性，不会遗漏重点。第二，因为考虑全面，平衡计分卡更适用于公司层面战略管理或公司层面绩效管理，有助于公司稳定发展。部门层面也可以使用平衡计分卡，部门是一级组织。第三，员工层面的考核不太适合使用平衡计分卡，因为过于全面复杂，重点不突出。

7.2.3 关键绩效指标法（KPI）

企业关键绩效指标（Key Performance Indicator），是通过对组织内部流程的输入端、输出端的关键参数进行设置、取样、计算、分析，衡量流程绩效的一种目标式量化管理指标，是把企业的战略目标分解为可操作的工作目标的工具，是企业绩效管理的基础。

关键绩效指标与平衡计分卡的相同点是关注公司层面目标的层层分解。不同点是，关键绩效指标特别强调抓住少数关键的核心指标进行管理和考核，而且要求指标必须是可衡量的数字（比率）。

关键绩效指标法应用非常普遍，既可以在公司层面和部门层面应用，也可以在部分岗位应用。

关键绩效指标方法的缺点也比较明显。由于指标来自上级组织以及本级组织目标的分解，所以容易出现在努力完成指标的过程中，忘记了原来的目标。有的时候，组织目标已经改变了，但是既定的考核指标并没有同时改变，被考核人还在盲目地执行。所以，企业内部经常抱怨绩效考核没有效果，很多时候其实是目标改了，指标没有改，指标完成了，但距离目标却很遥远。

不可否认，关键绩效指标法是一个适用面很广的方法，也很有效。如果效果不好，不是方法有问题，而是使用方法的人有问题。

7.2.4 目标与关键成果法（OKR）

目标与关键成果法（Objectives and Key Results）并不是新兴方法，但是一直没有被重视，近一两年由于谷歌公司管理经验的推广，在科技与互联网公司得到广泛应用。

OKR 即目标与关键成果法，是一套定义和跟踪目标及其完成情况的管理工具和方法。1999 年，Intel 公司发明了这种方法，后来被 John Doerr 推广到 Oracle，Google、LinkedIn 等高科技公司并逐步流传开来，现在广泛应用于 IT、风险投资、游戏、创意等以项目为主要经营单位的大小企业。

OKR 非常适合由部门或团队内部进行协同使用，团队成员可以了解其他成员的目标是什么，自己如何配合。OKR 鼓励员工设置有野心的目标，每个目标能完成 60% ~ 70% 就很不错，这种设置目标的方式很可能产生出乎意料的结果。

OKR 可以理解为是目标管理法和关键绩效指标法的结合，既有目标又有分解的详细指标（当然，这里主要是工作成果，不一定都是数字和比率）。

OKR 在国外应用时本不是严格的考核工具，在国内发展为考核工具，这种发展符合国情，可以理解，但要注意应用的技巧。

小贴士

虽然方法论很清晰，但是方法论不是决定绩效管理效果的关键因素。影响绩效管理有效与否的因素有很多，如目标设计、指标设计、人的因素、动力水平，等等。

一个企业可以综合使用多种绩效管理方法，如公司层面使用平衡计分卡，中层使用关键绩效指标，员工使用目标与关键成果。

7.3　绩效管理的策略

绩效管理效果不好，有时候是因为实施过程不讲究策略，胡子眉毛一把抓，效果打折扣是自然的。在推行绩效管理过程中，要掌握好四个策略。

策略一：先高层后基层

很多公司推行绩效考核总是从广大的员工开始，所有员工都要考核，还要严格考核，这是“捡了芝麻，丢了西瓜”的方法。很多公司绩效管理效果不好，先从员工下手抓是主要问题。绩效系统的关键是压力传递，压力来自上面，所以要先抓高层的绩效管理。

“先高层”就是要先抓主要领导的绩效管理，也包括抓公司高管团队的绩效管理。有的公司觉得不好意思考核高管，可是如果高管没有压力，这个压力是传不下去的。中层忙死，高层闲死，这种情况不在少数。

从另外一个角度看，不考核高管，就不可能有相对应的激励机制，高管都没有得到足够的激励，中层及以下员工的激励也不可能得到足够的激励，在这种情况下，再怎么抓员工的考核，也不会有效果。

策略二：先团队后个人

和先高层后基层的道理是一样的，从员工个人开始抓绩效管理，效果不会太好。除了要抓高层，很重要的一点是要抓团队的绩效管理。所谓团队，就是部门、系统、价值链，如销售部门、销售系统，研发部门、研发系统。抓团队不要误解成抓中层管理人员，中层管理人员是个人，抓团队是抓一个可以衡量业绩的组织。

所谓抓团队，是指抓团队整体的绩效管理，这样有助于建立团队思维。员工不是单兵作战，而是在一个组织里，一起往前冲，这就需要团队绩效管理。

团队的业绩更容易衡量，把业绩奖金的全部或一部分核算到各部门，然后由部门根据员工业绩和表现分配下去，这样更容易培养员工的团队意识和团队荣誉感。

团队数量毕竟有限，有实施的抓手，团队绩效做好了，公司业绩实现就有了保障。支撑公司业绩的首先是部门业绩，不是员工个人业绩。

策略三：先引领后支撑

推行绩效管理，即便从中高层开始也不应是“大波轰”，而是从引领部门开始。

这里讲的“引领”有两层含义。第一种“引领”是指业务引领部门，即对于公司业务绝对重要的部门。主要业务的绩效管理做好了，总结经验教训后，再做其他业务的绩效管理，就驾轻就熟、游刃有余了。很多时候那些关键的业务部门并不积极，也不配合，这种情况下绩效管理很难取得好的效果。怎么办？可以从积极配合绩效管理的部门开始实施和尝试，让这些部门通过奖励机制获得让其他部门羡慕的奖励，其他部门就会看到利益和好处，会主动要求进行绩效激励，所以积极配合的部门是第二种“引领”。

强制推行绩效管理是很多企业常用的方式，一套靠强制推行的机制一定缺乏吸引力。好的激励机制，一定是可以调动大家的积极性，让大家愿意参与进来的。选对正确的部门，设计好有吸引力的机制，树立标杆，让其他部门踊跃效仿才是讲究策略的方法。

策略四：先短期后长期

一个绩效体系不太健全的公司，建议先从短期绩效激励开始着手，然后再推行长期绩效激励。短期绩效激励因为目标清晰，数据收集容易，相对易于决策和推行。长期绩效激励由于确定目标困难，数据也不易收集，推行起来就困难。

7.4　绩效指标套分类

绩效指标是绩效激励的指挥棒，指哪里，打哪里，所以选择一套准确瞄准目标的绩效指标意义重大。我们不妨将这一套绩效指标命名为绩效指标套。

公司内部一般会有两类绩效指标套。另一类是决定绩效工资发放的指标套，称为绩效工资指标套。一类是决定业绩奖金发放的指标套，称为业绩奖金指标套。

7.4.1　绩效工资指标套

绩效工资指标套通常是用来考核个人的，如果个人是部门负责人或者公司负责人，那么这个指标套也可以考核部门和公司。也就是说，考核部门经理的指标套，既可以考核个人，同时也可以考核部门（少数公司会将考核部门经理的指标套和考核部门的指标套分开设置）。

套内绩效指标数量一般以 5 ~ 7 个为宜，并依据重要程度授予权重，各指标考核后得分求和即为最终考核分。考核分可以直接应用于绩效工资的计算，也可以先将考核分转换为绩效等级（如 A、B、C、D 等级），然后再用于计算绩效工资。

表 7–1　内蒙古北方重型汽车股份总经理绩效薪酬指标套

指标	权重（%）
归属于母公司所有者的净利润	20
营业总收入	20
EVA（经济增加值）	10
成本费用占主营业务收入比重	10
全员劳动生产率（万元 / 人 · 年）	10
经营活动产生的现金流量净额	10
应收账款占用资金额	10
存货占用资金额	10
合计	100

套内的指标构成是有一定规律的。套内指标分为三类：核心指标、扩张指标、控制指标。核心指标是公司最为关注的、必须实现的指标，所占权重也最大。从表 7–1 中可以看出，“归属于母公司所有者的净利润”是核心指标。扩张指标是业务发展性指标，这些指标的实现有利于公司的规模发展。在表 7–1 中，“营业总收入”“EVA（经济增加值）”是扩张指标。控制指标有利于预防风险，风险包括经营风险和人为风险，控制指标的变化有利于预见风险。在表 7–1 中，其余的指标都是控制指标。表 7–1 中的控制指标较多，一般情况下不需要这么多，还可以进行优化。

小贴士

绩效工资一般分为月（季）度绩效工资、年终绩效工资，由于考核周期长短不同，同一个人的绩效工资指标套内容差别很大。年度绩效工资指标套的目的是实现年度目标，指标多是可以量化的数字或比率，非量化指标虽有但是较少；月（季）度绩效工资指标套的考核周期短，套内非量化指标会有所增加。

7.4.2　业绩奖金指标套

业绩奖金指标套是用来核算业绩奖金的。业绩奖金与绩效工资的区别是什么呢？绩效工资是在薪酬预算之内的，员工认为这是自己收入的一部分，通过考核就可以获得，刚性很强。业绩奖金通常是与某个业绩目标挂钩的，原则上不在薪酬预算之内，一般要在业绩目标实现或超额的情况下才可以获得，弹性较强。更形象地说，业绩目标实现时，员工获得全部绩效工资；业绩目标超额时，员工获得业绩奖金。

业绩奖金指标套由两类指标构成：一类是奖金基数指标，另一类是控制指标。

首先看某装饰公司奖励制度中的相关条款。

第一条：年度奖金计算公式 = 年度 EVA 实际值 × 提取系数

第二条：年度经营业绩考核可以选用以下指标：

（一）新签合同额（权重 20%）

（二）EVA 经济增加值（EVA= 税后净利润 – 资本成本）（权重 80%）

考核分 = 求和［（实际数据 / 下达目标）× 权重］

第三条：绩效考核分数与奖金提取系数的对应关系如下表所示：

考核分数	120 分以上	100～120 分（含）	80～100 分（含）	70～80 分（含）	70 分及以下
考核等级	A+	A	B	C	D
奖金提取系数	80%	60%	40%	30%	0%

上述案例中，第一条的“年度 EVA 实际值”就是奖金基数指标，是计算奖金的根本依据。奖金基数指标一般选择一个，可供选择的包括营业收入、回款总额、利润、净利润、EVA（经济增加值）等。奖金基数指标应选择能准确反映公司经营成果的指标，避免选择不能准确反映经营成果或易于造假的指标。第二条的“新签合同额”“EVA 经济增加值”是控制指标，也就是当这两个指标达到公司底线（考核分）时，才可以获得业绩奖金。控制指标可以由多个构成，也可以将个别指标设计为一票否决指标。例如，若公司出现

重大安全事故，奖金方案取消。

7.5 绩效指标套设计方法

设计指标套有两个方法：一个是成功因素法，另一个是标杆企业法。

7.5.1 关键成功因素法

在组织的营运管理中，若是能在少数几个关键领域中保持好的绩效，便具有相当的竞争优势，这几个领域就是关键成功因素。

关键成功因素法关注企业自身条件，关注自我改进和提升，只要在既定的几个关键方面做好，就可以实现企业既定的战略目标。

关键成功因素法被很多企业实践应用，方法简便，易于操作，不受外部信息多少的影响皆可实施。实施关键成功因素法应围绕着公司战略目标开始，围绕战略目标找出恰当的关键成功因素。

鱼骨图是关键成功因素法常用辅助工具。例如，某公司围绕战略目标找出了关键成功因素，包括客户满意、市场领先、利润增长、管理改进、产品开发，并依据重要性大小依次排序，形成了图 7–2。

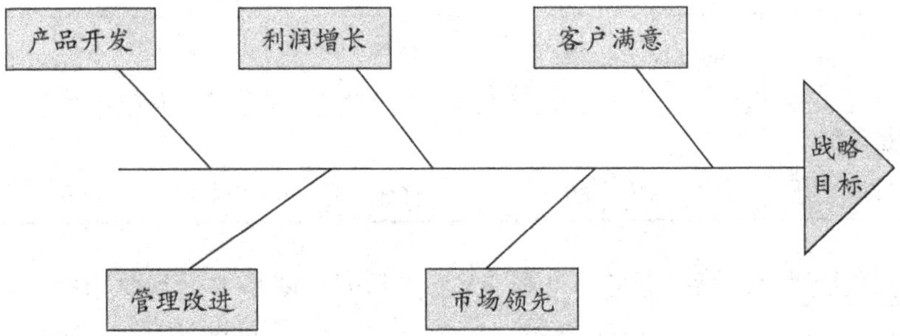

图 7–2　关键成功因素鱼骨图

虽然很多企业使用关键成功因素法，但是很多企业抱怨效果并不理想，经常出现“公司业绩不好但是各部门绩效考核成绩都不差”的情况。实施效果不理想的原因很多，从方法论本身容易出现的问题就是找到的成功因素并非“关键”。由于管理人员的能力问题、态度问题，关键的因素被忽略掉了，实施效果自然打折扣。能够找到有效的关键成功因素，是衡量管理人员能力和态度的一个重要指标。

某教育集团下属的亲子园（亲子园是由父母或家人带宝宝参加活动、进行交流的场所）每年只考核利润［利润 =（当年）销售收入 -（当年）成本］，每年拿出一定比例的利润作为业绩奖金，但该亲子园经营了几年也没有大的发展。

该亲子园依据关键成功因素法，发现影响该园成功发展主要有以下两个方面。第一个方面，虽然家长购买了亲子活动卡，但是很多家长并没有积极带孩子来园参加活动，这造成了三个不好的影响：一是亲子活动效果打折扣，家长满意度低；二是家长较长时间不带孩子参加活动，可能会要求退卡，公司必须退还未消费金额，但公司实际已经计算过利润并发放了奖金；三是亲子园活动场地利用率低，空置率高。第二个方面，亲子园对外没有品牌，尤其缺乏专业的形象。从这两个方面，该园找出了如下 5 个关键成功因素。

家长满意度（核心指标，亲子园发展必须有家长的满意和口碑）

消费总额（发展指标，不再使用销售收入，而是使用消费总额，这才是每年实际的收入，这个指标同时促进销售人员经常督促家长带孩子来园活动）

总容率（控制指标，总容率 = 年度参训人次 / 年度可容纳参训总量，更关注资源使用效率）

品牌建设（控制指标，提升品牌知名度和美誉度）

教学标准建设（控制指标，提升教学专业水平）

7.5.2 标杆企业法

标杆企业法是要找到一个可以对标比较的企业，收集该企业成功的因素，判断出哪些因素对自己的企业有借鉴作用，将这些因素设计成绩效指标。

标杆企业如何选取？如果是设计公司层面或者业务部门的绩效指标套，一定要选择同行业内领先自己公司的企业作为标杆企业。所谓领先是适度领先，在行业内比自己领先前几名的正好合适，通过对标和努力，追赶上甚至超越标杆企业，具有极大的激励作用。如果自己在行业内排不上名次，一下子选择行业内数一数二的企业作为标杆，这是错误的而且是毁灭性的，因为你几乎没有机会超越它。

如果设计某些部门的绩效指标套，可以选择本行业的标杆企业，也可以选择其他行业中在这个业务方面做得好的公司作为标杆企业。例如，订单处理，可以对标航空公司；新产品开发，可以对标服装行业；仓储物流，可以对标零售业。

小贴士

标杆企业法与关键成功因素法孰优孰劣很难判断，就个人经验，更推荐标杆企业法。有数据表示，标杆企业法可以节省 30% ~ 40% 的成本或产生 5 倍以上的投资收益。据美国 1997 年的一项研究表明，1996 年世界 500 强企业中有近 90% 的企业在日常管理活动中应用了标杆管理。别人走过的坑，自己就不要再走了，学习标杆就是站在巨人的肩膀上思考。标杆管理为企业提供了一种可行、可信的奋斗目标以及追求不断改进的思路，是设计新目标以及寻求如何实现这一目标的一种手段和工具，具有合理性和可操作性。

7.6 绩效指标权重设计

绩效指标套内各指标的权重如何设计呢？对此，业内没有特别的方法论，笔者在此给出一些建议。

核心指标的权重应该大于三分之一。既然是核心指标，就是最重要的，权重应该超过三分之一，最大值可以考虑低于三分之二，毕竟要综合考虑其他指标的均衡性。

扩张指标的权重应该在三分之一左右。原则上，扩张指标的权重应低于核心指标的权重。

控制指标的权重应该小于三分之一，原则上，控制指标的权重不低于十分之一。极为重要的控制指标可以设置为一票否决项。

7.7 绩效目标设计

每个绩效指标都要设定一个合适的目标。

绩效目标设计最大的问题就是目标太低。

很多人都有经验，谁都不愿意承担压力，所以绩效目标都会有意地压低，这样每次考核成绩都非常好看，绩效收入也不受影响。可是，设定确保能完成的绩效目标又有什么意义呢？

设定绩效目标的两个原则

第一，设定目标要有野心。以前设定目标的原则是SMART原则，大意就是“努努力够得着”，这种设定目标的方式适用于整个行业进入成熟阶段，企业自身发展也进入成熟阶段的情况。但如果行业在快速发展或者企业在快速发展阶段，SMART原则就不可取，否则企业可能会错过关键发展机会。设定目标一定要有野心，只有足够大的目标才可以调动内在积极性。

第二，要设定三级目标。三级目标是指底线目标、达标目标和挑战目标。达标目标是正常水平的目标，基本是必保的目标。挑战目标是用一般方法实现不了的目标，需要想方设法、费尽周折、攻坚克难才能实现的目标，而且这个目标还很可能实现不了。如果一个部门或某个高管每次都能完成挑战目标，这说明这个目标本身就不是挑战目标。挑战目标不是用来实现的，而是用来努力的。底线目标是指绝对不能低于的目标，没有完成这个目标是应该被追责的，轻则降薪，重则免职。底线目标不是用来实现的，而是用来处罚的。

设计目标的方法

1. 高于行业平均发展水平。设计目标时要知道行业平均水平，自己的目标应该不低于行业平均发展水平或者是逐渐接近行业平均发展水平。低于行业平均水平就是掉队，除非有特殊情况，制定目标必须高于行业平均水平。

2. 对标标杆企业水平。如果有标杆企业，那么可以对标标杆企业的目标。自己的目标要紧紧咬住对标企业，发展速度要高于标杆企业，否则会离标杆企业越来越远。找不到标杆企业或只找到标杆企业但拿不到标杆企业数据的管理人员是不合格的。标杆企业通常是有竞争关系的同行，如果不了解对方的经营情况和必要数据，自己一定处于竞争的劣势地位。

3. 保持市场占有率。还有一种确定目标的方法就是保持市场占有率增长。市场占有率数据通常由专业机构进行调研。原则上，制定目标时，企业市场占有率应该不降低。关注整个市场的发展规模非常重要，是避免在行业内掉队的重要依据。

4. 保持增长 / 降低率。如果企业找不到行业发展数据，找不到标杆企业的发展数据，找不到市场发展数据，那么制定目标时就只能和自己比了，和自己比就是比效率，要保持每年的增长率在增长。

华为绩效目标是个人承诺制。虽然是个人承诺，但并不是随便承诺。华为每年进行绩效考核，考核结果分为 A、B、C、D 四个等级。A 代表优异。B 代表胜任。C 代表基本合格，含义是虽然能够完成大部分绩效目标，但是仍然有明显的改进需要。D 代表需要改进，含义是未能达到绩效标准，需要做出较大改进。华为制定了目标承诺的原则：如果自己承诺的目标与去年业绩持平，那么下年度绩效考核最多就是 C，即便超额完成目标也是 C，因为目标制定得太低了。如果承诺的目标与去年比增长 20%，这个水平就是达标水平，可以理解为这是个并不高的目标。只有承诺的目标增长 40% 以上，这个水平的目标才算是挑战目标。我们要注意的是，华为所在行业已经是发展了很多年的行业，每年增长 20% 是不容易的，但也正是这样制定目标的方法，保证了华为的发展速度。

小贴士

很多企业每年都为制定目标而烦恼，上下级反复博弈，主要是没有制定目标的原则和方法。一定要制定类似华为这种确定目标的方法，用制度来管人。当然，还要配合良好的用人机制。

7.8 奖惩机制设计

目标确定了，就要制定奖罚机制。绩效激励就是建立有效的奖罚机制。

有效的奖罚机制可以概括为三句话：工资能高能低，职务能升能降，员工能进能出。

7.8.1　工资能高能低

工资能高能低好像是个俗套的话，但是这也是很难做到的，有些公司的工资不能低，有些公司的工资舍不得高，简称高不成低不就，所以业绩平平。

部分公司不能扣款或者不敢扣款，如果是国企还说得过去，其他企业不应该这样。

常见情况是工资高不上去，舍不得给。舍得舍得，先舍后得，没有舍也就没有得。很多著名企业，员工的薪酬都是很高的，公司舍得分钱。现在讨论的是基于业绩目标设定的奖励，目标实现了给予员工的回报，某种意义上就是员工挣出来的钱。

国内某著名民营企业集团，为了激励子公司高管，将利润目标实现后 80% 的超额利润都奖励给高管团队。这个民营集团不仅控股、参股及曲线持有几十家上市公司，还构建了涵盖证券、银行、保险、信托、期货、PE、基金等机构的完整金融产业链，这也让其成为唯一持有金融全牌照的民营资本机构。

7.8.2　职务能升能降

关键是职务要能降。降职是伤感情的事情，降职难有两方面原因：一是没有人愿意拍板给某人降职，尤其是为跟随自己的直接下属降职；二是没有降职的机制或虽有机制却总达不到降职的标准。这两点结合在一起，还是管理手段太软。中国古语说，慈不掌兵，如果不能把不符合要求的干部降职，是对组织特别大的伤害，毕竟管理位置有限，兵熊熊一个，将熊熊一窝。

华为对干部设置了这样的规则：低于承诺目标 80% 的干部必须降职，强调理由的免职，指责别人的罪加一等；被处分的干部一年内不得提拔，更不能跨部门提拔；部门的副职不能提拔为正职，避免出现给正职拆台个人收益的现象；冻结本部门的下年度调薪；从该部门调出的人员要降职使用。这样一套机制，是将一个部门的人员牢牢地绑在一条船上，船要是沉了谁都没有好处，船要是沉了干部必须担责降职。

7.8.3 员工能进能出

作为一个组织要保持活力，人员必须进行流动，而且这种流动一定是公司有计划、有目的的。华为坚持末尾淘汰制度。表 7–2 是华为公司根据部门绩效等级确定的部门内部员工各等级的人员的比例，可以看到即便在部门绩效考核为 A（优异）的情况下，仍然会有 5% 的员工被强制评价为 D，连续两次评价为 D 的员工将被解除劳动合同。

表 7–2 华为各部门绩效等级人员比例

部门绩效等级	个人绩效等级分布
A（优异）	A 25%　B 50%　C 20%　D 5%
B（胜任）	A 10%　B 40%　C 40%　D 10%
C（基本合格）	A 5%　B 30%　C 40%　D 25%
D（需要改进）	A 0%　B 20%　C 40%　D 40%

杰克 · 韦尔奇任美国 GE 公司 CEO 期间，每年强制末尾淘汰 10%，最为经典的就是他提出的“活力曲线”，如图 7–3。

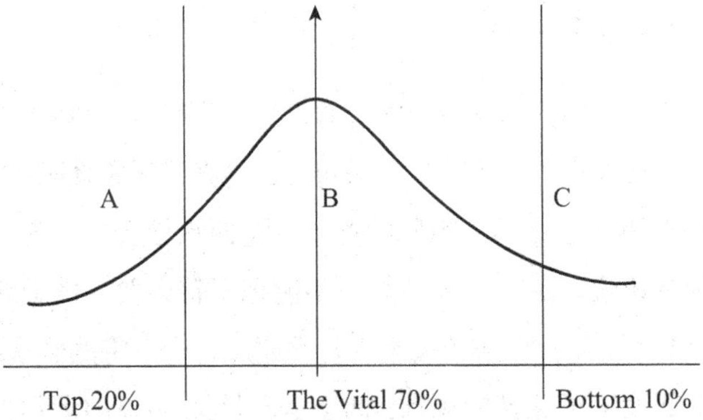

图 7–3 活力曲线

杰克 · 韦尔奇曾经说过：“做出这样的判断（强制末尾淘汰）并不容易，而且也并不是准确无误的。是的，你可能会错失几个明星或者出现几次大的失策——但是你造就一支全明星团队的可能性却会大大提高。这就是如何建立一个伟大组织的全部秘密。一年又一年，‘区分’使得门槛越来越高并提升了整个组织的层次。这是一个动态的过程，没有人敢确信自己能永远留在最好的一群人当中。他们必须时时地向别人表明，自己留在这个位置上的确是当之无愧。”

小贴士

至于你的企业适合不适合强制分布或末尾淘汰，要看企业文化，并不能一概而论。

也有不少人苦恼，说自己的公司推行强制分布，但是经理们总是找各种借口不实行，人力资源很难办。这里给你介绍华为的方法，在华为，如果经理打不出D，那么经理的绩效成绩就是D或者整个部门的绩效工资暂停发放。用机制解决问题最为有效。

7.9　华为营销系统关键绩效指标（KPI）与奖金考核办法实践案例

华为是全球排名第一的通信设备制造商，该公司营销系统关键绩效指标和奖励制度很有特点。第一，绩效指标采用“增长率”“降低率”，指标本身自带变化趋势。第二，没有采用传统的为指标设置权重的方式，而是在奖金计算公式中作为影响因子发挥作用。第三，依据产品计算年度奖金，这一点代表了绩效激励的针对性极强。具体案例如下。

制定营销系统KPI考核指标和奖金分配办法的宗旨是：鼓励销售额和市场占有率的增长，同时通过KPI指标的调节，促使营销系统不断改善增长的质量，提高营销管理水平，改进营销系统与公司其他系统之间的协作。

经公司总裁办公会议讨论，确定营销系统KPI考核指标及考核与奖金分配办法如下。

本规定在试行期间，适用于奖金的分配，待各项指标、基准与考核办法进入稳定运行后，逐步过渡到薪酬的分配。

一、营销系统的KPI指标

营销系统KPI指标包括组织增幅、人均创利、成本控制和客户满意度四个方面，其确定依据是公司级KPI指标。

1. 组织增幅

（1）销售额增长率

指标定义：计划期内，按订货口径计算的销售额增长率

设立目的：将公司整体组织增幅和市场占有率提高的指标，直接落实到营销系统

操作要点：营销系统在落实此项指标时，可采用虚拟销售额的办法，鼓励新产品销售额和新市场销售额的增长

（2）货款回收额目标完成率

指标定义：计划期内，营销系统完成公司下达的货款回收额目标的程度

设立目的：考核营销系统回收货款责任，保证公司现金流量的平衡

（3）分产品市场份额增长率

指标定义：计划期内，营销系统完成的分产品销售额占该产品市场销售总额的比例

设立目的：保持公司在各产品领域内的竞争力的持续提高

操作要点：该项指标分产品下达、统计，在 1999 年起的头 3 年内该指标只适用于国内市场

2. 人均创利

（4）营销系统贡献毛利人均增长率

指标定义：计划期内，产品销售收入减去产品销售成本后的毛利与营销系统平均员工人数之比的增长率

用公式表示：人均贡献毛利 = 所有产品毛利总额 / 营销系统平均人数

指标说明：营销系统平均人数在 1999 年起的头 5 年内，为国内营销系统平均人数，5 年后为整个营销系统平均人数

设立目的：反映营销系统员工的生产率和销售质量，优化营销系统人员结构和改善销售管理

操作要点：

i. 营销系统平均人数按人年统计（1 人 · 年 =12 人 · 月），计算公式：

营销系统员工平均人数 =（1 月底员工人数 +……+12 月底员工人数）/12

ii. 统计营销系统员工人数时只统计在营销系统工作满 6 个月的人员

3. 成本控制

（5）直接销售费用率降低率

指标定义：计划期内，直接销售费用与销售总额之比的降低率

用公式表示：直接销售费用率 = 直接销售费用 / 销售总额

指标说明：

i. 直接销售费用，指销售费用中扣除战略性费用（指展览费、广告费、印刷费、培训费、会议费，这类费用往往是无法直接归集到某一个具体业务部门的）以外的在直接销售过程中发生的费用（直接销售费用是可以按其用途直接归集到某一个具体业务部门的）

ii. 直接销售费用在 1999 年起的头 5 年内，仅统计国内市场发生的直接销售费用，2004 年开始统计营销系统全部销售费用（含海外）

操作要点：可采用虚拟销售额的方法，以鼓励新产品和新市场的直接销售费用投入

（6）合同错误率降低率

指标定义：计划期内，发生错误的合同数占全部销售合同总数的比率的降低率用公式表示：合同错误率 = 错误合同数 / 销售合同总数

指标说明：合同错误指合同签订错误（包括销售员提供信息错误、电信设计和报价错误）、合同成套错误

设立目的：促进营销系统减少合同错误，提高公司的合同履约水平，降低运作成本

4. 客户满意度

（7）客户满意度

指标定义：经独立机构调查后评定的客户满意度诸项指标中由营销系统承担部分的改善程度

设立目的：促使营销系统切实关注客户，持续改进客户满意度，提高市场竞争力

二、营销系统奖金考核分配办法

1. 分配原则

· 销售总额决定奖金基数，并以货款回收额目标完成率、市场份额、客户

满意度和人均创利、成本控制等反映销售质量的 KPI 指标进行调节

· 促进销售额和市场份额的增长

· 鼓励新产品和新市场的销售增长

· 改善销售质量，促进销售管理的改进

2. 计算公式：

（1）某产品年度奖金额计算公式

$B=(S_0\times K_0+S_1\times K_1)\times V\times M\times Q\times P$

其中：

B：某产品年度奖金额

S_0：销售额基数：本年度销售总额中与上年度相等的部分

S_1：销售增长额：本年度销售额中超过上年度的部分

K_0：针对销售额基数的奖励系数

K_1：针对销售增长额的奖励系数，$K_1 > K_0$

V：针对不同产品设立的虚拟系数，$V \geqslant 1.0$

M：营销系统货款回收系数，与货款回收额目标完成率挂钩

P：市场份额系数，根据不同产品的市场份额目标完成率确定

Q：反映营销系统销售质量的 KPI 系数，其计算公式为：

$Q=a_1Q_1+a_2Q_2+a_3Q_3+a_4Q_4$

其中：

Q_1：营销系统人均毛利增长率系数

Q_2：直接销售费用率降低率系数

Q_3：合同错误率降低率系数

Q_4：客户满意度系数

i. a_1、a_2、a_3、a_4 为对应 Q_1、Q_2、Q_3、Q_4 的权重，$a_1+a_2+a_3+a_4=1$

ii. KPI 系数 Q_1、Q_2、Q_3、Q_4 的比较基准，以上一年度实际值为基础，并参照世界最佳公司基准合理确定

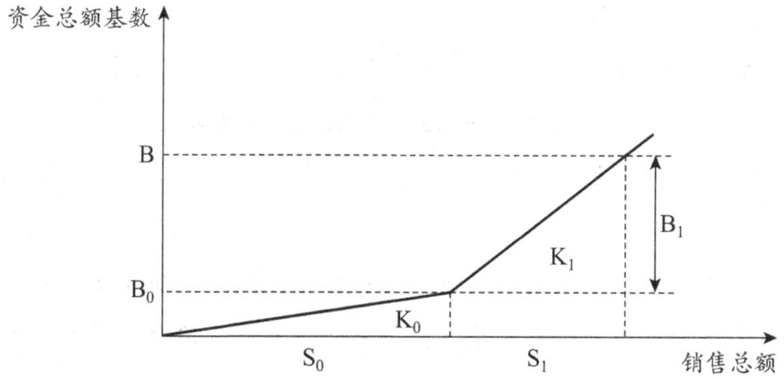

（2）营销系统奖金总额为各产品奖金额之和

（本案例来自网络，作者不详）

7.10　恒大地产项目奖励实践案例

恒大地产是中国最大的民生住宅地产公司，该公司地产项目考核方案具有独特的考核与激励机制。下文提供的案例具有两个鲜明的特点：第一，该制度为被考核单位在客观情况不同时提供了两个以上的考核奖励方案；第二，该制度清楚地规范了奖金分配的方法，提高了分配的科学性。请读者详细阅读并体会恒大地产的这个奖励案例。

第一章　总　则

第一条　对项目公司进行业绩考核及激励的目的

项目公司员工的薪酬包括工资、补贴、项目奖金及福利。对项目公司员工根据项目考核结果发放项目奖金进行奖励，以充分调动项目团队工作的积极性，使其努力推动项目按计划顺利实施。

第二条　项目公司奖金提取的前提

项目应在项目市场定位、盈利模式、投融资计划、项目目标利润、项目总体开发计划明确且获得北京公司批准的情况下开展项目开发工作，最终根据综合考核结果进行发放。

第三条　项目公司总奖金额度的计算

项目公司奖金额度＝提取基数 × 奖励系数 × 考核系数

第四条 适用范围

本激励办法适用于项目公司全体人员，但不包含营销人员。

第二章 项目公司奖金额度的确定

第一条 工程量法

（一）总述

工程量法即根据完成的工程量，如建安投资额或建筑面积，结合项目具体情况及考核情况，乘以一定系数提取奖金额度，适用于持有型开发项目的激励。

（二）奖金总额度的确定

项目公司总奖金额度＝目标建安成本（调整后）× 奖励系数 × 考核系数或

＝项目总建筑面积 × 奖励因子 × 考核系数

注：目标投资额为调整后的目标投资额，实际投资超出调整后的目标成本的部分不计入奖金提取的基数。

（三）奖励系数（奖励因子）

根据工程量法确定的奖励系数可取 1.25%，根据项目的具体情况进行调整。

第二条 利润法

（一）总述

利润法即根据项目最终实现的净利润，结合项目具体情况及项目公司考核情况，提取一定比例奖金额度，适用于销售型开发项目的激励。

（二）奖金总额度的确定

项目公司总奖金额度＝项目净利润（或税前利润）× 奖励系数 × 考核系数

注：净利润为实际实现的利润。

（三）奖励系数

根据净利润确定的奖励系数可取 3%（税前利润取 2%），并根据项目的具体情况进行调整。

注：以目标净利润率为行业平均水平 10% 为基础确定奖励系数，随着目标净利润率的调整，奖励系数可相应随之调整。

（四）项目净利润（或税前利润）提取基数的调整

为剔除重大市场因素对项目利润的影响，对作为提取基数的项目净利润（或税前利润）进行调整，以充分反映项目公司努力的真实成果，保证激励的科学性和有效性。

剔除市场因素的主要办法是剔除土地价格变动对开发项目利润的影响。

提成基数 = 实际利润 –（土地调整后成本 – 土地实际成本）

有两种具体的操作方法，分别是地价参考法和土地估价法。

地价参考法：项目销售期间，在条件允许的情况下，参考项目周围地域的地价拍卖情况对目标利润进行调整。

土地估价法：在项目临近结束时，聘请专业的土地评估机构对项目土地价格进行评估。

上述两种方法可根据具体情况进行选用，在周边有类似项目用地拍卖的情况下，应优先选用地价参考法。

第三条　奖励系数的调整

上述工程量法及利润法下奖励系数的确定均根据标准项目模型测算确定，标准项目模型为：

项目类型	住宅
项目规模	10 万 ~ 20 万平方米
建设周期	20 个月至 24 个月
交房标准	毛坯
有无拆迁	无

在实际项目奖励系数的确定中，需根据每个项目规模、管理复杂性、项目周期等因素的不同，对奖励系数进行调整，系数的调整可运用如下的调整模型，也可针对每个项目的具体特点综合考虑后确定。

调整系数 = 拆迁情况 × 项目规模 × 精装情况

拆迁情况	
有拆迁	1.1
无拆迁	1.0

×

项目规模	
$A<100000m^2$	1.1
$100000m^2 \leqslant A \leqslant 200000m^2$	1.0
$200000m^2<A \leqslant 500000m^2$	0.9
$A>500000m^2$	0.8

×

精装情况	
精装修	1.1
毛坯	1.0

奖励系数调整模型

注：精装调整系数只针对销售型项目，不包括持有型项目。

第三章　业绩考核

第一条　项目公司业绩考核的周期

对项目公司的业绩考核包括季度考核及项目终期业绩考核（分期开发的项目每期结束后进行终期考核）。

依据项目公司项目终期业绩考核的结果确定项目公司总奖金额度。

第二条　业绩考核指标

销售型项目的业绩考核指标：

对销售型项目，重点考核项目公司的利润、进度、质量、成本控制指标。

销售型项目的业绩考核指标

考核指标	权重	二级指标	权重	考核办法	数据来源
财务类	20%	税前利润	10%	与目标利润比较	财务部
		成本控制	10%	与目标成本比较	成本管理部
运营类	60%	进度控制	40%	与项目计划比较	总经办、工程部
		质量控制	20%	政府质量验收、内部质量验收	工程部
市场类	10%	客户满意度	10%	客户满意度调查、客户投诉等	客户服务部
学习与成长	10%	员工满意度	5%	管理评估	人力资源部
		管理体系完善	5%	管理评估	总经办

对持有型物业开发阶段的业绩考核，重点考核项目进度、质量、成本控制。

持有型业绩考核指标

考核指标	权重	二级指标	权重	考核办法	数据来源
财务类	20%	成本控制	20%	与目标成本比较	成本管理部
运营类	60%	速度控制	40%	与项目计划比较	总经办、工程部
		质量控制	20%	政府质量验收、内部质量验收	工程部
市场类	10%	客户满意度	10%	经营方满意度	客户服务部
学习与成长	10%	员工满意度	5%	员工满意度调查	人力资源部
		管理体系完善	5%	管理评估	总经办

1. 利润指标

项目公司与北京公司就项目公司目标利润率进行确认，销售实现并交房后，根据考虑地价变化机会成本调整后的利润率进行考核。

净利润率 Z

当 Z ≥ 12% 时，考核得分为 120 分；

当 Z=10% 时，考核得分为 100 分；

当 Z ≤ 5% 时，考核得分为 0 分；

当 10% < Z < 12% 时，考核得分为 100+20×（Z−10%）/（12%−10%）;

当 5% < Z < 10% 时，考核得分为 100×（Z−5%）/（10%−5%）。

2. 成本控制指标

项目公司针对各期项目编制目标成本，北京公司成本管理部审核确认。由于规划调整造成的设计修改，经北京公司成本管理部审核，可调整目标成本。

成本控制率 Z=（实际成本 − 目标成本）/ 目标成本 ×100%

当 Z ≤ 0 时，考核得分为 120 分；

当 Z=2% 时，考核得分为 100 分；

当 Z ≥ 10% 时，考核得分为 0 分；

当 0 < Z < 2% 时，考核得分为 100+20×（Z−2%）/（0−2%）;

当 2% < Z < 10% 时，考核得分为 100×（Z−10%）/（2%−10%）。

3. 进度控制指标

项目公司针对各期项目编制进度计划，北京公司总经办及工程管理部审核确认。由于市场环境因素造成的进度计划修改，经北京公司总经办审核，可调整目标进度计划。

进度控制率 Z=（实际工期 – 计划工期）/ 计划工期 ×100%

当 Z ≤ 0 时，考核得分为 120 分；

当 Z=10% 时，考核得分为 100 分；

当 Z ≥ 50% 时，考核得分为 0 分；

当 0 < Z < 10% 时，考核得分为 100+20×（Z–10%）/（0–10%）；

当 10% < Z < 50% 时，考核得分为 100×（Z–50%）/（10%–50%）。

若进度控制指标项得分为 0 分，则项目公司总体业绩考核为 0 分。

注：考核指标的各项指标值可根据项目具体情况进行一定幅度的调整。

4. 工程质量指标

5. 客户满意度

由北京公司执行客户满意度调查，包括客户对产品和客服的评价。由北京公司客户服务部评估或委托第三方进行评估。

6. 员工满意度

由北京公司人力资源部对项目公司员工满意度情况进行调查并打分。

7. 管理体系完善情况

由北京公司总经办对项目公司管理体系完善情况进行评估并打分。

项目公司考核系数：

根据项目公司绩效考核结果，确定项目公司的绩效考核系数，此系数影响项目公司总奖金额度。

绩效考核分数值	（120 分 ≥ Y ≥ 95 分）	（95 分 > Y ≥ 80 分）	（80 分 > Y ≥ 60 分）	（Y<60 分）
考核等级	优秀	良好	合格	需改进
绩效考核系数	1.3	1.1	1.0	0.6

第三条　部门及人员的绩效考核

项目公司各部门及人员的绩效考核参见《地产绩效管理制度》。

第四章　项目公司奖金的发放

第一条　项目公司奖金额度的分配

分配的原则：

项目公司的项目奖金对项目公司全体人员（不包括营销人员）进行分配，但分配中应考虑各岗位对项目公司贡献的大小，根据岗位价值确定的奖金系数进行分配。

项目公司高管的奖金分配比例：

项目公司高层管理人员（包括项目公司总经理、副总经理、总经理助理）的奖金分配比例为 0.4 ~ 0.5，由北京公司绩效委员会确定。

高层奖金额度 = 项目公司奖金额度 × 高层奖金比例

员工奖金额度 = 项目公司奖金额度 ×（1– 高层奖金比例）

项目公司高层管理人员奖金额度的计算：

总经理（副总经理、总经理助理）奖金额度 = 高层奖金额度 × 高层个人奖金系数 × 绩效系数 × 在任时间比 /Σ 总经理（副总、总助）奖金系数

项目高层管理人员的个人奖金悉数反映了高层管理人员对项目贡献度的不同，总经理为 1.0，副总经理为 0.6 ~ 0.8，总经理助理为 0.4 ~ 0.6，由北京公司绩效委员会确定；

绩效系数反映了对个人的综合绩效评价（个人及组织），详见《绩效系数表》；

在任时间比 = 实际在职时间 / 项目实际开发周期（与奖金发放的项目周期一致）；

若实际计算的各高管奖金额度总额超过或低于高层奖金额度，则各高管奖金额度按相同比例进行调整，以使各高管奖金额度总额与高层奖金额度相等。

项目公司员工（含部门经理）奖金额度的计算：

员工奖金额度 = 全体员工奖金额度 × 员工个人奖金系数 × 综合考核系数 × 在任时间比 /Σ 员工个人奖金系数

员工个人奖金系数，根据各岗位的对项目公司的贡献度的不同而确定，

详见《项目公司员工奖金系数表》；

绩效系数见《绩效系数表》；

在任时间比 = 实际在职时间 / 项目实际开发周期（与奖金发放的项目周期一致）；

若实际计算的员工奖金额度总额超过或低于全体员工奖金额度，则各员工奖金额度按相同比例进行调整，以使各员工奖金额度总额与全体员工奖金额度相等。

第二条 项目公司奖金发放的时间

项目公司的项目总奖金额度及个人奖金在项目结束后（分期开发的项目在每期结束后）按上述规定确定，一般也应在项目结束后发放，但考虑到项目周期较长，部分奖金可提前按节点及年度预支，从项目结束后计算的奖金额度中扣除。

项目公司人员奖金发放时间表

项目奖金	高层人员	中层管理 人员	其他	发放时间	是否与考核结果挂钩
节点奖金	–	10%	10%	关键节点	否
年终奖金	20%	20%	20%	年终	否
项目结算奖金	50%	50%	50%	项目结算完成后	是
项目质保金	10%	10%	10%	交房后 0.5 年	是
	10%	10%	10%	交房后 1 年	是
	5%	–	–	交房后 1.5 年	是
	5%	–	–	交房后 2 年	是

项目结点奖金及年终奖金均为项目总奖金的预支，发放时不进行考核，在最终根据项目考核确定的项目奖金额度中扣除；

为保证工程质量，项目人员的项目奖金将预留一部分作为项目质保金，高层人员的质保金比例为 30%，在交房后的 2 年内发放，其他人员的质保金比例为 20%，在交房后的 1 年内发放，质保期内若没有出现大的质量问题，客户满意度超过 70% 的情况下，项目质保金全额发放；

节点奖金集中于少数节点，包括具备销售条件、工程结构封顶。

第五章　附　则

本制度修订权在地产绩效管理委员会，解释权在人力资源部。

本制度自颁布之日起正式执行。

（本案例来自网络，作者不详）

8 第八章

薪酬管理技巧——薪酬体系运行维护的门道

名企老板对加薪持有哪些代表性观点?

员工加薪的要求是同意还是拒绝?

如何平衡新老员工薪酬倒挂?

如何正确理解薪酬内部公平性?

如何解决薪酬外部竞争力不足问题?

如何正确理解薪酬的激励性?

薪酬保密还要不要?

如何进行薪酬总额预算?

如何进行薪酬管控?

年终奖金管理技巧有哪些?

创业企业如何进行薪酬管理?

快速成长企业如何进行薪酬管理?

企业并购薪酬管理的核心是什么?

战略目标调整下如何进行薪酬管理?

为什么可以将薪酬绩效业务托管?

薪酬咨询外包如何选择咨询机构?

薪酬咨询项目如何落地?

不仅仅薪酬分配体系设计有技术含量，薪酬分配体系日常运行管理的技术含量一点也不低，本章就常见的薪酬管理问题与读者进行分享。

8.1 员工加薪的要求是同意还是拒绝

很多公司对员工提出加薪申请都比较头疼，同意吧，感觉有些勉强，还怕引起其他员工的嫉妒和不满；不同意吧，又会打击员工积极性。

讨论这个问题，首先要分两个层面：一是公司有制度；二是公司没有制度。

首先说公司有薪酬制度，有薪酬调整规定，那么，员工提出加薪要求，要按规定办。如公司制度规定每年公司组织薪酬调整一次或两次，在这个规定时间之外的申请，原则上不同意，都要等到规定时间统一考虑和调整。

现在，讨论公司没有相关制度或者有员工破坏制度提出加薪申请是否审批。

提醒没有制度的公司，一定要建立制度，没有制度很多事情将会变成一事一议。

首先要判断这个员工是否可以替代。如果不可以替代或替代成本太高，那么只能加薪。例如，他辞职了，你再招聘的成本非常高，也不好招聘，加薪就是上策。当然也要考虑给一个人加薪后可能带来的成本，如有更多人来要求加薪，这就需要整体权衡。

然后判断这个员工在公司内部是不是在同等条件下薪酬偏低。如果偏低，可以考虑进行调整，调整的前提是该员工业绩和表现都良好。如果不偏低，说明是员工个人心态问题。很多时候员工要求加薪都是个人心态有了问题，总是认为自己业绩好、表现好，公司却对自己不好。对于心态有问题的员工，公司要及时沟通，对于加薪要求原则还是不予考虑。

最后总结，对于公司，最好是每年一次调薪，其他时间的加薪申请统一综合考虑。

8.2　如何平衡新老员工薪酬倒挂

只要讨论薪酬问题，新老员工薪酬倒挂就是一个不可回避的问题。

新老倒挂产生的原因主要有两个：第一是长期薪酬水平不调整，老员工晋级不及时，但是社会招聘的新员工要按市场价格定薪酬。第二是即便薪酬水平能随外部市场水平及时调整，与外部薪酬水平持平，但是换工作的人员都希望薪酬增长，所以企业必须支付高于行业平均水平的工资招聘新人，所以仍然存在新老倒挂现象。第一种情况的倒挂比第二种倒挂要严重得多。

新老倒挂的危害主要是让老员工感觉不公平，失去工作的动力，有的时候能力高、工资低的老员工还要带能力低、工资高的新员工，一旦老员工知道自己工资低的事实，愤然辞职也有可能。

新老倒挂在多数企业是常态，即便是薪酬水平已经很高的华为，同样有很多员工抱怨存在新老倒挂的问题。重要的是要正确看待新老倒挂问题，少量的新老倒挂是正常的。不要看到几个所谓的新老倒挂，就夸大新老倒挂的严重程度。之所以说所谓，实际上一定情况下的新老倒挂是正常的。

什么样的新老倒挂是正常的？比如，市场稀缺的人才，年轻但薪酬高。再如，履历优秀的人才，你不给高薪就招不到。又如，各种关系安排的人，这是改变不了的。这些基本都算正常。这里基本没有考虑这些员工绩效的问题。

从另外一个角度，新老倒挂也是正常的，老员工不学习、不进步、工作懈怠、爱攀比抱怨，这样的老员工薪酬低是正常的。这样的老员工其实并不适合组织发展，这种倒挂对公司是有利的。

下面要探讨的是那些真正需要解决的新老倒挂问题。

第一，在公司支付能力允许的情况下，能解决的新老倒挂，可以在年终调薪时调整为正常水平。

第二，如果不能一次解决，也就是不适合一次调整老员工的薪酬标准，那么可以在年终奖金方面予以倾斜，即平时工资发少了，用年终奖予以补偿。

第三，给予老员工更多晋升机会。

第四，给予老员工更多的股权激励，对老员工是一种弥补。

8.3 如何正确理解薪酬内部公平性

总是有些员工抱怨薪酬内部不公平，给公司造成一定负面影响，使人力资源工作者束手无策。

首先要分析员工抱怨的薪酬不公平具体指的是什么。综合起来，员工抱怨的薪酬不公平主要是指：新老员工薪酬倒挂；没有考虑老员工的历史贡献；不同部门在公司被重视程度不同，薪酬水平差距大；业绩不好但人缘好的员工反而加薪快；关系人员加薪高，加薪机会多；年轻人员提拔过快；工资增长缺乏制度和依据，奖金缺乏依据。

员工抱怨的问题一定或多或少存在，但是很多问题不是一下子就可以解决的，甚至在很长时间内都不能全部解决，如果不能正确看待这些问题，很可能会影响薪酬管理人员的思路和工作。

薪酬管理工作者必须正确看待以上问题。任何公司都或多或少存在这些问题，这些问题不严重就算不上问题。再清的河流，水中也会有杂质，道理一样。存在的问题要想解决需要时机，并不是员工抱怨或反映就可以立刻解决，所以问题在一定时间内持续存在是正常的。存在问题并不妨碍我们开展相关工作，就像一个人虽有皮肤病，但仍然不妨碍他去工作挣钱一样。

我们这里不是讨论如何解决这些问题，而是如何正确看待这些问题，如何在问题存在的情况下正常开展工作，而不受问题的影响。比如，公司存在着少数关系员工薪酬高的问题，给其他员工定薪的时候，这种关系员工的薪酬不可能降低，关系员工并不是我们参考的依据，可以忽略关系员工的存在，要与正常员工薪酬水平做对标参考。还有在调薪时，少数新员工薪酬较高，内部员工这时不能和少数高薪新员工对标比较，公司并没有这样的支付能力，在这种情况下，就不要考虑少数高薪员工的存在，只考虑内部员工之间的公平性即可。其实，这是一种处理问题的策略。

8.4 如何解决薪酬外部竞争力不足问题

保持薪酬竞争力不是一件容易的事，存在理念、方法、条件等因素。

首先说理念。以利润为目标导向的企业，员工薪酬竞争力很难保持，因为员工的薪酬与利润是矛盾的，薪酬发多了，利润就减少了。这种理念下的企业很容易牺牲员工利益，压低薪酬水平来获得更多利润（其实压低工资节省的利润也非常有限）。如果企业以员工共享企业创造的价值为理念，结果将不一样。

然后是方法。要保持薪酬外部竞争力，需要方法的支持。第一，每年薪酬水平要保持适度增长，所谓适度，就是和行业薪酬水平增速一致，这样才不会掉队。第二，在营业收入快速增长的情况下，要保持营业收入中的薪酬占比不降低，该发出去的钱要发出去。第三，每年要有加薪机制，这种机制应坚持执行。

有的公司薪酬竞争力已经不足，怎么办？也就是公司的薪酬总额很难再增长。

第一，减员。减员之后，节省出 10% 以上的薪酬总额，把这些钱加到其他员工上。每个企业都有冗员，如果企业没有每年进行末位淘汰的制度，冗员的比例只会比 10% 更高，通过减员节省 10% 以上的工资总额其实不难。

第二，设计奖励机制，设定更高的业绩目标，目标达成后可以实现员工薪酬增长的目的。有奖励机制和没有奖励机制，员工动力是不一样的。奖励机制并不增加成本，但是设计诱人的机制可以调动员工的工作积极性，业绩目标实现后，企业和员工皆大欢喜，一举两得。奖励给员工的钱，是员工通过努力挣来的，不增加企业的成本和负担。奖励机制是成本最低、效果最好的提升薪酬竞争力的方法。

8.5　如何正确理解薪酬的激励性

公司领导最爱说的是要加强“薪酬的激励性”，很多员工也抱怨公司“薪酬缺乏激励性”，那么如何正确理解薪酬的激励性呢？

谈到薪酬激励性，很多人会认为是要拉开不同部门、岗位间的薪酬差距，认为只有拉开差距才有激励性；还有人认为是要增加浮动薪酬比例，认为加强对浮动薪酬的考核可以增加激励性。其实不然。

薪酬激励性有三个内涵：一是对外有竞争力，对外没有竞争力的薪酬肯定没有激励性；二是内部公平，薪酬再高如果缺乏内部公平性，也不会取得好的激励效果；三是员工自动自发工作，薪酬激励性的表现方式就是员工能自动自发工作。

简单地认为拉开收入差距就是增加薪酬激励性，这是错误的。拉开员工收入差距有可能增加了内部不公平性，反而造成激励性下降。有依据的、适当的收入差距是可以的，过大的收入差距可能带来负面作用。

曾经有一位公司的高管对笔者说，公司现在的薪酬是“大锅饭”，有必要进行薪酬改革，拉开员工收入差距，增加薪酬激励性。笔者又问为什么要进行薪酬改革，该高管并没有说出合理的理由。笔者问他公司近几年业绩增长情况，他说每年都有稳定增长，年增长率大约30%。笔者又问他公司员工离职率是不是很高或最近波动很大，他说公司员工主动离职率很低。经过分析，笔者说公司没有必要进行薪酬改革，没有必要为了拉开薪酬差距而拉开差距，其实公司现在的薪酬体系是适合公司发展现状的。适合公司现状的薪酬体系就是在发挥激励作用。

8.6 薪酬保密还要不要

很多企业都在执行薪酬保密政策，但让很多企业苦恼的是，没有办法达到薪酬的完全保密，薪酬保密只是个形式而已。员工讨论工资一般在私下进行，薪酬保密形同虚设。

薪酬保密有什么好处呢？薪酬保密可以掩盖公司内部薪酬不公平的现状，避免互相攀比，减少内部的矛盾。即便员工知道了其他人的工资比自己高，但是有薪酬保密制度存在，也不方便拿来作为给自己加薪的借口。

什么企业适合薪酬保密制度？那些薪酬管理缺乏科学性、缺乏方法论、存在较严重内部不公平现象的企业适合使用，薪酬保密制度可以帮助掩盖以上问题。

薪酬制度有问题，要及时解决，一时解决不了的，先把问题暴露出来，等时机成熟了再解决。但是，薪酬保密制度就像一块遮羞布，把问题遮起来，根本不利于问题的彻底解决。

严格执行薪酬保密制度的公司，无法建立员工职业生涯发展的通道，即便建立员工发展通道也无法公开执行，根本发挥不了应有的作用。由于员工互相不了解对方的资历和级别，部门内部管理无序，沟通成本增高。由于员工只知道自己的工资水平（理论上），没有参照和对比，高薪酬的员工也没有优越感和满足感，低薪酬的员工也没有努力的方向，薪酬的激励作用没有发挥出来。

所以，严格的薪酬保密制度已经不能适应企业发展和管理的需要，建议适当放宽薪酬保密的严格程度，增加透明度。所谓增加透明度，就是薪酬制度可以公开，员工职级可以公开。薪酬适度公开有利于群众监督，有利于解决陈旧问题，有利于员工发展规划，有利于发挥薪酬的激励作用。

8.7　如何进行薪酬总额预算

薪酬总额预算是企业薪酬管理的难题，尤其是对于多元控股集团企业。企业进行薪酬总额预算的目的在于实现对薪酬总额的控制，而薪酬总额控制的关键在于根据企业的实际情况确定一个合理的薪酬总额预算，然后以薪酬总额预算为标准，实施薪酬控制。薪酬总额变化受多方面因素影响，如编制、行业薪酬水平变动情况、企业自身调薪计划、奖励计划等。

1. 编制。公司年度经营目标实现对人员数量的需求，即预计的员工编制。预计的员工编制越多，薪酬总额也将越大。

2. 行业薪酬水平变动情况。某些行业相对成熟，每年薪酬水平变化不大；有些行业发展迅速，人才不足，薪酬水平增长快，那么企业下一年的薪酬总额的预算也将增长。

3. 企业自身调薪计划。企业根据自身发展，有计划地安排薪酬调整，调整时间、调整幅度都对薪酬总额有较大影响。

4. 奖励计划。公司的各项奖励机制也会对薪酬总额有较大影响。一般情况下，超额奖励在目标任务完成之后才会产生，可以不在薪酬总额预算之内；但是，有些企业已经把员工薪酬转化为某种奖励机制（如计件制），这时薪酬总额也对奖励机制产生的薪酬总额进行预算。

薪酬总额预算的常用方法有：编制法、工资投入产出比法。

编制法

薪酬总额 = 总编制 × 当年人均薪酬 ×（1+ 增长率）

总编制 = 下年度销售收入目标总额 / 当年人均销售收入 ×（1+ 增长率）

以上两个公式很好理解，需要解释的就是公式中“当年人均薪酬”和“当年人均销售收入”中的“当年”都是指刚刚或即将过去的财政年度，这些数据都非常准确。“增长率”是下一年的变化率，原则上，下一年度人均薪酬会增长，人均销售收入（人效）也应该增长。

编制法预测的薪酬总额准确与否，最重要的是销售收入目标是否准确。很多公司制定难以完成的销售收入目标，这有可能为企业带来灾难，因为由此带来的人员编制增加和薪酬总额增加会给企业带来沉重负担，甚至造成严重亏损或裁员。

工资投入产出比法

薪酬总额 = 下年度销售收入目标总额 × 工资投入产出比

工资投入产出比是指年度工资总额除以年度销售收入总额（产出），也可以理解为销售收入中的工资所占比例。工资投入产出比相对稳定，如果管理有效，工资投入产出比应逐渐下降。

编制法和工资投入产出比法是从不同的两个角度测算薪酬总额，两个方法可以同时使用，互相验证，选取最符合公司实际情况的测算数据。如果两种方法测算出的薪酬总额数据差距过大，应该检查测算过程中是否出现严重错误。

8.8 如何进行薪酬管控

薪酬管控就是通过一定的手段将薪酬成本控制在合理范围内。

薪酬管控要管控谁？一是管理公司自身的薪酬预算；二是管理独立核算的经营部门的薪酬预算；三是管理下属子公司的薪酬预算。公司自身（总部）、独立核算部门、下属子公司是从高到低的三个层级。

薪酬管控管控什么？薪酬管控不仅管控薪酬总额，还要管控编制计划、工资（人力成本）投入产出比。在企业发展速度具有一定规律、可以预测准确时，管理薪酬总额、编制计划即可，但是市场情况多变，经常发生实际经营业绩与经营目标差距过大的现象，这时如何进行薪酬管控呢？

在经营业绩未达预期时，薪酬管控最重要的是对工资投入产出比（预算工资总额 / 经营业绩目标）的控制。公司业绩没有达成预期，如果还按照预算的工资总额管控，势必造成实际的工资投入产出比大于计划。只有按照计划的工资投入产出比进行控制，才能有效压缩实际发放的薪酬总额，该减员就减员，该降薪就降薪。

如果经营业绩非常好，薪酬管控最重要的是对编制的管控，只要编制不超编，薪酬总额基本可以控制在预算之内。设想一下，薪酬总额控制在预算内，经营业绩超过计划目标，那么公司工资投入产出比下降，这是一个良性的发展方向。

8.9　年终奖金的管理技巧

企业发放年终奖金是件稀松平常的事，但是每年应该发多少年终奖金呢？

有的公司是领导拍脑门，拍多少算多少，今年业绩好多拍，业绩不好少拍。这种方式的年终奖金实属浪费，因为对员工几乎没有激励作用，因为年终奖金是事后设立的。

有的公司是预算出来的，每年都差不多发这些，如年底 13 薪、14 薪、N 多薪，年底发几个月工资的年终奖方式也是浪费，只要员工工作到年底就有年终奖金，主要鼓励的行为就是熬到年底再走，对于那些身在曹营心在汉的员工，公司还多浪费了几个月的工资。

年终奖的设置，一定要和业绩挂钩，这是最基本的原则。要让团队体会到年终奖是大家努力拼搏挣来的，否则没有意义。

年终奖金的计算

年终奖金总额通常是基于某个基数再乘以一个奖金比例计算来的。

年终奖金通常是以超额净利润为基数。超额净利润 = 实际净利润 – 目标净利润。公司经营得好，实际完成的净利润超过了目标，将超额部分全部或部分分配给员工，这是非常合理的。在这种方式下，需要目标净利润设置合理，过高的净利润目标会造成超额净利润总额过小，激励效果下降。

奖金比例

基于超额净利润乘以奖金比例可以计算出年终奖金总额，奖金比例的设计有以下几种方式。

1. 阶梯比例。例如，超额净利润在 100 万 ~ 200（含）万元部分，奖金比例为 20%；超额净利润在 200 万 ~ 300（含）万元部分，奖金比例为 30%；超额净利润在 300 万 ~ 1000（含）万元部分，奖金比例为 40%；超过 1000 万元部分，奖金比例为 50%。这种计算方式分段计算，类似于个人所得税计算方法。

2. 固定比例。例如，直接将超额净利润的 80% 作为年终奖金。

由于是基于超额净利润计算年终奖金，超额部分总额一般不大，所以奖金比例通常较大，有的公司甚至设定为 100%。

小贴士

使用净利润核算年终奖金，需要公司加强财务管理和审计，确保利润账实相符，避免仅仅通过账务处理的“账上利润”。

在某种特殊情况下，可能出现无法预料的市场波动，这种波动可能带来巨额的超出预期的超额利润，这样的利润并非正常经营所得，如果按照原有奖金比例计算年终奖金会有失公允，但如果不按原有奖金比例计算又会对员工积极性造成打击。一般建议对年终奖金上限进行总额控制。例如，年终奖金总额不超过全年薪酬总额的 1 倍。上限封顶可以用来预防奖金超发。

年终奖金分配

虽然很多企业说年终奖金要按照员工贡献分配，但是如何衡量和区分员工贡献并不容易。建议将年终奖金分成几个部分，不同部分的分配依据不同。例如，基础奖金、部门倾斜、贡献补偿、累积贡献、特殊贡献、领导红包等。

表 8-1　年终奖金的不同项目及各自特点、建议比例

项目	特点	建议比例
基础奖金	基于岗位	40%
部门倾斜	基于部门	10%
贡献补偿	基于绩效	10%
累积贡献	基于司龄	25%
特殊贡献	基于特殊贡献	5%
领导红包	基于灵活弹性	10%

1. 基础奖金

年终奖金总额的 40% 左右可以作为基础奖金分配。这部分奖金的分配依据就是岗位，相同岗位上的员工，基础奖金是一样的。不同岗位会根据岗位价值不同而有区别。有岗位价值评估制度的公司，基础奖金分配很容易。没有岗位价值评估制度的公司会有一些困难。

2. 部门倾斜

年终奖金的 10% 左右可以作为部门倾斜奖金分配。所谓部门倾斜就是对业绩贡献大的部门进行倾斜，这个奖金只是少数部门活动。

3. 贡献补偿

年终奖金的 10% 左右可以作为员工绩效成绩补偿奖金分配。

4. 累积贡献

年终奖金的 25% 左右可以作为老员工累积贡献奖励分配。例如，司龄 1 年的获得 1 份奖金，那么司龄 2 年的就可以获得 2 份奖金，司龄 3 年的可以获得 3 份奖金。

5. 特殊贡献

年终奖金的5%左右可以作为特殊贡献奖金分配。这个奖金只有少数有特殊贡献的员工获得，并不是普惠制的。获得此项奖励的员工一定有明显的突出贡献。

6. 领导红包

年终奖金的10%左右可以作为红包由各级领导分配。由于奖金分配机制很难完全公平，为照顾到不同层面的员工，领导红包可以对分配不公的方面进行弥补。所谓领导红包，一般可以掌握为中高层主要管理人员有分发红包的资格。

小贴士

介绍一个“3个5%”的红包分配方式。首先，公司一把手可以将年终奖金总额的5%预留出来，对这5%一把手享有自由分配权。然后人力资源部按照分配方法和依据，将奖金分配到各部门乃至各员工。各业务分管的副总经理可以从自己分管的部门奖金总额中预留5%，对这5%分管副总具有自由分配权。各部门经理从自己的部门奖金总额（扣除副总经理预留的5%）中预留5%作为红包，剩余部分按照人力部门分配方案分配到员工本人。各级领导预留的红包可以在自己分管员工中依据自己的评判标准进行分配。

8.10 创业企业如何进行薪酬管理

创业期的企业生存是第一要务，那么薪酬管理需不需要呢？

在创业期的企业，薪酬支付能力低，生存风险大，如何花更少的工资成本聘用到较优秀的人才是一个非常重要的问题。创业期企业的薪酬策略可以采用“滞后策略+高弹性策略”。

薪酬水平采用滞后策略，可以降低企业运营成本和经营风险，要用企业使命和远景吸引人才。创业企业不要用金钱（硬实力）来吸引人才，成本高，不合算，为金钱而来的人也不会稳定。其实，不是这些人不稳定，而是创业企业发展不稳定，为金钱而来的人看到企业并不如自己想象中的好，再次跳槽是很自然的事情。只有那些认同企业使命的人，才是创业企业最需要的人，他们能忍受企业的波动，他们能忍受薪酬的降低，他们能忍受巨大的压力，这些都不是工资能够弥补的。

创业企业薪酬虽低，但是薪酬弹性一定要足够大，一定要设计与目标相对应的奖励机制。目标一定要有野心，激发大家勇于挑战宏伟目标的决心和信心。如果行业每年增长率是 10%，那么目标就要制定为每年增长 50% 甚至 100%，这才叫有野心。目标有野心，行动才能有气势，方法才能出新出奇，奖金才能打动人心。

有些创业企业说，公司还没挣到钱，怕奖励机制控制不住奖励多了，想着等年底公司挣钱了不会亏待大家，这样的想法真的是太落后了。员工的想法很多时候是自私的，他们想的和企业一样（企业的想法也是自私的），给多少钱干多少活。等挣了钱再发的奖金，相当于浪费，因为在创造价值过程中，奖金没有起作用。一定是目标实现给予的奖金才是最有价值的。

所以，创业公司薪酬管理的重点不是薪酬对外有竞争力，不是内部公平，重要的是奖励机制设计。创业初期没有基础数据，这没有关系，先奖励，有数据再修订。

奖励要消耗公司的现金流，这一点对创业企业来说是个头疼的问题。这个也很好办，创业企业要建立股权激励机制，可以将奖金全部或部分转化为股权激励，这样既实现激励的目的，又可以减少现金流的消耗，还将员工与企业发展捆绑在一起。

创业公司薪酬管理避不开创始人的薪酬管理。在初期没有投资的情况下，创始人（团队）可以没有工资或者极低，尽量节约企业有限的现金用于生产经营。当企业获得外部的投资或经营有一定稳定收入之后，创始人的薪酬可以增加到解决基本生活问题的水平，这时还要远远低于行业水平。当企业发展越来越好或者获得更多投资时，创始人的薪酬水平也会控制在较低水平，因为创始人的目的不是挣工资，而是要将企业价值做大，企业价值才是创始人的真正回报。

小贴士

创业公司经常会因为薪酬达不到候选人的要求而错过很多看起来很优秀的人，不要惋惜，这些人根本就不是你的菜。你“踮着脚”给到他们期望的薪酬，第一他们可能也不来，因为创业公司的风险和压力仍然会让他们望而却步，第二即使他们勉强来了也不一定能干好和干长。对于创业公司来说，那些愿意降薪加入，不在乎职务和办公条件的人，才是公司真正需要的。

8.11 快速成长企业如何进行薪酬管理

高速公路上飞驰的汽车，出一点小问题都可能酿成大事故。快速成长的企业更需要薪酬管理，为企业快速发展保驾护航。

快速成长企业的薪酬管理要抓住三个关键点：一是完善分配体系；二是找准发展动力引擎；三是控制工资投入产出比。

完善分配体系

快速成长企业的特点就是企业业绩快速增长，组织结构越来越复杂，岗位设置越来越多，人员规模越来越大，企业犯错误的风险也越来越高。

快速成长企业这时要注重企业内部分配公平性建设，开展岗位工作分析及岗位价值评估，修订、完善岗位等级结构和薪酬水平，重点是分配方法的科学性、薪酬水平的竞争力、薪酬分配的公平性。

找准发展动力引擎

公司快速成长，那么在公司内部一定有一个促进公司发展的动力源，我们称为动力引擎。

公司的动力引擎可能是销售系统，可能是市场系统，可能是服务系统，可能是产品系统，找准在当前发展阶段的动力引擎，然后围绕动力引擎系统设计激励机制。

为动力引擎系统设计激励机制应找准重点：一是如何准确衡量动力引擎的贡献，二是拿出多少收入分配给动力引擎，三是怎么分配更有利于动力引擎产出更大的贡献。

很多公司秉持朴素的分配理念，认为分配要对重点部门倾斜，其实就是要对动力引擎部门倾斜。传统的倾斜就是要给重点部门多分一些奖金，但现在是要给动力引擎部门设计好分配机制，有利于这些部门的发挥和发展。

在寻找动力引擎时要注意动力引擎不是固定不变的，在企业不同发展阶段，动力引擎是轮动的。比如，初创阶段，动力引擎一般会在销售部门，因为销售做好了企业才能生存。当销售稳定之后，动力引擎会变化到市场部门，因为市场部门可能带来市场的快速扩大，市场能拉动销售业务的快速扩大。当销售体系搭建完成，市场宣传进入稳定阶段，这时产品部门价值凸显，因为好产品才是王道，这时的动力引擎是产品部门。随着企业发展到不同阶段，动力引擎总是轮动变化的。

控制工资投入产出比

快速发展阶段的企业容易失控，薪酬管理的重点是管控工资投入产出比。工资投入产出比是指企业薪酬总额除以销售收入，这个比例在不同行业是不同的，但是在同行业有一定规律。

快速发展企业的工资投入产出比容易失控，容易出现以下三种失控情况。第一种是人员规模失控，虽然公司业务发展挺快，但人员规模超过业务发展，造成工资投入产出比高于正常水平，业务规模看着很好，然而公司不挣钱甚至亏损。第二种是公司制定的目标很宏伟，因此规划的人员规模也相应很大，但是实际业务发展不好，然而人员规模仍然在按照规划增加，这时工资投入产出比会反映出失调。第三种是业务发展很好，但是公司过于控制员工薪酬，这时工资投入产出比越来越小，虽然工资投入产出比小看似是好事，但是如果员工收入与企业创造价值不匹配，会造成员工满意度下降，关键人才流失。上述三种工资投入产出比都不是健康的比例关系。

快速发展企业控制恰当的工资投入产出比是非常重要的。

8.12 企业并购如何进行薪酬管理

企业并购另外一个企业，除了看重被并购企业的品牌、技术、资产、市场以外，很重要一点就是看重这个企业的人才，所以，企业并购薪酬管理的核心就是如何将所需要的人才最大程度地保留下来。

在并购过程中，一定要对被并购企业进行人才全面盘点，对所有人员进行分类和摸排。经过判断之后，被并购企业人才可以分为四大类。A 类人才：核心人才，包括核心的中高级管理干部和核心技术人员。B 类人才：关键人才，主要是指在关键岗位上的员工。C 类人才：一般人才，是指那些可替代性强、不用刻意保留的人才。D 类人才：淘汰人员，这些人是一定要清理出公司的人员。

对于 D 类人才，并购前应由被收购企业自行清理，根本不需要到后期再处理。

对于 C 类人才的处理分为几种情况，主要看并购过程中要达成何种目的。如果要求平稳过渡，尽量减少不稳定因素，那么就保持不减薪、不减人的策略，薪酬结构不改变，薪酬水平不降低。如果要求控制过高的人力成本，那么需要保持不减薪但减编制的策略。不减薪但减编制与 D 类人才处理方式的区别，后者是要精准淘汰、必须淘汰，前者是不指定淘汰谁，但是要达到淘汰的编制目标。不管如何，对于 C 类人才，原则是不降薪。

对于 B 类人才，原则是适度加薪，关键人才的稳定能让并购成功率大增。

对于 A 类人才，原则是制定中长期激励制度，这是并购成功的保障。

对并购企业除了进行人才分类管理之外，要注意避免发生以下几种情况。

第一，全面降薪。被并购企业通常经营上会存在这样或那样的经营问题，人力成本较高，但是，全面降薪会将企业内部优秀的人才赶走。

第二，加大薪酬中浮动部分的比例。这将让被并购企业员工失去安全感，要么抵抗，要么跳槽。

第三，强制被并购企业采用与本企业一致的薪酬体系。应在充分调研、沟通基础上再做出慎重决定，策略推进。

第四，将创始人的股份全部购买。除非你希望创始人全部离开，否则一定要让创始人继续持有公司股份。很多并购失策，就是把创始人的股份收购后，创始人辞职离开。

联想集团 2004 年年底宣布以 12.5 亿美金收购 IBM PC 业务，这项收购对于联想的巨大挑战是如何平衡拿着高薪却严重亏损的 IBM 雇员和拿着低薪却掌握核心运营管理的联想雇员。当时 IBM 执行的是高奖金政策，人均薪酬相当于联想的 2 ~ 2.5 倍，而且 IBM 重奖不重罚，联想是奖惩并重。妥善解决双方薪酬体系是不可回避的关键问题。如果处理不好，有可能带来严重的人员流失和生产率下降，直接影响收购的成败。

联想首先做出承诺，三年内保证原 IBM 雇员基本薪酬不降低，为整合薪酬体系留出时间。然后组建工作委员会，聘请专业咨询机构进行辅导，对 IBM 薪酬现状进行调查，掌握 IBM 的历史数据和当前员工期望值。通过薪酬调查，有助于联想全面而完整地把握各个地区薪酬平均水平下 IBM 的薪酬状况，估算并购后的薪酬开支；有利于制定 IBM 并购后的薪酬政策和调整国内团队的薪酬结构水平。联想聘请美国薪酬专家 Ezara 担任专管薪酬的副总裁，在美国成立了薪酬福利项目组，负责设置全球薪酬体系。联想确立了薪酬调整的总体方向：在原联想薪酬体系上，增加固定工资比例，降低可变薪酬比例；在原 IBM 工资体系上，降低固定工资比例，增加可变工资比例。同时，逐步上调联想员工整体收入。最终，所有联想员工实现薪酬一体化。新的薪酬构架更多地考虑了外部竞争性，同时兼顾了不同国家的生活水平，在同一区域的不同职能部门之间实行不同的薪酬政策，并且向着有利于员工施展才能的宽带式薪酬靠拢。2007 年，联想宣布收购成功。

8.13　战略目标调整下如何进行薪酬管理

很多企业在发展过程中都可能做出重大的战略调整，重大战略调整会给薪酬管理带来哪些变化呢？

首先，要判断战略调整后对人才的需求是否发生变化。其实，这个问题的答案是肯定的，重大战略调整必然带来人才需求的变化。战略调整会带来两方面变化：第一是原有人才不能适应新战略方向；第二是新战略需要新业务方向的人才。

以大家熟悉的潘石屹 SOHO 中国为例，SOHO 中国本是商业地产开发商，开发项目主要是写字楼，2012 年潘石屹宣布 SOHO 中国业务转型，从开发销售写字楼转型为出租写字楼。这一业务转型首先使原有员工——包括投资、设计、工程、销售等一系列岗位将没有用武之地，这批员工未来只能裁减或自然离职。出租写字楼属于物业管理，高档写字楼就需要高档物业管理人才，大批此类人才必须从外部市场招聘。从 SOHO 中国的案例可以看出，战略调整带来的人才需求调整，人才需求调整必然带来薪酬管理调整。还是从 SOHO 中国的案例看，战略调整后，商业地产开发系统薪酬将不会增长，甚至会有所下降，挤出富余人员，并建立符合物业管理业务特点的薪酬体系，SOHO 中国绝对不会让物业人才沿袭使用地产人才薪酬体系的，因为物业行业和地产行业的薪酬水平差异还是非常大的。

战略调整后不及时调整薪酬体系，原则上战略也很难实现。

苏宁过去是一家传统的实体电器销售企业，2009 年在全国拥有 941 家连锁店，销售额达到 1170 亿元，成为中国最大的商业零售企业。但是，由于电商的激烈竞争，苏宁思考要战略转型，全面“触网”，上线苏宁易购，全面迎接电商时代到来。

从线下连锁经营到线上电商的重大战略调整，苏宁内部的人才结构也必须进行系统化更新和改造，从原来的店面销售和管理人员，改为更多 IT 技术人才、金融人才，高级管理人才。从 2012 年到 2014 年的 3 年时间里，苏宁从社会上招聘了 1600 多名中高层人才，这比前十年苏宁引进的中高层人才的总和还要多，占到苏宁总部中高层总数的 40%。

苏宁从过去的行政管理优先，转向激励管理优先，从物质奖励为重，转向股权激励和员工事业发展为重，并在激励机制方面做出改变。股权激励得到更大面积的运用，在员工职业发展方面，给予更多的政策，构建更多的发展渠道。员工不是简单挣钱，还要有自己的爱好和追求。

苏宁转型的成功在 2014 年下半年就已经显示出来。2014 年第三季度、第四季度，苏宁开始发力，营业收入同比增长分别为 15.90%、16.31%，其中，互联网业务同比增长分别为 52.26%、42.25%。最终，苏宁在 2014 年实现营业收入、利润总额、归属于上市公司股东净利润 1089.25 亿元、9.73 亿元、8.67 亿元，分别较上年同期增加 3.45%、573.62%、133.19%。半年内，利润和电商规模的大反转，淹没了此前的质疑，证明苏宁转型选择的正确。

8.14　为什么可以将薪酬绩效业务托管

薪酬绩效管理的专业性要求特别强，做好了确实能对公司发展带来明显的促进和保障作用，但是如果做不好，也会带来很多的负面效应，如员工抱怨，士气低落，离职率增加，影响公司发展。所以，薪酬绩效激励是企业管理中不可忽略的核心工作。

如果公司有实力，加大薪酬绩效激励管理的投入，可以参照本书第九章 9.10“薪酬绩效激励中心的建议”一节中所讲的思想，在公司内部建立薪酬绩效激励中心，专岗专责，会取得较好的效果。当然，这样做对部分企业来说成本太高，企业难以负担，不说其他管理成本，就是这个部门聘请有经验的 3 ~ 4 个人，每年的人力成本就要在 100 万 ~ 200 万元。

对于大多数公司，考虑到成本价值最优，可以将薪酬绩效管理业务托管给专业服务机构，这样既可以控制成本，又可以得到专业团队的服务。未来薪酬绩效托管会成为一个产业。

薪酬绩效管理业务托管与薪酬绩效咨询的区别在哪里？

薪酬绩效咨询主要是提出方案，对部分国内公司协助落地，但也仅仅是首次实施的时候帮助企业进行测算和宣讲，正常运转之后基本就不会再做辅导。但是我们都知道，刚刚设计出来的制度可以在公司开始执行，但是执行一段时间之后需要进行必要的修订和完善，但是这时咨询机构已经不再提供服务。薪酬绩效托管则从制度设计、落地实施、中期修订完善、后期改进提升，每个步骤都要深度参与，为业绩提升持续保驾护航。举个例子，薪酬绩效咨询就是卖给你一辆车，薪酬绩效托管则是不仅卖给你一辆车，还有后期保修和维修服务。越来越多的企业已经明白，单纯的咨询服务可以解决企业一时的口渴，但不能解决未来运营过程中的缺水问题。

其实，薪酬绩效托管也不新奇，如同很多酒店的管理是由酒店管理专业公司完成的，很多社区的物业是交给物业管理公司服务的，写字楼的员工餐厅是承包给专业团餐企业经营管理的，未来薪酬绩效托管就非常正常了。

薪酬绩效托管，到底都把什么托管了？

第一，薪酬绩效制度体系建设和完善；

第二，中短期目标制定；

第三，组织员工绩效考核与奖励机制设计；

第四，员工薪酬水平策略制定与工资含量比例管理；

第五，核心骨干人才培养与筛选。

8.15 薪酬咨询外包如何选择咨询机构

借助专业咨询机构进行薪酬体系设计、绩效体系设计的企业越来越多，如何选择合作的咨询机构成为一个难题。

选择咨询机构也有讲究，选错了不是小事，公司钱花了，但方案不落地，责任要由老板承担。

土豪公司要选贵的

选咨询公司之前，先评估一下自己公司的情况。

如果你是不差钱的知名土豪公司，其他因素都不要考虑了，直接选著名咨询机构，国际著名咨询机构更好，永远不会错。即便错了也没错，因为其他机构更“不会对”。

土豪公司，要注重的是品牌对等，美世、翰威特、合益都不错。这些咨询机构的价格肯定是贵不少，毕竟你是去北京饭店吃炒白菜，贵是应该的，是值的，但他们见多识广可以解决你们难以处理的棘手问题。

如果不是土豪公司，选择薪酬咨询机构最关键的三点是选好项目经理、选好项目经理、选好项目经理——重要的话说三遍。

合伙人不做项目

第一次和你接触的一般都是销售人员，通过接触试探一下你们的意愿和实力。如果判断你们确实要请咨询公司来做咨询而且有支付能力，那么销售人员会带合伙人拜访你和你的领导。咨询公司就靠合伙人接单为生，合伙人就是大销售。不管合伙人资历多么丰富，做过多少项目，你必须明白合伙人是不会给你做项目的。合伙人的责任就是接单，接单成功，他会安排一个项目经理来执行项目，然后就跑去接下一单了。

别太在意“方案”

别太在意合伙人给你拿来的厚厚的所谓为你订制的“方案”，不说全部吧，98% 的内容都是复制来的，里边只有你们公司的名字是“新鲜”的，Control+F 更改了一下而已。如果你足够仔细，很可能从方案里看到其他公司的名字。别生气，给你的方案也是加班改出来的，他们不容易，理解万岁吧。

项目经理是干活的

还是说项目经理吧。项目经理负责项目实施，其实就是干活的，随机带上一两个年轻人就可以组成项目组了。项目经理在公司内部可以跟着一个合伙人干，也可以接其他合伙人的活，反正不能没有项目干。咨询公司都是按项目支付报酬的，没有项目期间工资是很低的。说到这里，你应该理解了，你遇到的项目经理都是和你有“缘”的，在这个特定的时间，恰好你的项目签了合同，他恰好结束了一个项目。

到这里你应该明白，项目经理是很“随机”的。想遇到好的项目经理靠什么？靠你的运气。所以探讨如何选好项目经理这个话题就有些伪命题了，项目经理很难选或者选择的余地不大。

在选择余地不大的情况下，我们也要对项目经理有所判断，到底这个“随机”的项目经理合不合适呢？

如何选项目经理

第一，要看项目经理的经历。

通常这些项目经理的履历都被精心包装过，不过是几块小月饼，非要弄个特大盒子唬人。看经历要先看他进入咨询行业之前的履历，其实之前的履历不用太辉煌，之前的履历比较稳定且有一定职务为宜。职务代表他的层面，稳定代表他的经验。没有职务，考虑事情不周全，方案不能照顾到各方利益；工作不稳定，沟通协调能力差，方案的有效性和可行性差。当然，你也不要期望在项目经理里遇到履历过于惊艳的人，那基本是包装的，是假的。这种人不是没有，是比较少，很难遇到，因为他们在咨询行业生存时间都不长。咨询行业是苦差事，他们熬不住的，一般用不了太长时间就跳槽回去当甲方了。能在咨询行业留下来打拼的，多数是之前经历不那么理想，希望在咨询行业突破一下，以后改变职业生涯的。MBA 毕业就从事咨询职业的就不说了，由于工作经验较少，管理体会不深，方案的针对性欠缺，可行性会打折扣。

除了看进入咨询行业之前的经历，还要看进入咨询行业之后的经历。不要被他简历上做过的项目忽悠了，有的人年纪轻轻就做过很多项目，细问一下，全是给人打下手的。进入咨询行业之后的经历主要看稳定性，在咨询公司之间频繁跳槽的不要。还要看以他为项目经理的项目有哪些，给这些项目的甲方负责人打电话咨询是较好的办法。当然，这种调查也别太当真了，可以做个参考，至少可以核实他在那个项目里是不是项目经理。

有些公司特别重视项目经理是不是做过自己所在行业的项目，这个重要吗？如果你不是想让他给你“复制”一套方案，同行业咨询的经验不重要。如果需要复制还用花这么多钱吗？到百度文库搜索一下，说不准就省了一笔钱。

第二，要看项目经理的能力。

这个可能比第一条更难。没关系，教你一个方法，你让项目经理把项目实施的流程写清楚，步骤不能少于 8 步，每个步骤都要求做到“时间明确、结果清晰”。这还没有完，然后把每个步骤再分为 8 个操作步骤，每个步骤再要求做到“时间明确、结果清晰”。如果都能说明白的，就可能是一个好的项目经理，至少他脑子是清楚的。如果见了一个项目经理无法做出判断，见上三个项目经理你就能判断孰优孰劣了。

做个总结：选咨询机构，重要的不是选机构，而是选项目经理。

8.16　薪酬咨询项目如何落地

薪酬咨询项目如何落地，这是一个长久的话题，有咨询就有落地。做薪酬咨询，薪酬落地是必需的。就像设计汽车，停车是必需的。

国外很多大的咨询机构只负责撰写薪酬咨询方案，完全不负责项目落地，这也算是一种惯例吧。国内企业独树一帜，一般都负责落地，但落地效果不一。

薪酬落地分三类

项目落地大致可以分为三大类。第一类，软着陆。软着陆听着就舒服，项目顺顺利利推进，非常平稳地被接受，各方欢喜。这是咨询项目的高境界。第二类，硬着陆。硬着陆听着就“叮呤咣啷”，磕磕绊绊，矛盾重重，怨声载道，最后由大老板强硬推行。第三类，未着陆。方案根本没有着陆，飞向了外太空。原因当然有很多，主要是矛盾太多，大老板心虚胆寒不想强推了。

薪酬咨询落地确实不易，笔者在《薪酬设计实战》一书中专门拿出一章（第九章“落地工资方案”）介绍如何让薪酬咨询项目平稳落地，薪酬落地本身就是薪酬设计流程中的重要一步，薪酬设计之前的各步骤，从某种意义上就是在为项目落地做铺垫。

薪酬设计的本质是激励，薪酬咨询的目标是能落地。薪酬咨询要完成两个任务：激励和落地。不负责项目落地的咨询公司，咨询方案更好看，显得更有激励性，这也是东家最想看到的。但是这种方案好看不好用，花拳绣腿，落地推行阻力大，搞得鸡犬不宁，如果老板没有点影响力、没有硬朗的行事风格，到最后还真骑虎难下。负责落地的项目方案考虑相对周全，虽然落地相对容易，但存在设计保守、激励不足的问题，就像吃一盘口味偏淡的菜，味道不足。拿捏好这个度确实需要水平。

薪酬不能落地的三个原因

如果汇总失败的薪酬设计案例，我们会发现一些共性的问题，预防这些问题将有助于项目落地。

第一，中层干部参与不够。项目落地的关键就在于中层干部，如果中层干部理解方案，支持方案，方案自然就很好地落地。即便部分员工不理解，中层干部能直接给予正面的解释，矛盾化解于无形。如果中层不理解不支持，当员工来抱怨自己的不满，他们说，“我也是这么认为的”，员工一下子就有了靠山一样。所以，薪酬咨询项目要充分调动中层参与，广泛征求他们的意见，在征求意见过程中潜移默化地把他们争取到公司一边，成为薪酬方案的支持者。中层支持的方案，基本就能落地，中层反对的方案，失败的可能性很大。即便老板推动，强硬着陆，员工有情绪无法化解，要不消极怠工，要不跳槽换地方。

第二，缺乏方法论。咨询公司做项目一般都是有方法论的，就怕被咨询公司（东家）怕麻烦，这不做那也不做。薪酬设计中固有的三个重要方法论：岗位价值评估、薪酬调查报告、胜任度评估。这三个方法的结合应用对薪酬设计方案本身有重要保障，同时是薪酬项目落地的重要依据。如果你开车去接一个人，他告诉你在长安街，请问你怎么能接到他？一定要问他是在长安街哪个大街的交口处。使用两个维度才能准确判断一个人的位置。同理，岗位价值评估是保证岗位内部公平性，薪酬调查报告是保证岗位外部公平性，两个方法结合使用才能准确判断岗位薪酬水平。少用一个方法可以不可以呢，当然可以，无非是你从西长安街找到东长安街呗。同样，少用一个方法意味着付酬不准确。付酬不准确有什么问题？就是一部分人不满意，一部分人支付薪酬过多，这种不公平你看不出来，但未来解决成本很高。不满意的人要不辞职、要不你迫不得已加薪。胜任度评估是评估人和岗位匹配度的，不仅是准确付酬的方法，而且也是未来解决员工加薪的一个机制。如果没有胜任度评估制度，设计好的薪酬制度用不了几年可能就慢慢失效了。如果这些方法都不用，只能说你们公司管理的理念还很滞后。这个时代，员工已经不是以前的员工，员工的理念都很先进，当他们超越公司的时候，就是他们重新选择的时候。

第三，员工利益受损。员工利益受损的方案几乎都要失败。“朝三暮四”的故事大家都明白，在收入不变的情况下转变发放方式，让大家都满意。如果薪酬方案的结果是“朝三暮三”或让员工预期“朝三暮三”，这个方案可以肯定地说会失败。公司小还好，公司大了就可能造成员工罢工，这样的案例可不少。更高的水平是“朝三暮五”，通过正常努力，员工收入按预期增长。

落地策略

薪酬设计项目中有两个关键因素容易被忽视，一是激励机制；二是激励变量。激励机制和激励变量同时作用得出激励水平（激励水平不代表激励效果，激励水平过高很可能效果很差，只有恰当的激励水平才能取得最好的激励效果）。举个不太恰当的例子，养老保险中企业缴费费率为20%，这是激励机制，机制相对稳定，一般不变；养老保险的基数就是激励变量，根据一定的规则而变化。随着社保基数的逐年增长，社保的激励水平逐年增长。

现在我们要说，公司要落地一个薪酬咨询方案，最好的策略是保持一个各方可接受的激励水平，不露声色地成功推行公司期望建立的激励机制。在激励机制被接受后，公司再逐渐调整激励变量，将激励水平调整到公司的预期。那些被员工抵触的方案操作正好相反，追求过高的激励水平，让东家误解这样对企业最有利，然而最终造成激励机制无法建立。

做个总结：薪酬咨询项目要关注激励和落地。激励水平由激励机制和激励变量决定，薪酬咨询应首先关注激励机制的建立，逐步调整激励变量，让激励水平取得较好的激励效果，这是薪酬落地的最佳策略。

9 第九章

集团公司薪酬分配管控与激励——母子公司管控之道

如何为子公司总经理定薪?

集团如何对子公司进行工资总额管控?

如何设计分子公司激励机制?

如何设计公司总部年终激励方案?

如何设计项目型子公司激励机制?

如何设计任期奖励制度?

如何设计利润分享计划?

薪酬绩效激励中心如何建设?

如何进行薪酬审计?

集团公司对子公司的薪酬管理一直是个难点，传统的管理手段是工资总额管理、人员编制管理，新的管理思路是抓利润、现金流、人均效益增长，本节将为读者介绍更多的管理手段。

9.1 如何为子公司总经理定薪

为子公司总经理定薪确实不容易，主要表现在：

第一，子公司市场规模不同。例如，有的子公司市场规模 1000 万元，有的子公司市场规模 1 个亿，差距较大；

第二，子公司价值贡献与委派的高管资料不匹配。例如，市场规模 1000 万元的子公司委派了一个资历较高的总经理，或者，市场规模 1 个亿的子公司委派了一位年轻的总经理。

第三，子公司所处行业不同。例如，地产公司的总经理薪酬行业水平非常高，高速公路运营公司总经理的薪酬就比较低，前者市场化水平高，盈利水平高，后者几乎不用太多努力，正常运营即可。

第四，市场化招聘总经理和自行委派总经理薪酬区别也很大。通常，市场化招聘的总经理，薪酬要求都较高，尤其是自己公司没有这类人才时，矛盾就更为突出。

第五，委派到高薪子公司和委派到低薪子公司区别很大。都是总部派出的干部，在相同条件下本来薪酬应该相同，但是被派到地产公司任职和被派到高速公司运营公司任职薪酬也是不同的，因为所处行业不同。

以上诸多因素决定了为子公司总经理定薪是一个非常麻烦的问题。

给子公司总经理定薪的核心原则是兼顾公平与效率。所谓公平就是兼顾内部公平和外部公平。一个薪酬水平很一般的公司，要投资开发房地产，自己公司没有合适的房地产开发人才，这时企业有两种选择，要么从市场招聘专业房地产开发总经理，要么从自己公司矬子里拔将军委派总经理。如果按照市场薪酬付酬，高薪招聘有房地产开发经验的总经理，这讲究的是效率。如果自己公司委派干部去开发这个地产项目，薪酬高于其他子公司总经理但是又低于房地产行业总经理薪酬，这就是公平。

对子公司总经理定薪时应考虑以下几种基本情况：

1. 处于不同行业的子公司总经理薪酬，要按照市场原则定薪，也就是高薪酬行业的定高薪，低薪酬行业的定低薪。只有这样才能适应市场化人才的引进、保留，也有利于自己培养的人才稳定。还是那个案例，房地产项目公司总经理要比高速公路运营项目公司总经理薪酬高。

2. 相同行业的子公司总经理，要根据子公司管理难度定薪。管理难度大的子公司总经理薪酬高，管理难度小的子公司总经理薪酬低。

3. 相同行业、相同管理难度的子公司总经理，要按照干部来源定薪。如果是本地聘请的总经理，要按照当地总经理市场价格定薪。如果是总部派遣的干部，如果子公司所属行业薪酬高，参照行业薪酬略低定薪；如果子公司所属行业薪酬低，那么应保持本人薪酬不降低原则定薪。

4. 干部被总部委派到不同行业子公司任总经理，如果子公司所属行业薪酬高，参照行业薪酬略低定薪；如果子公司所属行业薪酬低，那么应保持本人薪酬不降低原则定薪。

9.2　某投资控股子公司负责人薪酬管理实践案例

某投资公司下属子公司有 40 余个，分别属于高速公路、港口码头、土地一级开发、房地产、金融等领域，各子公司处于不同发展阶段，有的是初创未盈利，有的是运营期还在亏损，有的是盈利期但工作量不大。该公司根据几个关键要素确定子公司总经理薪酬水平，方法科学，照顾全面，奖勤罚懒，起到了很好的作用。

投资公司控股子公司负责人薪酬管理办法

第一章 总 则

第一条 目的

为建立健全投资公司对各控股子公司负责人的激励与约束机制，进一步提升各控股子公司负责人的工作积极性与创造性，促进各控股子公司提升经营业绩，确保投资公司经营目标的实现，特制定本办法。

第二条 适用对象

本办法适用于公司下属控股子公司主要负责人，包括董事长和总经理。控股子公司是指投资公司持有其50%以上的股份，或者出资额虽然不足50%，但依其出资额所享有的表决权已足以对董事会、股东（大）会的决议产生重大影响的子公司。

控股子公司其他高管人员的薪酬由各控股子公司比照本办法按规定比例计发。

第三条 薪酬界定

本办法所称控股子公司负责人薪酬是指控股子公司在一个经营年度直接付给控股子公司负责人的全部工资性收入，不包括按照国家规定取得的、目前尚未纳入工资管理范围的保险福利和劳动保护费用等工资外收入以及创造发明奖、政府特殊津贴等。

第四条 基本原则

本办法遵循以下原则：

（一）坚持激励与约束相统一，薪酬与经营责任、风险相一致，与经营业绩紧密挂钩，有奖有罚。

（二）坚持内部公平性与差异性并举，在投资公司统一调控的基础上，适当考虑各控股子公司之间的差异性。

（三）坚持短期激励与长期激励相结合，促进控股子公司可持续发展。

（四）在加大激励力度的基础上，兼顾薪酬成本与层级差距，维护投资公司、控股子公司负责人、员工等各方的合法权益。

第二章 薪酬构成及确定

第五条 薪酬构成

控股子公司负责人薪酬由基本薪酬和绩效薪酬两部分组成。

第六条　基本薪酬

基本薪酬是子公司负责人的年度基本收入。

控股子公司负责人的基本薪酬 = 薪酬测算基数 × 综合调节系数

薪酬测算基数 = 投资公司总部部门正职职档一年薪酬标准 ×60%

综合调节系数由六个参数构成，包括岗位价值（重要性）、利润额（经营）、投资额 / 营业收入（工作量）（BOT 在建、城市综合开发类子公司使用投资额指标，运营、地产类子公司使用营业收入指标）、工资投入产出比（管理水平）、市场薪酬水平（市场）、总经理系数。

计算公式：综合调节系数 = [（岗位价值系数 + 利润总额系数）×50%+ 投资额系数 / 营业收入系数 ×40%+ 工资投入产出比系数 ×10%] × 市场薪酬水平系数 + 总经理系数

年初进行基本薪酬测算时，以上各项指标数值以投资公司批复计划目标为依据。年终实际业绩低于目标时，基本薪酬根据实际结果重新核算；年终实际业绩超越目标时，基本薪酬不做调整。

第七条　绩效薪酬

绩效薪酬是指与控股子公司负责人经营业绩考核结果挂钩的奖励性薪酬。以基本薪酬为系数，根据控股子公司负责人的年度经营业绩考核结果确定实际绩效薪酬。具体计算公式如下：

控股子公司负责人绩效薪酬 = 绩效薪酬基数 × 绩效考核系数

其中，绩效薪酬基数为基本薪酬的 0.7 倍，绩效考核系数 = 绩效考核分 ÷100。绩效考核分数由相关部门依据相关规定提供。

第八条　特殊奖励

对于主要经济指标完成数超过计划目标的控股子公司负责人，将一次性给予额外特殊奖励，具体数额由投资公司领导研究确定。

第三章　薪酬结算

第九条　计算内容

（一）控股子公司负责人基本薪酬和绩效薪酬。

（二）控股子公司负责人风险抵押金当年数和历年累计数。

第十条 考核结算程序

（一）由投资公司战略规划部会同有关部门，在考核年度4月底前，根据本办法第二章第六条的规定，按上年度各控股子公司的财务决算统计数据，计算实行本办法的控股子公司负责人基本薪酬，报投资公司领导研究同意后发文下达。

（二）结合各控股子公司负责人年度绩效目标，进行初步考核，提出考核建议，由投资公司总经理办公会最终审定各控股子公司负责人年度绩效考核得分及绩效考核系数。人力资源管理部门根据各控股子公司负责人年度绩效考核系数计算年度绩效薪酬。

（三）各控股子公司负责人薪酬兑现数额经投资公司总经理办公会讨论决定后，由人力资源管理部门将控股子公司负责人的当年薪酬结果（薪酬总额、绩效薪酬、当年风险抵押金、历年累计风险抵押金等）分别书面通知其所在单位。

第四章 薪酬的支付和列支

第十一条 风险抵押金支付

控股子公司负责人年度绩效薪酬的20%，作为风险抵押金延期兑现。经投资公司总部内部审计合格后，保留最近1年暂扣的风险抵押金，其余发放。

第十二条 薪酬列支

控股子公司负责人的薪酬是控股子公司工资总额的组成部分，应随同其他工资总额在成本（费用）中列支。办法是：当年支付的薪酬直接在当年成本（费用）中列支，其他应兑现（扣除）的薪酬在次年的成本（费用）中列支，以此类推。同时，控股子公司财务部门在“应付工资”科目下设置“企业负责人薪酬”明细科目，具体核算控股子公司负责人的薪酬发放情况。

第五章 薪酬管理

第十三条 薪酬管理机构

投资公司人力资源管理部门是控股子公司负责人薪酬的管理机构，主要负责拟定、调整控股子公司负责人薪酬管理办法；负责控股子公司负责人基本薪酬、绩效薪酬的计算、统计与检查等。

第十四条 个人所得税

控股子公司负责人的薪酬应依法缴纳个人所得税；其个人收入申报按国家有关规定执行。

第十五条　福利安排

控股子公司负责人养老、医疗等社会保险和住房公积金等按国家及地方政府的有关规定执行。

第十六条　薪酬调整

投资公司人力资源管理部门根据公司效益水平、经营目标实现情况等定期对控股子公司基本薪酬标准值提出调整意见，报投资公司领导研究后确定。

第十七条　特别提示

控股子公司负责人不得从本企业取得投资公司规定之外的其他工资性报酬。对违反规定从本企业外获得个人收入的负责人，除扣除超领的收入外，同时扣除当年绩效收入的20%，并予以通报批评。

控股子公司党委书记的薪酬标准与控股子公司负责人的薪酬标准相同，其他领导班子成员的薪酬标准按控股子公司负责人的0.5 ~ 0.9倍计算，具体倍数由控股子公司自行确定；控股子公司党委书记、其他领导班子成员的薪酬发放形式按本办法相关规定执行。

第六章　附　则

第十八条　本办法由公司人力资源管理部门负责解释。

第十九条　本办法自印发之日起施行。

（本案例来自网络，作者不详）

9.3　集团如何对子公司进行工资总额管控

集团对子公司的薪酬管控是一个常见问题。有效的薪酬管控有三个关键点：一是对子公司员工编制的控制，集团总部很难掌握子公司准确的人员需求；二是薪酬总额的增长机制，如何建立一套系统的、科学的、可持续的工资总额增长机制，既能保证员工合理回报，又能保证薪酬增长与公司整体绩效挂钩，还能保证人均薪酬增长率低于人均贡献增长率；三是合理的过程控制，企业应建立年初预算、月度（季度）预清算、年底清算的薪酬总额管控机制。

年底薪酬总额由本年度薪酬基数、增（减）人薪酬、效益薪酬、单列薪酬和清算薪酬五部分构成。计算公式为：年度薪酬总额 = 本年度薪酬基数 + 增（减）人薪酬 + 效益薪酬 + 单列薪酬 + 清算薪酬。

本年度薪酬基数是经集团审核确定的、用于计算子公司年度薪酬总额提取量的基准。

增（减）人薪酬是因成建制划入人员或在定员标准内增加（减少）人员，在薪酬基数的基础上的增（减）资。

效益薪酬是依据当年所属企业考核情况，按照绩效考核办法在薪酬基数的基础上增长的薪酬。

单列薪酬是集团根据年度工作目标，统一安排的年度单项奖励资金、企业年金、福利津贴等薪酬项目。

清算薪酬是指对上年月（季）度预清算的修正和清算上年薪酬（一般清算是在下一年度初）。

（一）对子公司员工编制的控制

由于子公司战略规划、盈利模式、经营目标的调整都可能带来员工编制的变化，所以管理子公司员工编制较难，子公司总是找各种理由增加员工编制，背后的动因除“人多好干活”外，还有“吃空饷”的想法。子公司员工编制部门盲目增长，可能造成人力成本过快增长，但是也不能简单粗暴地压缩编制，否则会影响子公司的业务增长。

定岗与定编密切相关，定岗定编的目的是实现“人、岗、事”的匹配，达到人尽其才，才尽其用。围绕企业经营目标为中心，才能科学、准确地进行定岗定编。

定岗定编的第一个原则是“精简有效”，可以参考同行业标准，同时要结合企业实际情况。如何体现精简有效有时很难界定，如果用数据说话，那就是劳动生产效率逐渐增长，人均贡献越来越大。

定岗定编的第二个原则是职能类人员的比例不增长，甚至逐渐下降。职能类岗位是不能直接增加价值的，这类岗位编制要严格控制，尽量与非职能类岗位合并。

定岗定编的第三个原则是管理人员比例不增长。管理人员多会降低管理效率，沟通成本增大，应尽量保持管理人员比例。

（二）薪酬总额增长机制

1. 增长机制

薪酬总额增长计算公式为：

薪酬总额 =（本年度薪酬基数 + 本年度增人薪酬）× 增长比例

本年度增人薪酬 = 集团人均薪酬 × 本年度净增平均人数

本年度净增平均人数 =（年初人数 + 预计年末人数）/2– 年初人数

2. 增长幅度控制

每年薪酬的增长幅度应该不高于销售收入增长率，只有这样才是良性增长。

（三）合理的过程控制

企业要建立一套包括年初预算、月度（季度）预清算、下一年度清算的透明、公正、高效的薪酬总额过程控制机制来保证薪酬总额控制体系的有效运行。

1. 年初预算

年初工资总额预算的编制包括以下四方面内容：（1）上年度生产经营和经济效益完成情况、工资总额预算执行情况；（2）预算年度生产经营和经济效益预测情况；（3）人员人数、包括在岗员工、劳务派遣人员以及在建项目人员，同时预算年度人力资源配置计划（人员增减计划）；（4）薪酬策略调整情况，员工工资总额预算情况等。

薪酬总额预算方案经过审批后，原则上不再调整。只有在出现重大特殊情况时才可以上报，经集团审批后调整。

2. 月（季）度预清算

月（季）度薪酬总额 = 月度薪酬基数 + 增人薪酬 + 单列薪酬

月（季）度实发薪酬要控制好发放节奏，防止在年度清算时出现超发。集团每月掌握各子公司的薪酬发放情况，对出现超计划发放的单位，要加以关注，及时提醒。尤其是实际业绩与预测严重不符的单位，更要密切关注薪酬发放情况，并做好应对措施。

3. 下一年度清算

集团根据年初预算时各项内容的本年度的实际发生情况编制清算报告，对本年度实际发放的薪酬总额多退少补。

把握好以上三个关键点，可以有效控制子公司薪酬总额。

薪酬总额管理原则有以下几个方面：

（1）坚持薪酬总额预算可控，避免盲目乐观增长。

（2）坚持薪酬管理过程控制，薪酬发放截止与业绩实现同步。

（3）坚持提升人均效率。任何薪酬总额增长的借口，都不能改变坚持人均效益增长的基本原则。

（4）坚持薪酬总额的增长低于效益增长，员工实际薪酬水平的增长低于劳动生产率增长的原则。

9.4 某集团子公司职工收入分配指导意见实践案例

针对子公司薪酬管理，一定要制定相应的文件进行规范，对子公司提出明确的管理以及执行要求。下面的案例是某集团对子公司薪酬管理从 12 个方面提出的具体要求，子公司完全可以落实到位，该集团也可以检查监督，值得借鉴和推广。

下面是某集团对子公司薪酬管理提出的具体的 12 个要求。

1. 要求结合整体发展阶段、发展战略、行业特点、人力资源结构，合理调控各类员工的工资水平和整个企业的工资总额。

2. 要求建立健全服务企业战略、体现绩效评价结果、以分类管理为主要特点的工资总额预算管理制度。

3. 要求完善经营业绩考核评价机制，在工资总额与经营业绩之间建立起密切的工资效益联动机制；坚持效益导向的分配原则，强化“效益升工资升，效益降工资降”的理念。

4. 要求以科学的岗位体系、业绩评价为导向，构建以“岗位绩效工资制”为主的基本分配制度，使职工收入与岗位职责和工作业绩相结合。

5. 要求根据上级管理部门的政策规定，参照当地系统内兄弟单位及同行业企业的薪酬水平，本着“内具公平性和外具竞争力相结合”的原则，合理确定职工工资水平。要不断完善工资效益联动机制，合理调控职工工资的增长幅度，有条件的子公司可以探索建立职工固定薪酬与当期居民消费价格涨幅、劳动力市场价位等因素挂钩，浮动薪酬和企业经济效益挂钩的调整机制。

6. 要求子公司负责人的薪酬由上级管理部门考核确定，不得自定薪酬。经批准在集团内企业兼职的领导人员，不得在兼职企业领取任何工资性报酬；经批准在集团外企业兼职的领导人员，应将企业发放的工资性收入上缴公司财务部门。在制定激励政策时，不得采取“上不封顶、下不保底”的办法，把奖励水平控制在一定差距内。

7. 要求建立健全所属子公司负责人的绩效考核办法和薪酬管理办法，子公司负责人未经上级管理部门批准，不得额外领取其他工资性收入（如业主奖励、科技奖励、过节费等）。

8. 要求子公司负责人的薪酬水平应当与经营业绩考核结果相结合、与承担的经营风险和管理责任相一致、与选任方式相匹配、与所在企业职工平均工资水平相协调，年度薪酬水平的增幅原则上不得超过本企业职工平均工资的增长水平；所属子公司负责人平均年收入一般不得超过该公司领导班子副职平均年收入水平的90%；应不断完善子公司负责人的职务消费管理制度，规范职务消费行为，大力提倡奉献精神。

9. 要求各子公司在调整本部职工收入分配制度时，应将调整后的分配方案报上级管理部门备案后实施。本部门正职的人均年收入一般不得高于本单位主要负责人年收入的60%；本部职工的平均工资增幅（不含公司高管）原则上不得高于本企业全部职工的平均工资增幅，其中对平均工资水平已经高于本企业职工平均工资 5 倍或高于中国交建整体平均工资 1.5 倍的，工资水平原则上不得增长。公司效益下降的，公司本部的职工工资总额、人均工资水平应当下降，下降幅度不得低于一线职工，同时，岗位级别越高的工资降幅应当越大。

10. 要求严格规范工资列支渠道，不得多头提取或重复计提工资性收入，不得超预算提取或发放工资总额，不得以任何形式在“应付职工薪酬”科目外列支人工成本项目。

11. 要求严格规范福利费发放行为，职工福利费项目的设立或调整要依法合规、量力而行、标准合理、管理透明。职工福利费应当纳入工资总额管理，不得在福利费及其他人工成本费用中列支任何工资性支出。职工福利制度改革调整方案等重大事项应报上级主管部门批准后实施。

12. 要求积极推动收入分配管理从工资总额管理向人工成本管理过渡，逐步将各项保险、福利费、住房公积金等职工工资外收入纳入预算管理范围，与工资总额统筹管理。要求建立人工成本预警制度，加强人工成本监督审计力度，提高人工成本管理水平。

（本案例来自网络，作者不详）

9.5 如何设计分子公司激励机制（含某科技公司办事处绩效激励实践案例）

本节研究的是业务一体化下的分子公司绩效激励机制设计。

业务一体化，主要是指分子公司业务接近，管理方式接近，目标一致，数量相对较多，可以开展竞赛。这类企业在设计激励机制时要掌握的基本原则是：

1. 在各分子公司之间尽量开展业务竞赛。由于业务非常类似，具有开展竞赛的条件，将极大地提升绩效激励的效果。

2. 绩效指标单一且一致。为了便利分子公司竞赛比拼数据，建议采用统一的绩效指标，指标不宜多。

3. 使用增长率指标。由于不同分子公司处于不同业务规模，使用增长率指标进行竞赛更为公平。首次使用增长率指标可能存在一定问题，实施 2 年以后基本正常。

4. 独自利润分享。分子公司独立核算，分享自己创造的利润，有利于调动积极性。

下面这个案例是某电信科技公司在下属办事处开展业务竞赛并分享利润的制度。

某科技有限公司办事处绩效激励办法

第一章　总　则

第一条　宗旨

激发办事处市场开拓的积极性，提升管理水平，改善增长质量。

第二条　适用范围

适用于各地办事处。

第二章　绩效考核

第三条　考核周期

公司每季度组织对办事处（简称被考核单位）绩效考核一次。下年度初进行年度考核。

第四条　绩效考核指标

被考核单位季度和年度考核指标均为合同额增长率。

第五条　合同额增长率计算

公司合同额增长率 =（最近 1 年同期执行合同额增长率 ×0.7+ 最近第 2 年同期执行合同额增长率 ×0.3）× 公司修订系数

公司修订系数是公司根据未来市场发展趋势做出的理性修订。

第六条　被考核单位合同额增长率

1. 被考核单位合同额增长率设置底线目标、正常目标、挑战目标。

1.1　底线目标：被考核单位底线目标为公司合同额增长率。

1.2　正常目标：被考核单位正常目标为公司合同额增长率 ×1.2。

1.3　挑战目标：被考核单位挑战目标为公司合同额增长率 ×1.4。

2. 以上方法既可以用于被考核单位年度目标设置，也可以用于季度目标设置。

第七条 被考核单位合同额增长率的考核

1. 按照被考核单位合同额增长率高低进行绩效分级，绩效成绩分布见下表。

	A（优秀）	B（良好）	C（合格）	D（待改进）
增长率	排名前 30% 且达到正常目标	排名前 70% 且达到正常目标	未达到正常目标且非排名后 10% 且不低于底线目标	排名后 10% 或低于底线目标

2. 各单位季度绩效考核应在下一季度首月 10 日前完成。

3. 各单位年度绩效考核应在下一年度 1 月 10 日前完成。

第三章 绩效激励

第八条 季度奖金

当被考核单位季度绩效考核成绩为 D，所属员工季度奖金全部停发。

当被考核单位季度绩效考核成绩为 C，所属员工中考核成绩为 A、B 的员工发放季度奖金，绩效考核成绩为 C、D 的员工季度奖金停发。被考核单位主任、副主任季度奖金停发。

当被考核单位季度绩效考核成绩为 A 或 B，所属员工中考核成绩为 A、B、C 的员工发放季度奖金，绩效考核成绩为 D 的员工季度奖金停发。

第九条 被考核单位正副职季度绩效工资

每个季度绩效考核成绩应用于被考核单位正副职下一季度各月的绩效工资计算。实发绩效工资 = 绩效工资标准 × 绩效考核系数

绩效考核系数根据绩效考核等级确定，详见下表：

绩效考核等级	A（优秀）	B（良好）	C（合格）	D（待改进）
绩效考核系数	1.1	1.0	0.8	0.6

第十条 被考核单位正副职奖惩

被考核单位年度绩效为 A，被考核单位正副职薪级晋一级。

被考核单位连续两年度绩效为 B，被考核单位正副职薪级晋一级。

被考核单位连续两年度绩效为 C，被考核单位正副职薪级降一级。

被考核单位年度绩效为D，被考核单位正副职薪级降一级。

被考核单位连续两年绩效为D，被考核单位正职免职待岗学习，副职不能晋升为正职。

第四章　年终奖金

第十一条　被考核单位年终奖金关键指标

1. 毛利

2. 毛利增长率

3. 人均毛利增长率

4. 年度考核结果

第十二条　毛利的计算

1. 毛利的计算

1.1 集成业务：毛利 = 工程合同额 – 施工费 – 辅材费 – 分摊的被考核单位直接费用 – 税 – 资金成本 – 管理费分摊

1.2 设备销售：毛利 = 销售合同额 – 材料成本 – 直接费用 – 税 – 资金成本 – 管理费分摊

2. 毛利的注解

2.1 被考核单位直接费用是指：人员工资及附加、奖金、办公费、交通运输费、水电费、房租、招待费、返款等，不含公司公摊管理费

2.2 资金成本：∑（各季度对应项目产生的应收账款 – 应付账款）× 贷款利率（按年化利率 5% 计算时间成本）

2.3 被考核单位公用费用分摊：根据项目的毛利按比例分配

2.4 管理费分摊：定额分摊

第十三条　毛利增长率目标设置

1. 被考核单位毛利增长率设置底线目标、正常目标、挑战目标。

1.1 底线目标：被考核单位底线目标为公司毛利增长率。

1.2 正常目标：被考核单位正常目标为公司毛利增长率 ×1.2。

1.3 挑战目标：被考核单位挑战目标为公司毛利增长率 ×1.4。

第十四条　按产品系列计算年终奖金

1. 产品系列年终奖金 =（S0×K0+S1×K1）×V×M×P×T

S0：毛利基数：本年度毛利额中与上年度相等的部分

S1：毛利增长额：本年度毛利额中超过上年度且小于 0.5 倍的部分

K0：针对毛利额基数的奖励系数

K1：针对毛利增长额的奖励系数

产品系列	K0	K1
A	5.8%	7.8%
B	4%	6%

V：针对不同产品设立的虚拟系数

产品类别	普通产品	鼓励产品	特殊产品
虚拟系数	1.0	1.1	1.2

M：毛利增长率系数（整体）

	排名前 10%	排名前 20%	低于平均增长率	排名后 10%	其余
系数	1.2	1.1	0.9	0.8	1.0

P：人均毛利增长率系数（整体）

	排名前 10%	低于平均增长率	排名后 10%	其余
系数	1.1	0.95	0.9	1.0

T：年度考核系数（整体）

	A（优秀）	B（良好）	C（合格）	D（待改进）
系数	1.1	1.0	0.9	0.85

2. 全部产品系列的年终奖金求和即为被考核单位的年终奖金总额。

第十五条 年终奖金分配

1. 被考核单位年终奖金总额扣除季度奖金已发放部分，为当期实际发放金额。

2. 被考核单位提出奖金分配方案，报公司审批。

9.6　如何设计公司总部年终激励方案（含中银国际薪酬激励与约束机制实践案例）

年终激励方案与年终奖金有相似之处但又不完全一样。单纯的年终奖金，很多是预算好的金额或是老板拍脑袋得出的奖金总额，一般与公司业绩挂钩不是很紧密。本节所说的年终激励方案最大的特点，是年终奖金总额与业绩完成情况完全挂钩，可以通过业绩完成的具体数字计算出来。设计年终激励方案，应该注重以下几个要点。

第一，年终激励的奖金总额一定要与业绩完成情况形成可以计算的关系。要选取一个关键指标作为计算年终奖金的基数，这个指标根据企业情况的不同可以选择净利润、利润、毛利、销售收入等。

第二，年终奖金总额除受关键指标实际完成多少的影响外，还应受到几个关键因子的影响。例如，目标达成率、绩效考核结果、特别调节系数等。这些指标将对年终奖金额度产生影响，也是被考核人行为的指挥棒。

第三，有明确的奖金包分配的方法。公司的奖金总额计算出来之后，要将下一级分配方法或比例同时规定清楚。

下面截取中银国际投资控股有限公司《薪酬激励与约束机制操作手段》核心内容与读者分享。

2.1　指导思想

股东权益回报率（ROE）是股东用于衡量企业有效运用资本盈利的能力和考评管理层经营业绩的核心指标之一。A公司管理层坚定地奉行股东利益至上原则，以实现股东权益回报率稳定增长作为公司经营管理的出发点及核心工作目标，通过不断提高市场竞争力与综合盈利水平，致力于实现股东权益最大化，同时为员工的职业发展创造良好的条件。

建立一套服务和服从于《A公司某年发展计划》所明确公司定位及发展战略、符合市场做法的、兼顾股东与员工利益的、董事会与管理层分工明确的、内嵌灵敏成本控制机能的、具有竞争力的薪酬激励机制，并成为2008年年初董事会通过的《激励约束机制》的基础。

根据2008年年初董事会通过的《激励约束机制》的有关安排，我司每年年初董事会审议预算时，均需确定当年主要绩效指标，包括收入、成本、盈利、ROE等；同时，用“净收入”作为“总薪酬”和“总成本”挂钩指标。其中，2007年至2008年“总薪酬”挂钩比率为“净收入”的46%（2006年因考虑中国银行上市项目特殊收益，总薪酬挂钩比率为净收入的43%）；2008年“总成本”挂钩比率为净收入的66%（2007年因考虑中国银行上市项目特殊收益，总成本挂钩比率为净收入的65%）；每年的资本回报率（ROE）不低于董事会确认的当年预算ROE水平。若资本回报率低于该水平，则上述总薪酬提取办法不再适用，由董事会根据当年实际情况决定花红数额。首席执行官对上述指标负总责，并将指标直接或间接分解到各业务单位，执行委员会成员则各司其职，配合首席执行官共同完成任务。

A公司薪酬结构示意图如下。

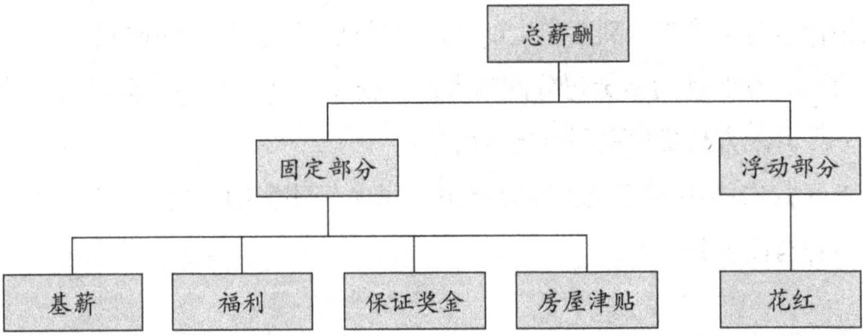

其中，基薪是按月发放的工资；福利按照香港特别行政区有关法规和本公司实际情况制定；保证奖金按月提取，视不同劳动合同发放；房屋津贴因个人税务需要与公司协商安排；花红由管理层根据绩效考核结果发放。

2.2 2008年花红分配方法

2.2.1 如公司当年完成董事会通过的预算股东权益回报率（ROE），将按下述方式计算可分花红；若未达成该回报率，则当年可分花红由董事会确定。

2.2.2 公司按三项条件匡算可分花红：

税后花红的股东权益回报率不低于董事会通过的当年预算股东权益回报率，即2008年预算股东权益回报率为14.57%（2006年该预算回报率为 13.2%）；

2008 年总薪酬与净收入的挂钩比率为 48%［因考虑中国银行上市特殊项目收益，2007 年总薪酬（含花红）的净收入比率为 45%］；

2008 总成本与净收入的挂钩比率为 68%［因考虑中国银行上市特殊项目收益，2007 年总成本（含总薪酬）的净收入比率为 65%］。

2.2.3 参与花红分配的单位

参与花红分配的三组单位如下。

管理层：首席执行官和公司高管人员（公司执委会成员）。

前线板块：投资银行部、证券销售及研究部、金融产品部、直接投资部、资产管理公司（只作并表，不分配花红）、中国公司（只合并利润，不分配花红）。

中后线部门：办公室、人力资源部、风险管理部、稽核部、法律合规部、资讯科技部、营运部、财务资金部、公司秘书部、组织规划部及北京代表处。

2.2.4 首席执行官参照上年度分配比例，在考虑年度经营特点差异后，确定当年在管理层、前线板块、中后线部门之间分配花红的比例

其中，管理层的花红总额由首席执行官提议，董事会确定。该数额占总花红数额的比例有可能高也有可能低，若占比较低，余出部分由前线板块、中后线部门分配；若占比较高，不足部分从前线板块、中后线部门的奖金池内提取。

2.2.5 前线板块、中后线各部门的花红起算点

2.2.5.1 首席执行官以各前线板块的利润贡献比例为基础，并参考往年花红分配比例的平均值和市场数据，决定各前线板块的花红起算点。首席执行官按公司实际经营情况进一步调整板块的花红起算点，主要参考的修正因素包括各板块及部门的营运特点、稳定业务队伍的需要、重点项目扶持的需要、对贡献突出的员工或团队的认可鼓励等。

2.2.5.2 首席执行官基于往年各中后线部门的花红数值，参考往年花红分配比例的平均值和市场数据，并按照当年公司实际运作情况决定各中后线部门的花红起算点，再作修正。首席执行官主要参考的修正因素包括各板块及部门的营运特点、稳定业务队伍的需要、重点项目扶持的需要、对贡献突出

的员工或团队的认可鼓励等。

2.2.6 管理层绩效评估

按董事会所定绩效考核办法分别对首席执行官和公司高层管理人员进行绩效评估。首席执行官的花红，按照董事会制定的与绩效相对应的挂钩方法确定；公司高层管理人员的花红，由首席执行官参照绩效评估结果后提出，并报董事会批准。

2.2.7 计算所涉及概念

净收入，指公司或板块毛收入减去佣金费用及利息支出后的金额；

净利润，指公司或板块净收入扣除人力资源开支（不含花红）、业务开支、折旧摊销、内部分摊成本后的金额；

花红，包含前线板块的“挂钩花红”加“酌情花红”、中后线部门的“基本花红”加“酌情花红”以及管理层“所得花红”；

“挂钩花红”指前线板块按当年定量指标预算和成本控制比例完成情况匡算所得花红；

“基本花红”指按照中后线部门按当年定量基本指标达标情况匡算所得花红；

“酌情花红”指公司管理层根据非量化指标和酌定因素考核后向前后线板块或部门发放的、除挂钩花红或基本花红以外的奖金。

2.2.8 划分挂钩花红 / 基本花红和酌情花红

各前线板块最终花红起算点的 70% 为其挂钩花红，30% 则为酌情花红；各中后线部门最终花红起算点的 50% 为其基本花红，50% 则为酌情花红。

2.2.9 挂钩花红 / 基本花红修正计算方法

（1）前线板块

税前利润预算达标修正：预算达标的板块，其挂钩花红部分保持不变；预算未达标的板块，其挂钩花红部分乘以 0.9，之后进行平衡修正计算；

成本控制修正：成本未超预算比例的，其挂钩花红部分保持不变；超出预算比例的，其挂钩花红部分乘以 0.9，之后进行平衡修正计算。

（2）中后线部门

成本控制修正：未超预算成本比例的，中后线部门的基本花红部分保持不变；超出预算比例的，基本花红部分乘以0.9，之后进行平衡修正。

2.2.10 酌情花红

对于各板块的酌情花红部分，公司管理层按照各板块的非量化绩效指标（即经营绩效指标）的考核结果进行调整。

2.2.10.1 各前线板块按其个别非量化指标的完成情况（满分30分）评估，指标包括：市场份额及排名等、项目储备的价值、创新收益、业务联动绩效、业务队伍和平台建设绩效、风险管理及合规管理工作绩效等；

2.2.10.2 各中后线板部门其非量化指标的完成情况（满分50分）评估，指标包括：年底工作完成情况、业务流程和业务队伍建设绩效、合规管理工作绩效、风险管理工作绩效等。

2.2.10.3 非量化经营绩效指标评分和修正方法。

每一项非量化经营绩效指标分数为1～5分，评分准则如下：5分代表工作绩效显著超过年初所定目标；4分代表工作绩效超过年初所定目标；3分代表工作绩效达到年初所定目标；2分代表工作绩效离年初所定目标有一定的差距；1分代表工作绩效明显低于年初所定目标。

经营指标的总分为30分（前线板块）/50分（中后线部门）。如该部门的总分多于或少于30分（前线板块）/50分（中后线部门），则按比例平均后将分数以30分/50分计算。

花红分配基数的30%（前线板块）/50%（中后线部门）的调整计算方法：总分达到或超过24分将可取得花红分配基数的30%/50%的全部，而总分低于24分调整幅度将由首席执行官决定。

2.2.11 各板块的挂钩花红或基本花红加上酌情花红，构成各板块当年的花红总额，由各前线板块主管、各中后线部门主管确定在各自业务单位内的分配方案

2.2.12 2008年花红分配方法总览

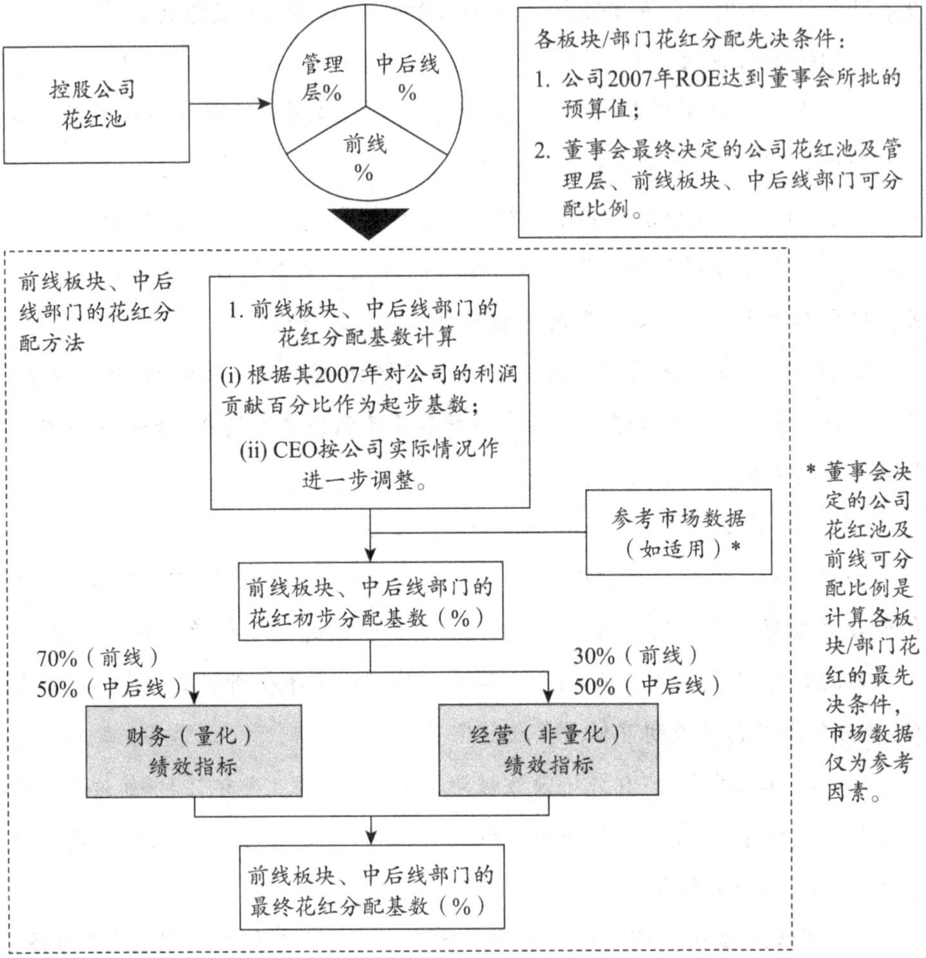

2.3 递延花红计划

A 公司将按照董事会通过的 2007 年递延花红计划确定 2008 年的递延花红分配方案。

（本案例来自网络，作者不详）

9.7 如何设计项目型子公司激励机制（含某地产项目公司项目奖金实践案例）

所谓项目公司是指为某个项目而成立的公司，项目结束后项目公司随之注销或转变职能。例如，某公司在某地区拿到一块地开发房地产，就需要注册一个项目公司，项目开发、销售、验收后，项目公司的使命完成。项目型公司激励机制设计有如下几个关键点。

第一，针对项目全周期设计奖励机制。小项目可能只经历一个周期就结束了，大的项目内部还会划分几个子项目，分步推进实施，项目奖励机制既要照顾到全项目周期的激励，也要照顾到子项目的激励。

第二，项目的四个关键因素是收入、成本、验收、进度。绝大多数项目，只要控制住计划的成本，按照进度交付、正常回款、客户验收满意，这就是管理很好的项目，预期的利润就可以实现。

第三，项目组是奖金核算的基础单位。针对项目的激励，一般核算大项目组的奖金总额，最多核算到项目组主要管理人员的奖金，项目组内部普通成员的奖金分配不做测算，一般由项目组管理人员提出建议。

下面，让我们分享一个地产项目公司的奖金方案。

地产公司项目奖金方案

一、对项目公司进行奖励的意义

对项目公司员工根据项目业绩进行奖励，目的是调动员工工作积极性，激励员工为公司做出更大的贡献，让员工参与分享超额经营成果。

二、奖励的范围

本奖励方案包括项目公司全体员工。

三、奖金的定义与计算

奖金是指公司在完成或超出目标效益后所支付的薪金。

1. 单期项目奖金计算公式

单期项目奖金总额 = 单期回款额 × 单期项目奖金分配系数

若上一期回款额未完成，本期回款额需先补齐上期未完成目标回款额后再计算奖金。

单期总奖金额度上限不超过 12 个月工资标准总额（不含奖金）的 1 ~ 1.3 倍。

2. 全项目奖金计算公式

全项目奖金总额 = 全项目回款额 × 项目奖金分配系数

项目总奖金额度上限不超过 12 个月工资标准总额（不含奖金）的 1 ~ 1.3 倍。

四、项目奖金分配系数

单项目 / 全项目考核系数	单项目分配系数（回款额）	全项目分配系数（回款额）
80 分及以下	0	0
80 ~ 95 分（含）	1.3%	0.3%
95 ~ 110 分（含）	1.8%	0.8%
110 分以上	2%	1%

五、项目经营计划目标与考核方法

1. 核心考核指标：回款额目标

一期回款额目标 ××× 万元，利润目标 ××× 万元；

二期回款额目标 ××× 万元，利润目标 ××× 万元；

三期回款额目标 ××× 万元，利润目标 ××× 万元；

四期回款额目标 ××× 万元，利润目标 ××× 万元；

五期回款额目标 ××× 万元，利润目标 ××× 万元；

全项目总回款额目标 ××× 万元，利润目标 ××× 万元。

考核方法：完成目标考核分为 100 分，业绩每增长 5% 考核分加 5 分，最高加分 30 分。业绩每减少 5% 考核分减 10 分，业绩低于目标 20% 的，取消当期奖励方案。以上数据需使用财务审计认定数据。

2. 成本目标

一期成本目标 ××× 万元；

二期成本目标 ××× 万元；

三期成本目标 ××× 万元；

四期成本目标 ××× 万元；

五期成本目标 ××× 万元；

全项目总成本目标 ××× 万元。

考核方法：在核心考核指标基础上，成本每减少 5% 考核分加 5 分，最高加分 15 分。成本每增长 2.5% 考核分减 5 分，成本高于目标 15% 的，取消当期奖励方案。以上数据需使用财务审计认定数据。

3. 项目节点目标

分期	项目开盘时间	项目交房时间
一期		
二期		
三期		
四期		
五期		

考核方法：在核心考核指标基础上，时间每减少20天考核分加5分，最高加分15分。时间每增长20天考核分减5分。延期时间达到61天及以上，取消当期奖励方案。本方案所说时间，以交房时间为准。

（注：项目过程中各期可调整目标值设置，但基本原则是总利润目标不得降低）

六、项目奖金分配

各期奖金核算后，按照以下比例分配：

奖金总额的45% ~ 50%用来奖励项目公司经营班子；奖金总额的50% ~ 55%用来奖励非经营班子成员（根据公司经营方式需调整分配比例）。

项目公司经营班子成员奖励分配细则由投资公司发放文件确定；非经营班子成员奖金分配由项目公司提出分配建议，报投资公司审批同意后发放。

七、项目奖金支付

各期及全项目奖金经审批后按以下方式发放：当期发放奖金70%，另外30%奖金延期12个月发放。

八、如有以下情况发生，延期发放奖金将部分或全部扣发或再次延迟发放

1. 存在严重违法违纪现象；

2. 发生重大责任事故；

3. 给企业造成重大经济损失；

4. 发生重大质量问题；

5. 因为个人原因辞职。

9.8 如何设计任期奖励制度（含某教育集团下属某事业部经营团队任期激励实践案例）

任期奖励顾名思义就是对新聘用的总经理或高管在一个约定的任期里给予的奖励。一般任期少则 1 年，多则 3 ~ 5 年。新招聘的总经理或高管同样适合任期激励，使用任期激励既可以延迟支付高额的人力成本，也可以预防经营管理风险。任期激励机制设计的关键有如下几个点。

第一，激励对象。任期激励制度的激励对象既可以是一位重要高管，也可以是以 CEO 为首的高管团队，还可以是公司或子公司的全体员工。

第二，任期目标清晰。由于任期相对较长，如 3 年或 5 年，有时候不容易预测这么长时间以后的任务目标。任期目标准不准不是很重要，重要的是有没有，有就比没有强。任期目标预测不准一般没有什么损失，因为通过机制设计，风险可以防范，最多是缺乏激励性而已。

第三，奖金一定要有诱惑力。任期目标确定了，一定要计算出任期结束时被激励对象的总收入、总奖金，这个奖金一定要有诱惑力。如果奖金没有诱惑力，有两点可能。一是不舍得给奖励。不舍得给奖励，那么被激励对象也不舍得投入全部精力，这样的制度没有效果。二是目标不够大。被激励对象出于安全的考虑，不愿意设置过于有挑战的目标，但是这样通常任期的奖励也没有诱惑力。没有诱惑力的奖励制度，没有设置的必要，如果设置，就一定要有诱惑力。

第四，奖金的延期支付。任期奖金在任期结束后进行核算，核算确认后会分两次发放，第一次发放 50% ~ 70%，剩余部分会考虑延期 12 个月发放，以确保任期奖励期间被考核对象没有做出有损公司利益的行为。

任期奖金制度的好处在于：1. 将高管团队拧在一起，成为利益共同体，更利于团队的团结和凝聚。2. 可以设置更符合公司战略的目标体系，为团队指明经营管理的大方向。3. 奖励机制时间较长，有利于高管团队保持稳定。4. 可以有效传递压力，高管团队时刻感受到任期的压力，有目标、有考核、有激励，不能混日子。

下面分享一个教育集团下属某事业部经营团队的任期激励制度。

公司事业部经营团队任期奖励办法

第一章　总　则

为激发事业部开拓市场的主动性和能动性，建立科学、公平、透明的激励约束机制，特制定本办法。

本办法所指事业部是指经公司授权，自主开拓市场，自负盈亏的经营部门。

经营团队包括经营负责人、主要副职、核心骨干员工。

事业部奖励机制设置原则：

基于EVA的目标体系。简化考核指标，突出EVA(经济增加值)目标考核。

超额利润共享。超额利润由事业部创造并共享。

第二章　年薪与业绩目标

经营业绩考核指标

针对经营团队的考核指标为EVA（经济增加值），从税后净营业利润中扣除包括股权和债务的全部投入资本成本后的所得（股东投资入股成本的年费用率为15%）。

经营业绩的年度考核以公历年为考核期，任期考核以5年（2016年至2020年）为考核期。

经营负责人年薪

事业部负责人薪酬由基本薪酬和年终绩效薪酬构成，基本薪酬占年薪的60%（除以12作为平时月薪发放），年终绩效薪酬占年薪的40%。事业部负责人月薪的构成另行规定。

任期内负责人经营业绩目标与年薪的关系

任期内各年度负责人经营业绩目标EVA与年薪的关系如下表。以2016年为例，假设2016年负责人年薪为15万元，即年薪倍数为1、EVA倍数为2.6，那么2016年事业部EVA目标=15万元×2.6=39万元；根据下表，2017年，负责人年薪倍数是2016年年薪的1.2倍，年薪标准调整为18万元，EVA倍数为3.5，那么2017年事业部EVA目标=18万元×3.5=63万元。以此类推。

年度	年薪倍数	EVA 倍数
2016 年	1	2.6
2017 年	1.2	3.5
2018 年	1.4	4
2019 年	1.7	4.5
2020 年	2.1	5

第三章　考核与奖励

年度绩效薪酬

年度绩效薪酬根据当年业绩目标 EVA 的完成情况发放。业绩目标完成率大于等于 80%，实际年度绩效薪酬 = 年度绩效薪酬标准 × 业绩目标完成率（业绩目标完成率 = 实际 EVA/ 目标 EVA。）业绩目标完成率超过 100% 时，按照 100% 计算。

业绩目标完成率小于 80%，年终绩效薪酬为 0。业绩目标完成率低于 50%，建议个人辞去事业部负责人职务。

超额利润奖金

EVA 超过目标值，超额部分的 40% 作为超额利润奖金奖励给事业部负责人，20% 奖励给事业部其他员工，奖励名单由事业部提出建议。

股权激励

支付给事业部负责人的超额利润奖金，其中 50% 以现金支付，另外 50% 用期权进行奖励。

发生如下行为，未发放的奖金将不予发放，情节严重的将追究相应责任：

1. 在任职期间发现有受贿行为；

2. 存在严重违法行为；

3. 给企业造成严重的经济损失；

4. 个人辞职或公司与个人解除劳动合同。

（本案例来自网络，作者不详）

9.9　如何设计利润分享计划（含某公司利润分享计划实践案例）

利润，长期以来被认为是股东的，假设一个企业，股东投资 1000 万元，年底利润 300 万元，如果按照传统思想，300 万元都应该是股东的。但是现在越来越多的企业家认识到，要从另外一个视角来看待利润。

华为任正非说："要管理好员工人力资本所得和货币资本所得的分配结构，货币资本所得保持合理收益即可，其他收益全部给人力资本所得。"货币资本所得就是指股东分配的利润。货币资本所得分配多少是合理呢？假设股东的资金投资在其他方面，那么合理的回报大约在 10%。前述 1000 万元投资，合理的回报应该是 100 万元，那么剩余的 200 万元按照任正非的观点应该是人力资本所得，也就是说应该分配给员工。如果说，任正非的分配过于倾向于人力资本，那么，300 万元先扣除 100 万元回报伙伴资本，剩余的 200 万元在货币资本和人力资本按 5∶5 比例平分也是非常合理的，那么再给员工追加 100 万元利润分享奖金。

设计利润分享激励机制有以下几个关键点。

第一，明确分配的理念。利润分享重要的就是有明确的分配理念，确定好资本合理的分配比例后，剩余部分可以全部或将大部分分配给员工。如果没有这样明确的分配理念，通常仅仅拿出一点点比例来分配，这样的激励效果很小。

第二，可以扩大参与员工的范围。利润分享绝不要变成给高管的激励或者中高管的激励，这种激励与利润分享的理念是不吻合的。利润是由人力资本创造的，所以参与利润分享的员工比例也可以扩大一些。当然，纳入利润分享机制的员工可以分批次纳入，分步实施。员工可以自行申请并由公司审批，能进入利润分享计划本身就是一种激励。第一期可以由中层以上管理干部开始申请，第二期由部门副职和本公司工作满 5 年的骨干员工开始申请，第三期由本公司工作 3 年以上的员工参加申请，第四期由本公司工作满 1 年的员工开始申请。每一期申请都不要全部审批通过，人力资源部门可以对每一期审批通过的编制进行控制，把每一次审批都变成一次人员筛选、警示、淘汰的过程。同时，委员会还应该每年审议哪些员工应该退出利润分享计划。退出机制非常重要，如果没有退出机制，员工就进入了保险箱，这是不可以的。建议每年或每 3 年对所有获得资格的员工资格重新进行评审，强制淘汰一定比例为宜。

第三，分配机制也有多种选择。可以类似年终奖金，当年全部发放；当年利润分享的奖金可以分为 2 次至 3 次发放，离职员工未发放部分不再发放，是保留员工的一种机制；还有就是不发给员工本人，作为企业年金委托给专业机构管理，为员工退休增加收入。

下面这个案例是某公司的利润分享办法，供大家参考。

某公司利润分享计划管理办法

第一条 目的

为提高经济效益水平和市场竞争能力，吸引和打造高素质的员工队伍，分享公司发展成果，特制定本管理办法。

第二条 概念

所谓利润分享计划，指公司每年在完成董事会下达的利润目标后，将部分利润分配给做出贡献的员工的中长期激励手段。

第三条 原则

业绩实现为前提：利润分享计划是在公司整体实现董事会下达的利润目标的前提下使用的激励手段，业绩实现，激励兑现。

成果共享为理念：利润分享计划是将个人利益与公司利益紧密结合，公司发展，成果共享。

价值贡献为依据：利润分享将依据部门和岗位价值贡献，结合员工个人年度绩效考核结果参与利润分享。

第四条 适用范围

本利润分享计划适用于公司总部、各事业部和分公司全体员工。但有下列情况之一者，不参加当年度利润分享计划：

1. 入司时间不满六个月（含）的员工；

2. 个人当年度绩效考核不合格者；

3. 年度有重大违规违纪者；

4. 当年中途离职者。

第五条　利润目标承诺与核算

1. 本办法所指的利润，是公司财务部门按照会计核算制度和内部管理口径计算的本年净利润，而非公司按规定向外部机构报送的年度财务成果。

2. 利润目标列入公司及各事业部年度经营预算，并在年度目标责任书中予以明确。

3. 利润目标分为基本值、目标值、挑战值三个等级。利润目标数值一年一定，一经确定一般不予调整，重大经营环境改变除外。

4. 利润核算按照每年1月1日至12月31日为一个会计年度进行年度核算。

5. 公司总部以及各事业部列支的上年度分享利润计入本年费用，在本年经营成果考核时予以剔除。

第六条　利润分享额度的确定

1. 年度实际完成利润额超过基本利润目标时，启动利润分享计划。利润分享采取分段超额累进计算。

2. 分享利润总额。

完成情况	分享利润总额
实际达成额＜基本值	分享利润总额 =0
基本值≤实际达成额＜目标值	分享利润总额 = 实际达成额 ×35%
目标值＜实际达成额≤挑战值	分享利润总额 = 目标值 ×35%+（实际达成额 – 目标值）×45%
实际达成额＞挑战值	分享利润总额 = 目标值 ×35%+（实际达成额 – 目标值）×55%

第七条　总经理特别奖

总经理特别奖占分享利润总额的20%，公司总经理有自由分配权，分配名单及奖励额度经总经理办公会审议即可实施。

第八条　总部利润分享

总部职能部门及分公司员工分享利润总额占利润分享总额的 5% ~ 15%。

第九条 事业部利润分享

事业部分享利润总额占利润分享总额的 65% ~ 70%。

各事业部之间分配利润总额按照事业部利润贡献比例进行分配。事业部利润贡献数据以财务部门提供为依据。

第十条 个人分享利润核算

个人分享利润金额与个人所在单位［总部（含分公司）、事业部］、岗位等级系数、个人年度考核系数有关，具体计算公式如下：

个人分享利润金额 = 所在单位分享利润总额 ×（个人综合系数 / 所在单位个人综合系数之和）

个人综合系数 = 岗位等级系数 × 个人考核系数

岗位等级系数依据《薪酬福利管理办法》中薪酬结构表中岗位所在等级（初级 1）确定。

各事业部可以根据实际情况对个人分享利润的金额酌情进行调整，最终发放方案提交公司人力资源部审核，经总经理办公会审批后发放。

第十一条 解释

本办法由公司人力资源部负责起草和解释。

第十二条 执行

本办法由公司董事会讨论通过后，从 ×××× 年 ×× 月 ×× 日起执行。与本办法违背的分配制度一律停止执行。

（本案例来自网络，作者不详）

9.10 薪酬绩效激励中心的建设

企业发展到一个阶段时，人力资源部门原有职能会独立成为一个部门，如招聘部门、干部管理部门、共享中心等。建议有条件的公司建立薪酬绩效激励中心，这是一个崭新的战略部门。

定位：为实现公司战略目标搭建全面薪酬分配体系。

目标：促进人均效益达到行业平均偏上水平。

主要职责：

1. 构建总部、二级部门或二级子公司、三级部门或员工科学合理的薪酬分配激励体系；

2. 保持不同层级干部、员工人均收入水平保持竞争力；

3. 搭建薪酬分配所需数据信息化收集系统。

薪酬绩效激励中心将是企业未来发展的新引擎。

有些公司没有建立薪酬绩效激励中心的实力，那么可以将这个业务托管给专业机构完成，就像地产公司把设计、施工、销售外包一样。笔者目前就为多家公司提供薪酬绩效托管服务。

9.11 如何进行薪酬审计

集团化公司有必要每年进行薪酬审计。所谓薪酬审计是对下属公司薪酬激励制度的建立和执行情况进行监督和检查，确保集团薪酬管理制度能够落实到位。薪酬审计可以提高企业薪酬激励管理水平，规范薪酬管理流程，预防薪酬总额超发、个人薪酬超发现象的发生。

应付工资主要存在的问题包括以下几种。

1. 虚报员工人员，虚增应付工资，转移应付工资。主要表现为：有的单位虚增调入员工，扩大应付工资；有的单位不删除调出员工姓名，增加应付工资；有的单位故意不删除离职职工，虚增应付工资；甚至有的单位干脆虚列员工姓名，无中生有，扩大应付工资，并将其金额转入“小金库”。

2. 冒领工资、贪污占用。主要表现为：有的会计人员利用单位临时工的流动性特点，捏造临时工用工人数、多报加班天数、夜班费，串通舞弊扩大应付工资，然后冒领工资，侵占工资款项，贪污占用。

3. 工资计算不准确，扩大工资总额。主要表现为：有的不该列入应付工资总额的独生子女补贴、职工调动工作的旅费和安家费、职工离退休支出、劳动保护费、纳税人负担的住房公积金、职工生活困难补助、探亲路费等列支于工资总额，扩大工资总额；有的虽然工资总额项目内容正确，却在工资加计总数时浑水摸鱼，扩大工资总额。

4. 借鸡生蛋，损公肥私。主要表现为：有的会计人员将代扣款项瞒天过海，占为己有；有的单位对代扣款，如代垫的房租、家属药费、个人所得税根本不扣，而是作为福利分给职工。

5. 利用工资费用调节成本，调控利润。主要表现为：有的单位为了调节当期损益，将不该列入的费用列入工资费用，将不该列入生产成本的工资列入生产成本，在管理费用和制造费用之间进行调节；有的单位偏离工资分配的正确分配方法，在完工产品和产品之间进行调节，在主要产品和在建工程之间进行调节，从而调节成本，达到调控利润的目的。

薪酬审计由总部薪酬激励管理部门牵头，由审计部门或财务部门配合完成，更有利于发现问题线索，封堵舞弊路径，威慑有舞弊思想的少数干部。

薪酬审计的重点内容包括以下几个：

1. 薪酬绩效分配制度是否健全；

2. 人员编制控制是否在管控范围内，是否存在超编情况；

3. 薪酬总额增长、人均收入增长是否与经营情况吻合；

4. 分配机制、分配比例是否科学合理；

5. 是否存在少数人多发、超发、违规发放的情况；

6. 是否存在以违规途径发放的工资性收入；

7. 是否存在吃空饷、冒领的情况；

8. 绩效工资、奖金、提出是否计算准确；

9. 是否存在社保、公积金少缴漏缴情况；

10. 是否存在拖欠工资、奖金的情况；

11. 福利标准是否超发；

12. 应付职工薪酬财务记账是否符合会计准则。

10 第十章

薪酬与人均效益管理
——透视指标背后的管理逻辑

什么是人均效益?

人均效益指标有哪些?

经典人均效益指标是哪几个?

提高人均效益有哪些好的方法?

10.1 人均效益增长是管理的核心

很多企业抓管理，根本抓不到点子上。

2001 年，任正非发表了著名的《华为的冬天》一文，其中有这样一句话，“这三年来的管理要点讲的都是人均效益问题。不抓人均效益增长，管理就不会进步。因此一个企业最重要、最核心的就是追求长远地、持续地实现人均效益增长”。

总结任正非的观点，管理的关键是抓人均效益增长。

我国的大企业都有一个梦想，就是进入世界 500 强，这个思想其实是“贪大”，但往往大而不强。据统计，2014 年中国企业 500 强总计员工 3138.8 万人，人均营业收入 180 万元，人均净利润 7.66 万元，而 2014 年美国企业 500 强总计员工 2613 万人，人均营业收入 286.5 万元，人均净利润 25.3 万元，分别是中国企业 500 强的 1.59 倍和 3.29 倍。从数据就可以看出，中国企业人均效益与美国企业差距巨大。

国家统计局曾经发布过一个数据，2015 年，我国劳动生产率水平仅为世界平均水平的 40%，相当于美国劳动生产率的 7.8%。看了这些数据既让我们羞愧，也给予我们更大的压力。

很多人把华为 20 多年快速发展的成绩归于薪酬激励尤其是员工股权激励起了重要作用，殊不知，华为长期关注人效提升管理，人效管理帮助华为健康发展。2004 年，任正非在干部大会上说，华为要“用三年时间达到业界人均效率最低水平的目标”。这个目标准确而客观，同时再次证明华为持续关注人均效益。华为轮值 CEO 徐直军在 2017 年新年献词中提出：“华为要继续坚持以有效增长利润、现金流、提高人均效益为起点的考核。”这些都说明，华为是一个持续关注人效提升的企业，反过来看，关注人效提升管理也是华为良好发展的重要原因。

很多企业在大谈人力资本管理，这其实毫无建树。人力资本是指劳动者受到教育、培训、实践经验、迁移、保健等方面的投资而获得的知识和技能的积累。如果人力资本是“知识和技能”的累积，那么企业应该招聘更多的员工，该企业的人力资本就会越大，但是除非业务必需，否则企业并不愿意招聘过多的员工，而且当企业遇到经营困难时首先想到的解决办法就是裁减员工，这与人力资本的概念是背道而驰的，因为裁员会造成人力资本减少。

人力资本的概念将会被人均效益替代。企业管理工作将围绕人均效益的提升开展，培训是为了提升人均效益，招聘是为了提升人均效益，薪酬激励是为了提升人均效益，即便裁减人员也是为了提升人均效益。人均效益提升就是管理追求的核心目标，更是人力资源管理的核心目标。人均效益保持高水平的企业，就像一个没有赘肉的运动员，健康而有活力。企业薪酬激励机制就是要保障组织健康运行，激发组织活力，减少组织赘肉。

人均效益提升不能过于机械。粗暴的减员和减薪都可以带来人均效益提升，但这是不可取的。一个公司即便业绩不增长，粗暴的减薪、减员都可以带来人均效益的提升，但是如果公司整体业绩不增长、市场份额不增长，这样的人效提升几乎没有意义。一定是在企业业务规模有效增长的前提下，保持人均效益提升才是正确的思考方式。

人均效益提升要实事求是，不搞一刀切，要根据公司整体、各业务单元、各支撑辅助部门业务发展与管理的实际情况，实事求是地确定人均效益的提升目标。如果市场机会良好，为了从战略上抢占市场先机，市场销售人员适度扩大编制以增加战斗力，把市场打下来，这时销售人员的人均效益暂时下降是可以接受的。

10.2　人均效益指标是同行比较的标尺

人均效益是一个相对笼统的说法，一般可以表现为如下几个指标。

（1）人均营业收入。反映企业员工创造市场收入的效率，计算公式为：营

业收入 / 平均职工人数。人均营业收入是考核企业效率的指标，尤其在同行业之间进行比较时最有可比性，人均营业收入越高，企业效率越高。

（2）人均毛利。反映企业员工创造毛利的效率，其计算公式为：毛利 / 平均职工人数。人均毛利能真正反映员工人均创造的价值。人均毛利越高，代表企业能盈利的空间越大。毛利中包含员工工资以及相关人力成本，所以只有高人均毛利才能承受高工资。另外，高人均毛利代表公司具有较强竞争优势。

（3）人均净利润。反映企业员工创造净利润的效率，其计算公式为：净利润 / 平均职工人数。人均净利润能最直接地反映员工创造价值的能力，追求利润是企业管理的核心目标，人均净利润反映企业经营的实际水平。

不同的行业有特殊的经营效率指标，这样的指标与人效指标有异曲同工之处，也是由于人的高效而创造的。例如，餐饮行业有“翻台率”指标，是指饭店每张桌子一天内平均的使用次数，翻台率越高越好。商业行业有“平效”指标，是指每平方米的面积可以产出多少营业额。在人均效益分析时，不要遗漏行业传统效率指标，这些指标是由员工创造的，具有很好的指导意义。

不同性质的企业、不同发展阶段的企业，可以采用不同的人均效益指标进行对比。在同行之间进行简单比较，尤其是企业市场规模接近的企业之间进行比较，使用人均营业收入，可以初步比较出两个企业中哪个企业单兵作战能力强。如果比较产品附加价值的能力，人均毛利是一个很好的比较指标。如果比较企业员工创造价值的能力，人均净利、人均市值是很好的比较指标。

国内著名管理专家高建华曾经提出，“一个人，拿两个人的工资，干三个人的活，创造四个人的价值”。有人说这样的目标根本实现不了，其实那是你的思路根本没有打开。我们经常能看到一些国外发达国家采摘水果的视频，一个司机驾驶一辆采摘机械到果树下，采摘机械将果树树冠包围，然后机械晃动果树，用不了 1 分钟树上的水果全部掉落并被收集起来，这样的案例如果与中国现在的农业相比，他们的一个人不知要比我们的一个人要多创造多少倍的价值。所以说，一个人创造四个人的价值不是不可以实现，关键还是我们是否打开脑洞去找方法。

我们再看看全球电商巨头亚马逊和全球传统零售业老大沃尔玛人效数据的对比。以 2015 财年为例，如果从销售额看，亚马逊销售额为 1070 亿美元，沃尔玛销售额为4821亿美元，是亚马逊的4.5倍。单从销售规模看，沃尔玛要比亚马逊强大太多。如果换一个角度从人均销售额进行比较，亚马逊全球有23万名员工，沃尔玛全球有220万名员工，亚马逊人均销售额为46.5万美元，沃尔玛人均销售额为21.9万美元，亚马逊人效是沃尔玛的2.1倍。再看人均市值，亚马逊市值3300多亿美元，人均市值143万美元；沃尔玛市值2000多亿美元，人均市值9.1万美元，亚马逊人均创造的价值是沃尔玛的15.7倍。亚马逊和沃尔玛的人效数据反映出企业真正的管理水平和竞争实力。

人均效益更容易让我们想到公司层面的指标，其实，企业在进行人均效益提升管理的时候，还要关注各部门、各产品线的人均效益指标。销售人员的人均营业收入＝公司营业收入／销售人员数；生产人员的人均营业收入＝公司营业收入／生产人员数；研发人员的人均营业收入＝公司营业收入／研发人员数；职能管理人员的人均服务人数＝公司总人数／职能管理人数。

人均效益指标要看动态，要看人均效益增长，这样才有意义。企业在发展过程中要围绕人均效益持续增长开展管理工作。

小贴士

企业最幸福的事：每个员工都能一个人干几个人的事，没有闲人。企业最痛苦的事：花很多钱养一群干不了什么事的低工资员工。

10.3　58同城营销中心2014年Q1人效分析报告最佳实践

58同城，2005年12月12日创立于北京，并于2013年10月31日正式于纽交所挂牌上市。58同城业务覆盖招聘、房产、汽车、金融、二手及本地生活服务等各个领域。在用户服务层面，其不仅是一个信息交互的平台，更是一站式的生活服务平台，同时也逐步为商家建立全方位的市场营销解决方案。

58同城营销中心利用人效数据分析对各地区分子公司进行管理，从他们的人效分析报告中可以总结出如下特点：（1）人效分析结果直接作用于实际业务管理，不是可有可无的单纯分析；（2）不仅使用传统的人效指标，还使用了行业人效指标，如“主管与员工配比”；（3）人效指标数据应用时，既在相同业务的不同部门（分公司）之间进行比较，还与自身上一个周期进行环比数据对比，人效指标立体化，比较效果更为突出。

营销中心2014年人效管理分析

2014年Q1季度

分公司全员平均人数环比上季度增幅—全线

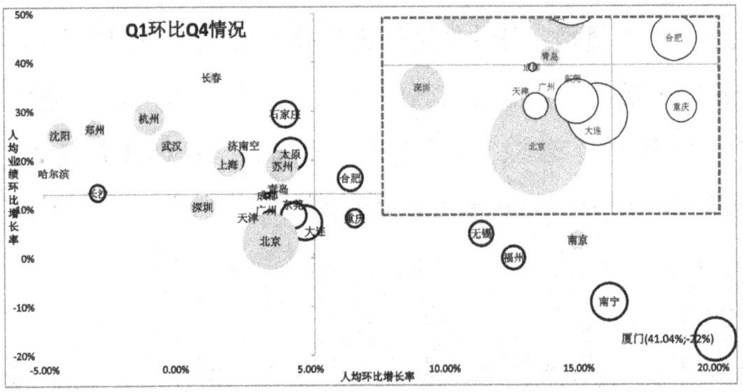

Q1相对Q4人均增长大于人数增长的有21家分公司，其中北京、南京、福州、无锡、南宁、厦门是人均业绩增长低于人数增长率，其中南京人均业绩高于同级城市呈实心。

分公司全员平均人数及人均业绩增幅—全线

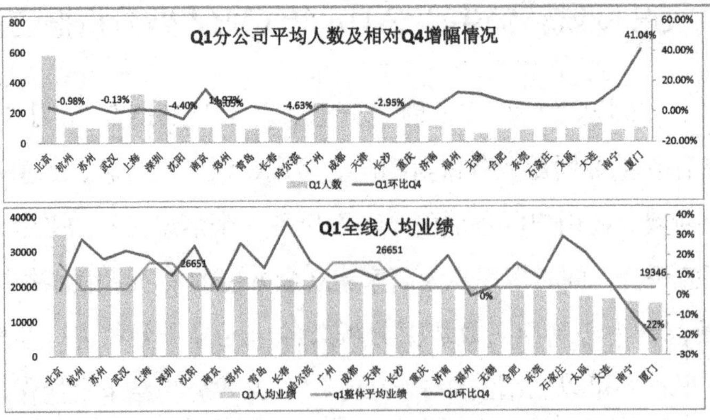

相对Q4，杭州、武汉、沈阳、郑州、哈尔滨、长沙人数环比降低，人均业绩 只有厦门降低，其他城市均上涨。（此处人数及人均业绩是S1-S10级销售+支持全员）

Q1 季度黄页产品线效能分析

1、Q1 季度**最优黄页团队**：人均业绩高、市场饱和度低、主管/员工配比低、离职率低：北京、上海、哈尔滨；

以上这些城市黄页团队可以在保证人均业绩的基础上增加员工、继续扩大市场份额。

2、Q1 季度**黄页警戒团队**：人均业绩低、总业绩低、主管/员工配比高、离职率高：无锡、南宁、青岛；

以上这些城市黄页团队必须严格控制人员数量，淘汰低能效员工（后10%），整合团队配置，提高人效。

3、本季度环比上季度，石家庄人均业绩环比增长幅度最大，近60%。

总业绩与市场饱和度—黄页

最优团队—第一象限、实心：总业绩高、人均业绩高，市场饱和度有可增长空间：北京、上海、哈尔滨；落后团队—第三象限、空心：总业绩低、人均业绩低，市场饱和度开发不够：无锡、东莞、南宁、青岛；厦门的市场饱和度高，但是总业绩和人均业绩均低，需要注意控制团队数量，调整部门结构。

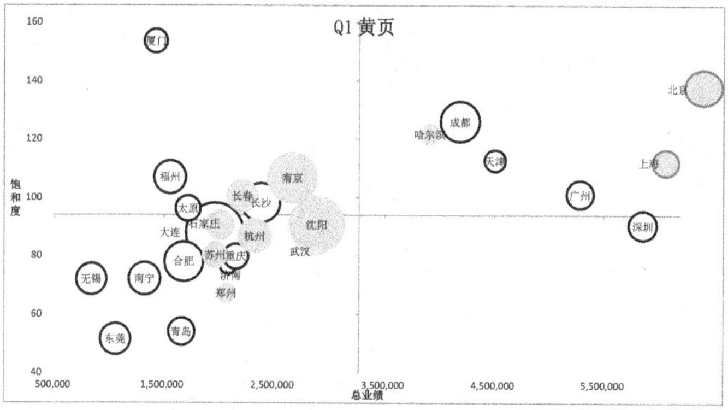

总业绩与团队配比—黄页

主管效能高：总业绩高、人均业绩高、主管/员工配比低：北京、上海、哈尔滨。
主管效能低：总业绩低、人均业绩低、主管/员工配比高：无锡、南宁、青岛、大连。

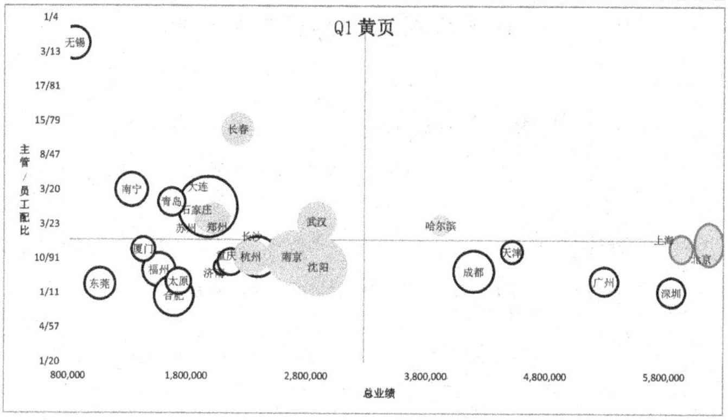

总业绩与部门离职率—黄页

无锡黄页离职率最高，且总业绩、人均业绩最低。需要控制好人员流失，做好相关培训和安抚工作，增加员工的归属感。

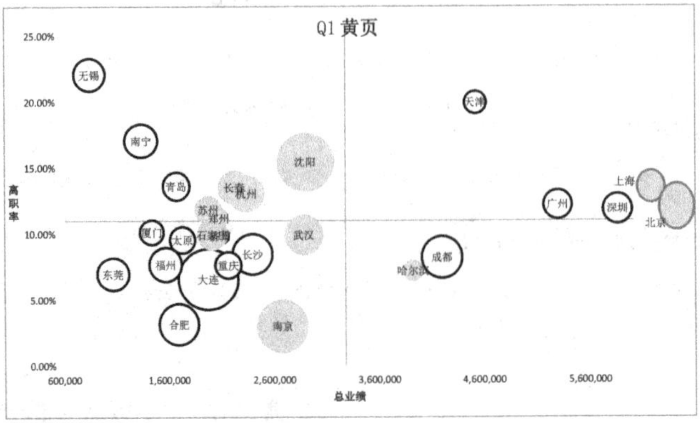

S1～S4级平均人数环比上季度增幅—黄页

石家庄、长春、沈阳人均业绩环比增长相对较快的前三名。石家庄、杭州、青岛等城市人均增长大于且人数环比下降。厦门人数增长41%，人均业绩下降32%，需要严格控制人员数量，提高人均业绩。

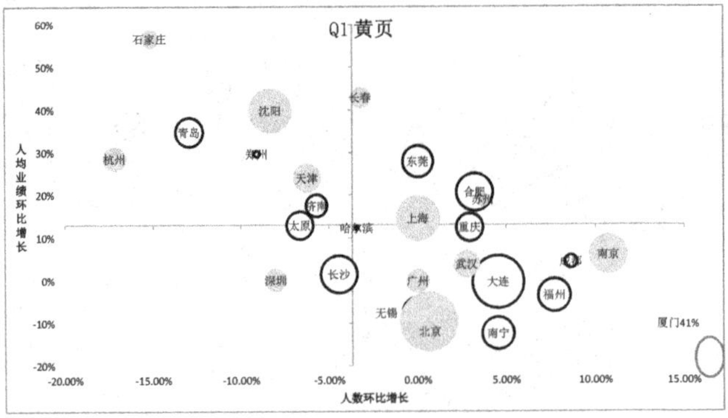

Q1 季度招聘产品线效能分析

1、**Q1 季度最优招聘团队：** 人均业绩高、市场饱和度低、主管/员工配比低、离职率低：北京、深圳、上海、武汉、郑州；

以上这些城市招聘团队可以在保证人均业绩的基础上增加员工、继续扩大市场份额。

2、**Q1 季度招聘警戒团队：** 人均业绩低、总业绩低、主管/员工配比高、离职率高：南宁、厦门、大连；

以上这些城市招聘团队必须严格控制人员数量，淘汰低能效员工（后10%），整合团队配置，提高人效。

3、厦门、无锡、苏州、南京、重庆、天津等城市人均业绩环比下降，其中厦门、无锡人数呈环比上涨趋势，必须严格控制人员数量。

总业绩与市场饱和度—招聘

最优团队--第一象限、实心：总业绩高、人均业绩高，市场饱和度有可增长空间：北京、深圳、上海、武汉；
落后团队—第三象限、空心：总业绩低、人均业绩低，市场饱和度开发不够：南宁、厦门、无锡等；
哈尔滨的市场饱和度高，但是总业绩和人均业绩均低，需要注意控制团队数量，调整部门结构。

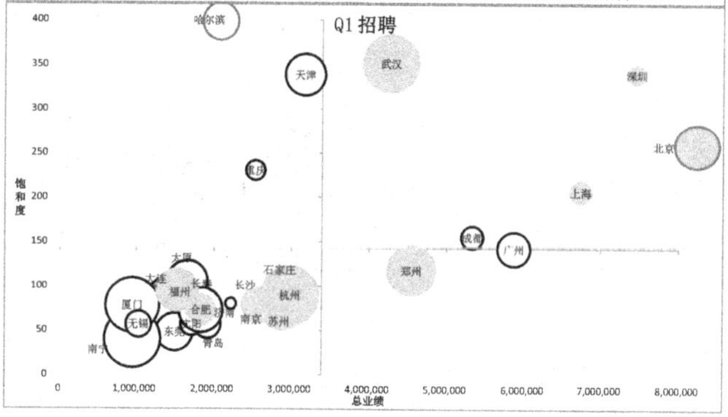

总业绩与团队配比—招聘

主管效能高：总业绩高、人均业绩高、主管/员工配比低：北京、深圳、郑州、武汉。
主管效能低：总业绩低、人均业绩低、主管/员工配比高：长春、大连、南宁等。

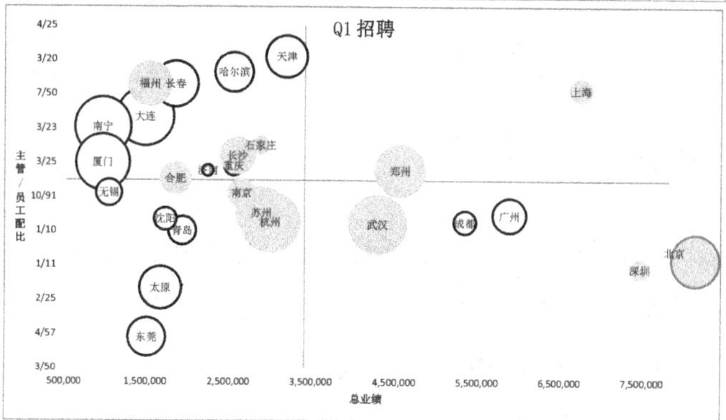

总业绩与部门离职率—招聘

上海招聘线离职率最高。南宁、沈阳这几个城市总业绩低、人均业绩低且离职率高。

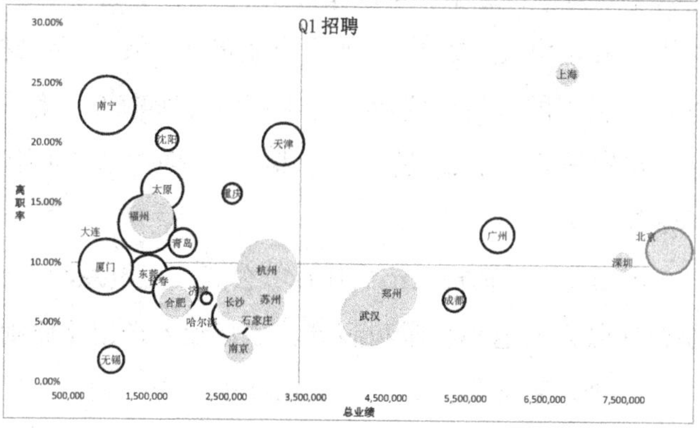

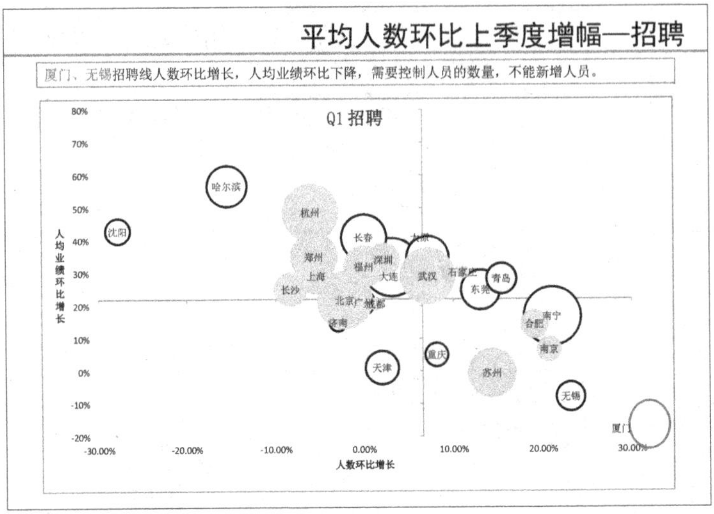

备注：58 同城有许多业务线，本案例仅为读者保留了全线、黄页和招聘业务。

（本案例来自网络，作者不详）

10.4 经典人效指标套

人效指标可以很好地反映企业经营效率，但是单一指标并没有全面反映企业水平。现在推荐经典人效指标套，套内含有人均产值、人均工资和工资投入产出比三个指标，可以很好地反映经营管理水平。

1. 人均产值。人均产值可以从人均营业收入、人均毛利、人均净利润等指标中选其一。任何一个企业的人均贡献每年都应该有所提高，而且增长率不低于行业增长率，低于行业增长率的企业处在下行通道。

2. 人均工资（或人均人力成本）。如果企业正常发展，不考虑新招聘的低薪酬员工的影响，员工的人均工资应该每年都应有所增长。第一，行业薪酬水平本身是在逐年增长的。第二，员工工作满一年，期望第二年能加薪。第三，加薪是企业的责任和义务。

3. 工资投入产出比。工资投入产出比计算公式 = 工资总额 / 企业产值。企业产出可以是营业收入、毛利、净利润等。工资投入产出比原则上应该逐年下降，代表企业管理水平逐步提高。薪酬制度中总有一句话，工资水平增长要低于公司经济效益增长，其实就是工资投入产出比下降。

以上三个指标组合后称为“经典人效指标套”，因为这三个指标要同时进行比较分析：企业人均工资在逐步增长，人均产值每年也逐步增长，同时工资投入产出比在下降，这是一个良性的经营状态。如图 10-1 所示，这是经典人效指标套示意图，注意箭头的方向。三个指标结合箭头，组成了一个“金元宝”状，这样更有利于记忆。

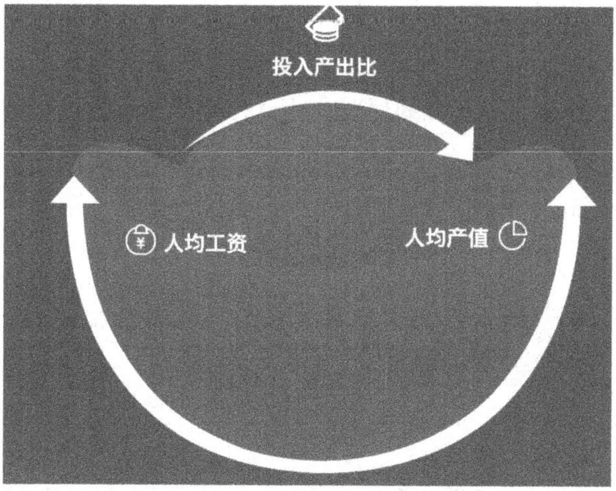

图 10-1　经典人效指标套示意图

经典人效指标套除了可以和自己比，也可以在同行业内进行比较。例如，表 10-1 是某集团 5 个业务板块经典人效指标套与同行业比较的结果，从数据可以看出，A、B 业务板块人效指标管理非常有效，其余三个板块整体不理想。A、B 业务板块人均营业收入在行业内排前列，人均工资在行业内非常有竞争力，工资投入产出比却非常低，所以 A、B 业务板块的经营是非常理想的。经典人效指标套使企业经营情况一目了然。

表 10-1　某集团 5 个业务板块经典人效指标套与同行业比较结果

	A 业务板块	B 业务板块	C 业务板块	D 业务板块	E 业务板块	全集团
人均营业收入	500 万元	470 万元	100 万元	180 万元	98 万元	220 万元
市场对标	83 分位	79 分位	46 分位	33 分位	5 分位	52 分位
人均工资	18 万元	17 万元	15 万元	12 万元	13 万元	14.5 万元

续表

	A 业务板块	B 业务板块	C 业务板块	D 业务板块	E 业务板块	全集团
市场对标	高于最大值	92 分位	高于最大值	69 分位	74 分位	75 分位
投入产出比	3.60%	3.62%	15.00%	6.67%	13.27%	6.59%
市场对标	37 分位	33 分位	79 分位	75 分位	94 分位	89 分位

10.5 提高人均效益的方法

提高人均效益有一个系统的思路，由六个字构成：减员、增效、加薪，简称“人效提升六字诀”。减员、增效、加薪是三个相关联的动作，同步应用。

10.5.1 减员

减员不是目的，减员是为了提升人均效益，是为了提升企业竞争实力。减员要减掉公司的冗余人员和成本大于贡献的人员，为表达方便，我们统称为“冗余人员”。

冗余人员是新时代滥竽充数的南郭先生，每个公司都会有一定比例的冗余人员。“一定比例”到底是多少，这些冗余人员到底“藏在”哪里，很少有人能说清楚。一个朋友所在的公司（民企上市公司）进行整体激励机制改革，包括组织结构的改革、聘用关系的改革、核算单位的改革，改革之后该公司从 800 余人降为 500 余人，居然有 300 人都是冗余人员。该公司淘汰 300 人后，整体业绩居然没有任何影响，反而很快实现业绩快速增长。朋友所在的公司就是很多企业的缩影，很多企业都存在着较大比例的冗余人员。

冗余人员无时无刻不在消耗公司的资源。每个在岗人员都在花钱，行政前台在花钱买办公用品；招聘专员在花钱开发招聘渠道；广告专员在花钱找人设计广告；打扫卫生的阿姨在花钱买吸尘器。淘汰那些冗余人员，不仅可以立即节省工资和人力成本，同时砍掉了那些花钱的手，节约下来的钱相当于为公司创造的价值。冗余人员是人体中多余的脂肪，减减更健康。

减员可以从三个方面进行，一是组织结构优化；二是岗位优化；三是人员优化。

组织结构优化

在公司内部，承载冗员的最重要的载体就是组织结构，公司部门逐渐增加，冗员就同步增加，所以要想减少冗员，最有效的方法就是合并或去掉多余的部门。

第一，立即关闭长期亏损（或微利）的产品或业务部门。在组织内部，一般都会存在一些产品部门或业务部门长期亏损或微利，根本没有达到早期规划的业务目标，但是由于某些原因迟迟不能下决心关闭这些部门，那么，现在就是关闭这些部门的最佳时机。

第二，职能相近的部门可以合并。将职能相近的部门合并，最直接的效果是可以减少管理人员数量，同时可以提高相关流程效率。人员过少的部门可以合并到其他部门。按照京东的经验，一个管理人员可以管理的直接下属要达到 8 人，参照这个标准，人员过少的部门可以合并在一起，也可以合并到其他人员较多的部门。

第三，减少管理层级。尽量控制公司管理层级最小化，层级越多，效率越低，所以减少管理层级可以极大地提高效率。

组织结构承载了所有员工，也承载了所有冗员，消减冗员效果最好的方法就是对组织结构进行“手术”。组织结构优化会涉及高层利益纠葛，甚至引起某种斗争，使正常的组织结构优化无法进行，这些要另当别论。

岗位优化

当完成组织结构优化、流程优化后，冗余的岗位自然就浮现出来了。优化岗位可以从三个方面着手：一是压缩职能类岗位的比例；二是合并岗位；三是改变用工模式。

严格控制职能类岗位与市场和技术类岗位的比例，这本身就是职能类岗位的人效在提升。任正非认为职能类岗位“不打粮食”，市场和技术类岗位是“打粮食”的，所以对于“不打粮食”的岗位要严格控制比例。

合并岗位是指将职能类岗位与非职能类岗位合并，也就是将原来由专门的职能岗位完成的工作内容合并到非职能岗位中，即市场或技术类岗位职责包括职能工作，这样就可以减少职能类岗位。很多市场类、技术类部门都设有一定比例的职能岗位，这些岗位都可以取消，相关职能工作由技术岗位抽空即可完成。还可以将多个部门的某个职能岗位合并，只设置一个岗位，由多部门共享。比如，销售部有销售助理，这属于职能岗位，可以直接取消这个岗位把他变为销售人员。

用工模式的改变可以减少很多非关键岗位，常见的用工模式包括劳务派遣、业务外包、众包等方式。

劳务派遣是很多企业已经完全接受的用工形式。公司内部临时性、辅助性或者替代性的工作岗位使用劳务派遣的方式解决。

业务外包也是很普遍的形式。苹果公司将手机组装业务外包给富士康，就不需要雇用生产组装工人；地产公司将建设施工业务外包给建筑施工单位，就不需要雇用建筑工人；酒店业主把自己的物业委托给专业的酒店管理公司经营，就不需要雇用大量的酒店管理员工。任何企业都没有必要把所有的事情都由自己来做，自己做自己擅长的业务即可。

众包是指将业务委派给企业外部自由职业者。在国内，猪八戒网是最大的服务众包平台，企业不用聘请专业设计人员，需要设计时，把需求发布在猪八戒网站就会有很多设计师来应标提供服务。还有大家熟悉的滴滴公司，不管是快车司机还是出租车司机都是这个平台的众包者，滴滴与司机之间没有劳动关系，就是因为这种关系才让滴滴公司更有价值。

人员优化

任正非说，永远要合理地减少非生产性人员，增加专业与业务人员，才有可能提高人均效益。各级干部一定要把自己部门内部效率低、成本大于贡献的人淘汰出去。人员优化一是要注意控制职能类人员与非职能类人员的比例（以下简称职非比），二是要坚持末位淘汰制度。

合理的职非比可以与同行业标杆企业进行对标。现在上市公司很多，可以从同行业上市公司公布的年报中去寻找岗位设置的数据。另外，可以统计自己公司历史发展过程中职非比的数据，与自己比，控制职非比逐年下降。某央企在 400 人规模时，人力资源部是 4 个人编制，后来发展到 1000 人规模，人力资源部仍然是 4 个人编制，这个公司职非比控制就非常好。永远要控制职非比，公司人员结构才能保持合理。

坚持末位淘汰制度可以减少冗员。公司发展需要招聘，但是目前的招聘技术很难确保招聘的每个新员工都能达到公司的要求。另外，老员工状态也不一样，因为各种原因少数员工长期不在状态，没有工作的上进心，成为公司的冗员。坚持末位淘汰制度，公司冗员情况就会减轻。

人员优化的基本原则是将“成本大于贡献”的人淘汰出组织。

10.5.2　增效

“减员”可以控制成本，“增效”是直接增加效益。企业要追求整体效益的增长，同时要求各部门效益增长。企业增效的方法主要包括：一是流程优化；二是工作模板化；三是信息化建设；四是高科技应用。

流程优化

组织内部的流程会随着组织发展越来越多，流程越来越冗长。公司成立初期，仅有简单的几个流程，随着部门增加，岗位增加，相应的流程也会增加，流程中的审核、审批环节也会增加。以前，一个流程就可以完成一项工作，现在是多个流程组合完成一项工作；以前，一个工作仅需要3天，现在可能要15天甚至更长时间。组织发展的中后期，新增的流程或环节多数是检查、审核、评估、会商，这些流程或环节看上去都有增加和存在的充分理由，但是这些流程和环节过多或者重复设置，就会成为核心业务提升效率的枷锁。

华为每年支出巨额咨询费用聘请IBM等国际咨询机构为其提供常年咨询服务，应该说华为的管理水平在外人看起来“接近完美”，但是2016年任正非在一次内部“质量与流程IT管理部员工座谈会”上讲话时提出，不产粮食的流程是多余流程，多余流程创造出来的复杂性要逐步简化。另外，流程每新增加一个流程节点，必须关闭另两个流程节点。优秀的华为仍然存在流程优化的问题，那么普通的企业，类似的问题会更加严重。

流程优化的方法就是压缩、减少和控制。重新评估公司主要业务流程时间，如果有行业数据可以参考，那么按照行业数据压缩时间；如果没有行业数据参考，自己压缩 10% ~ 20% 的时间。压缩时间是刚性的，时间压缩必然带来该流程中各环节时间的压缩，职责重复的环节可以合并或同步，无效的环节可以删除。减少是指价值不大的流程要减少数量，尤其是仅仅为了体现“官本位”的流程必须减少。控制是指控制流程数量的新增和流程环节的新增。要对新增流程和新增环节问责，执行一段时间效果不好的，要对提议者问责。同时，可以规定每增加一个流程，至少要减少一个至两个流程，每增加一个环节，至少要减少一个至两个环节。

工作模板化

任正非说：“模板化是所有员工快速管理进步的法宝。”模板化是科学管理的表现，在同一时间、同样的条件，做同样的事成本最低，效率最高。模板化就是规范化，新员工只需要简单学习，按照模板来操作，就可以达到与老员工相同的绩效。

模板从哪里来？模板是由有经验的老员工根据十几年的工作经验摸索出来的，是经验的积累。各部门都要加强工作模板的建设和优化，建设是将工作标准化、模板化；优化是将效率再提高。

可以想象，任何工作都已经有了模板，工作难度大幅下降，因为几乎不用思考，具体工作的人完全类似一台计算机了。模板化对人的能力要求下降了，学历要求也下降了，但是产出率却会提高。

信息化建设

企业信息化建设可以提高内部沟通效率和决策效率。组织达到一定规模时，只有良好的信息化建设才能支撑组织内部的沟通需要和决策需要。未来企业间竞争，从某种意义上就是企业内部沟通效率和决策效率的竞争。沟通效率高、决策效率高的企业更有竞争优势，反应更为灵敏，更能适应竞争环境的变化，自然能够创造更好的业绩。

高科技应用

高科技产品的应用可以提高效率。富士康生产线已经开始使用机器人代替原来的生产线员工，机器人不需要休息，不知道累，不闹情绪，操作的精确度更高。科技可以节省更多人员，提升更大的业绩。2017 年 7 月 8 日，马云的无人超市开业的新闻震惊了所有人。购物者仅需要使用手机淘宝或支付宝扫码就可以直接进店，店里没有售货人员，没有服务人员，也没有收银员，各色商品拿起就走，甚至连扫码也不需要，因为该超市采用物联网支付方案，可完成自动支付。一个补货员可以管理十家无人超市。假设一个补货员月薪是 5000 元，一家店的人工成本只有 500 元，这个案例是高科技帮助企业节约了人力，自然为企业创造了更多的价值。马云计划未来在全国开 10 万家无人超市，这将是对传统实体超市的颠覆。

10.5.3　加薪

增效是加薪的前提，没有明确的增效，自然没有加薪的理由。

企业大多都是被动给员工加薪，内心并不愿意给员工加薪，因为很难判断加薪是不是能带来业绩。人效提升六字诀中的加薪，是主动给员工加薪，是以确实实现人效提升为前提的，而且是通过加薪过程推导出下一年度的任务目标。笔者在河北的一个教育行业客户，就是按照这个方法设计奖励制度，第二年公司扭亏为盈。

人效提升六字诀中的加薪方法应按照如下步骤开展。

第一步，要求各部门每年人均效益增长 10%。

第二步，在去年实现人效增长目标的基础上，要求这个部门淘汰末位 10% 的人员。也就是淘汰部门中低绩效、低价值贡献的员工，这有利于部门人效的提升。

第三步，下一年度，为该部门增加 10% 的编制。

第四步，为该部门人均加薪 10%。

第五步，基于前四步，该部门下一年度的目标将增长 21%。

上述方法中包括若干数字，所以笔者命名为“41021 法”。表 10–2 是一个模拟数据表。

表 10–2 “41021 法”模拟数据表

	编制（个）	编制增长率	人均毛利（万元）	人均毛利增长率	人均工资（万元）	毛利目标（万元）	毛利目标增长率	工资总额（万元）	工资投入产出比
本年度	100		10		5	1000		500	50%
下年度	110	10%	11	10%	5.5	1210	21%	605	50%

从表 10–2 的数据可以看出，人均工资增长 10%，人均毛利增长 10%，公司业绩增长 21%，工资投入产出比持平。这种加薪方式，目标都是确定的，指标都是可控的，员工收入是增加的，公司业绩增长也是很快的。

11 第十一章

非上市公司股权激励——动态股权激励

非上市公司股权激励的本质是什么?

非上市公司股权激励的作用是什么?

如何选择非上市公司股权激励启动时机?

如何设计虚拟股权激励机制?

非上市公司股权激励的障碍有哪些?

如何设计非上市公司股权激励机制?

如何制订实施方案?

最近股权激励非常热门，很多企业都在关注员工股权激励，为数不少的企业实施过股权激励，很多初创企业也试图通过股权激励实现企业的飞跃发展。很多企业实施员工股权激励后，发现效果并不理想，没有那么神，甚至还有不少企业效果非常差，闹得员工意见很大，核心骨干离职出走，企业反而大伤元气。国内一位著名管理大师级人物在自己的公司实施员工股权激励过程中，造成员工大面积离职，企业从此一蹶不振。

没有一个制度可以解决企业所有的问题。股权激励并不是解决企业管理问题的灵丹妙药，操作不好反而是企业发展的毒药。正视股权激励的重要作用，正视股权激励的局限性作用，才能发挥好股权激励的真正作用。

股权激励在操作层面有较强的复杂性，涉及企业管理、人力资源管理、资本运营、财务、法律、心理学等诸多方面的知识，所以看似简单的股权激励其实并不简单。

11.1 非上市公司股权激励的本质

股权激励是企业保留人才、激励人才、吸引人才的重要手段。股权激励是将公司股权或股权的收益权以某种策略和恰当方式授予企业的中高层管理人员和骨干员工，形成权利和义务相互匹配的所有权、收益权、控制权关系，从而激励员工为公司长期发展服务的一种制度安排。

股权激励的本质有如下三个特点。

股权激励是分配激励机制

股权激励是分配激励机制的一种，处于分配体系的第四层次，属于长期激励机制。股权激励就是把股份分给员工，使员工成为股东，根据股份比例取得分红收入。如果公司上市，员工手中的股份价值暴增，这也是对员工历史贡献的回报方式，是价值再分配。为了更清楚地理解股权激励的本质，可以不考虑上市对股份价值的影响，回归到股份最初的功能——分红，即员工共享企业的剩余价值。

股权激励是员工投资行为

不要认为公司进行股权激励就是对员工好，员工应该感激涕零，当员工不愿意加入股权激励计划时，就认为该员工对企业不忠。

股权激励除向员工奖励或赠与一定数量的股份外，原则上被激励对象要掏钱购买公司股权，这本质上是一种投资行为。既然是投资行为，员工就会考虑投资的安全性、收益率、流动性、退出成本等。成功的股权激励，首先就是要让员工认识到自己的投资是安全的，这就需要企业老板有较好的口碑、企业有良好的文化，不能让员工有“是不是要上贼船”的感觉。其次是未来投资回报率高。这里不是指预测的投资回报，而是实实在在的投资回报。最后是退出成本低。保障员工入股自愿、退出通畅，设计好不同情况下员工退出的通道。

股权激励是股东结构调整的手段

很多公司股权结构存在问题，通过股权激励可以加以完善和弥补。例如，股东构成散乱、无法正常决策，个别股东价值贡献与股份比例不匹配，这些都可以通过股权激励进行股东结构调节，最终达到理想的治理结构。

小贴士

不要一提股权激励就想到上市，上市太遥远，员工不相信。为了上市进行的股权激励，容易出现老板忽悠了自己却忽悠不了员工，老板陶醉在高估值的梦想中但员工仍然还在经营的现实里的情形，老板和员工不在一个频道，这样的股权激励实施的效果不会太好。

11.2 非上市公司股权激励的作用

股权激励制度是企业管理制度、分配制度乃至企业文化的一次重要的制度创新，实施股权激励的重要性概括起来，主要体现在以下几个方面。

建立企业的利益共同体

一般来说，企业的所有者与员工之间的利益是不完全一致的。所有者注重企业的长远发展和投资收益，而企业的管理人员和普通员工更关心的是在职期间的工作业绩和个人收益，双方价值取向不同。实施股权激励，可以把员工变成股东，这样员工个人利益与公司利益趋于一致，弱化了二者之间的矛盾，形成利益共同体。

业绩激励

实施股权激励后企业的管理人员和员工成为公司股东，具有分享企业利润的权力。这种预期的收益或损失具有一种导向作用，它会大大提高他们的积极性、主动性和创造性，有利于刺激其潜力的发挥。

约束经营者短视行为

传统的激励方式，如年度奖金等，对经营者的考核主要集中在短期财务数据，而短期财务数据无法反映长期投资的收益，因而采用这些传统激励方式，客观上刺激了经营决策者的短期行为，不利于企业长期稳定的发展。引入股权激励后对公司业绩的考核不但关注本年度的财务数据，而且会更关注公司将来的价值创造能力。

留住人才、吸引人才

在非上市公司实施股权激励计划，有利于企业稳定和吸引优秀的人才。实施股权激励机制，一方面可以让员工分享企业成长所带来的收益，增强员工的归属感和认同感，激发员工的积极性和创造性。另一方面，当员工离开企业或有不利于企业的行为时，将会失去这部分的收益，这就提高了员工离开公司或“犯错误”的成本。因此，实施股权激励计划有利于企业留住人才、稳定人才。

另外，股权激励制度还是企业吸引优秀人才的有力武器。由于股权激励机制不仅针对公司现有员工，而且公司为将来吸引新员工预留了同样的激励条件，这种承诺给新员工带来了很强的利益预期，具有相当强的吸引力，可以聚集大批优秀人才。

11.3 非上市公司股权激励启动时机

所谓启动时机就是首次开始实施的时间。启动股权激励主要有以下几个时机。

第一个时机是公司初创

公司初创时，创始人大多是某一个方面的专家，但不是全才，需要用股份吸引与自己互补的合伙人。

创业初期公司经营风险大，业绩不稳定，所以股份价值并不大，对于追求稳定的人，更是看不上创业公司的股份。

创业公司股份只对那些理念一样、价值观一样、使命感一样的人有吸引力。所以，创业初期的股权激励，主要体现的是认同。

第二个时机是公司快速成长过程中

公司业务快速成长，核心骨干自然而然会涌现出来，这时员工士气好，心气高，对公司未来发展有信心。在这个时候开启股权激励，员工能感受到公司对他们满满的认可，被激励对象更容易加入股权计划。

这个时候的股权激励制度，为吸引外部人才做好了制度基础。

第三个时机是公司亏损严重

有人说公司亏损或者遇到困难，这个时候进行股权激励不是好时机。这个时候公司发展前景不好，员工信心不足，实施股权激励会遇到很多麻烦，如股权定价就只能定较低的价格，即便是较低的价格，很多员工还不一定愿意买。这里说的员工就是公司要激励的对象。

从另外一个角度讲，公司亏损的时候，也是股权激励的最佳时机。公司发展好时，很多人希望购买股份，你根本无法区分哪些人是为了投资分红而来，哪些人是真正看好企业未来而来。

公司遇到经营困难时，可以通过股权激励，找到那些对企业有感情、对企业未来有信心、敢于承担责任、敢于突破现状的人，让那些没有感情、没有信心、混日子的人让开位子。

河北某教育集团有多个事业部，除个别事业部盈利外，其余事业部皆亏损。股权激励过程中，少数核心骨干不看好公司发展，拒绝加入股权激励计划；部分核心骨干持观望态度，只象征性地购买了一些股份；对公司忠诚耿耿，坚信企业未来会发展更好的骨干，按公司要求购买了股份。股权激励当年，公司处于调整期，仍然没有盈利。第二年，除一个事业部持平外，企业事业部全面盈利，股东获得满意回报。这一年公司再次增发股份，员工购买股份踊跃，股权激励成功。

第四个时机是公司上市前

上市前将股份分给有贡献的员工，这是一个好老板应该做的。这时的分配貌似没有技术含量，重点是公平。公司已经熬到即将上市或者制定目标努力上市，股权激励的重点在于目标实现，目的性过强。

上市前的股权激励，更看重未来上市股价的增值，这种增值是股市带来的，根本不用企业的任何成本。

第五个时机是老股东结构明显有问题

还有一种情况是公司原有股东结构不合理，当然主要是董事会结构不合理，需要增加新的股东和董事，这时可以通过股权激励引入新的股东，加入董事会。这时公司治理结构调整，激励的目的不突出，股权激励就是个接口。

小贴士

公元前362年，秦孝公即位之初颁布《求贤令》，这可能是最早的招聘广告。这则招聘广告最后一句"吾且尊官，与之分土"就是股权激励承诺。著名的变革家商鞅应聘成功，就此开创广为人知的"商鞅变法"时代。《求贤令》收录在此：

"昔我缪公自歧雍之间，修德行武。东平晋乱，以河为界。西霸戎翟，广地千里。天子致伯，诸侯毕贺，为后世开业，甚光美。会往者厉、躁、简公、出子之不宁，国家内忧，未遑外事，三晋攻夺我先君河西地，诸侯卑秦，丑莫大焉。献公即位，镇抚边境，徒治栎阳，且欲东伐，复缪公之故地，修缪公之政令。寡人思念先君之意，常痛于心。宾客群臣有能出奇计强秦者，吾且尊官，与之分土。"

11.4 如何设计虚拟股权激励机制

虚拟股权激励是一个很有效的激励手段，因为在华为、阿里巴巴等一批公司里的验证效果很好。但是，国内现行法律没有对虚拟股权激励计划的推行营造良好的法律基础框架，使虚拟股权激励处于无法可依的尴尬境地。2015年5月，新三板挂牌企业北京精冶源新材料股份有限公司公开披露了虚拟股权激励方案，开创了新三板企业虚拟股权激励的先河。其实，虚拟股权激励从某种意义上就是利润分享机制而已，不涉及企业内部治理结构的变化，不受法规限制，反而突出了这种激励机制的灵活性。

虚拟股权激励计划是指公司授予被激励对象（公司内部管理人员及普通员工）一定数量的虚拟股份，被激励对象无须出资即可享受公司价值分配的权力。被激励对象持有的虚拟股权没有表决权。虚拟股权激励计划最早由1985年美国玛丽凯公司成功运作之后，受到广泛推崇和借鉴。

虚拟股权激励有什么特点呢？

第一，可以规避《公司法》《证券法》等对股权的限制性规定。传统股权激励既要考虑股份来源，还要考虑股东数量，虚拟股权激励只需要在公司内部虚拟出特定数量的“虚拟股权”并在财务上反映即可，并不发生真实交易，不改变公司股本结构，不受《公司法》《证券法》的相关限制。

第二，股权形式虚拟化。虚拟股权不会稀释股东股份，不影响决策权，仍然能达到激励核心员工的目的，持有者可以按照虚拟股权数量，按比例分享公司税后利润的分配。

第三，不需要员工出资购买。虚拟股权均是无偿赠送给核心员工的，员工不用出资。

第四，虚拟股权激励既是物质激励也是精神激励。参与利润分享是物质激励，能成为虚拟股权激励的对象，是公司对个人的一种充分认可，通过仪式感的授予环节，可以让本人产生巨大的荣誉感，这是精神激励范畴。

虚拟股权激励方案设计步骤如下。

第一步：确定激励对象及其资格条件

企业首先需要界定激励的范围，是少数核心员工还是较大范围的普通员工。从激励效果讲，激励的范围大一些效果好，从激励的策略来说，激励要逐步完成，先从最核心的少数人开始，然后逐渐扩大激励范围，让每个纳入激励计划的员工都感受到，这是经过自己努力之后获得的。

资格条件可以设定为：

1. 中高级管理人员司龄满 1 年，一般员工司龄满 2 年；

2. 绩效考核成绩 A 级以上或连续两年为 B 级；

3. 有突出可衡量的贡献；

4. 具有某个公司急需的资格证书。

第二步：确定当期股权激励额度

确定授予的股权额度一般会从多个要素衡量。例如，岗位、绩效、司龄、突出贡献股等因素，可以划分等级和对应的股权额度。

第三步：确定股权持有者的股权数量变动原则

由于职位和绩效等因素的变动，使得持有人的股权数量会发生改变。职位变动时，职位股的虚拟股权基数随之调整；随着员工工龄的增加，其工龄股也会逐渐增加。对于员工离职的情况，非正常离职（包括辞职、辞退、解约等）者虚拟股权自动消失；正常离职者可以将股权按照一定比例折算为现金发放给本人，也可按照实际剩余时间，到年终分配时参与分红兑现，并按比例折算具体分红数额。如果股权享有者在工作过程中出现降级、待岗处分等处罚时，公司有权减少、取消其分红收益权即虚拟股权的享有权。

第四步：确定分红提取方法

根据公司年度经营目标的完成情况，计算年度可分配额度，可分配额度称为分红基金。

分红基金的提取，是以前一年度公司净利润所占一定比例计算的，这个比例称为提取比例。提取比例的大小，根据目标完成情况确定。业绩目标正常完成或超额完成情况下，通常提取比例可以在 15% ~ 35%，如果目标没有达到公司设定的底线目标，当年提取比例可以为 0。

第五步：确定虚拟股权的每股现金价值

按照以下公式计算出虚拟股权每股现金价值：虚拟股权每股现金价值 = 当年实际分红基金规模 ÷ 虚拟股权总数。

实行虚拟股权激励制度的第一年，假定其当年实际分红基金数额为 12.75 万元，而当年实际参与分红的虚拟股权总数为 115800 股，所以根据公式，其当年虚拟股权每股现金价值 =127500 元 ÷ 115800 股 =1.10 元 / 股。

第六步：计算当年分红现金数额

将每股现金价值乘以股权享有者持有的股权数量，就可以得到每一个股权享有者当年的分红现金数额。若某员工持有的股权总数为 5800 股，则其当年可拿到的虚拟股权分红数额 =1.10 元 / 股 × 5800 股 =6380 元。

员工应按照“当年分红兑现：结转下年”的比例结构滚动分配分红现金。如可以规定，当年分红兑现：结转下年 =80%：20%，即当年发放分红现金的 80% 部分，剩下的 20% 部分计入个人分红账户，然后结转到虚拟股权享有者下年的分红所得中。

第七步：确定虚拟股权的性质转化原则

根据公司经营发展状况和股权享有者的岗位变动情况，公司必然会面临虚拟股权的性质转化问题。原则上讲，虚拟股权持有者可以出资购买自己手中的虚拟股权，从而把虚拟股权转换为公司实有股权。在转让时，公司对于购股价格可以给予一定的优惠。

在公司虚拟股权的性质转化时，可以原则性规定，经虚拟股权享有者申请，可以出资购买个人持有的不低于 50% 的股权，将其转换为实有股权，公司对于购股价格给予不高于实有股权每股净资产现值的 9 折优惠。

第八步：在公司内部公布实施虚拟股权激励计划的决议

公司管理层在确定要实施虚拟股权激励制度之后，应在公司内部公布实施该激励制度的决议，并进一步详细介绍实施此项激励制度的流程和内容，详细告知企业员工获得虚拟股权的程序，让员工积极参与进来，把这项激励措施真正落实到位。

11.5 北京精冶源虚拟股权激励实践案例

北京精冶源公司是一家新三板挂牌企业，该公司的案例在新三板企业中具有一定借鉴意义。该方案非常清晰地设定了年度业绩目标、授予人员的条件、授予股权数量的确定方法及退出方法，逻辑清晰，方法简捷，值得学习。

北京精冶源新材料股份有限公司虚拟股权激励方案

第一章 总 则

第一条 目的

为提高北京精冶源新材料股份有限公司（以下简称公司）的经济效益水平和市场竞争能力，吸引和保持一支高素质的人才队伍，营造一个激励员工实现目标和自我管理的工作环境，倡导以业绩为导向的文化，鼓励员工为公司长期服务，并分享公司发展和成长的收益，特制订本虚拟股权激励方案。

第二条 定义

虚拟股权指公司授予被激励对象一定数额的虚拟股份，被激励对象无须出资即可以享受公司价值的增长，利益的获得需要公司支付。被激励者没有虚拟股票的表决权、转让权和继承权，只有拟制分红权（即获得与虚拟股权收益金额相等的激励基金）。

第三条 有效期限

本计划的有效期限为三年，即 2015 ~ 2017 年，激励对象无偿享有公司给予一定比例的分红权，计划有效期满后，公司可根据实际情况决定是否继续授予激励对象该等比例的分红权。如在该方案的有效期内经股东大会和董事会决议通过了其他的股权激励计划，经股东大会和董事会表决后可以中止该计划。

第四条　组织实施

（1）公司董事会负责虚拟股权的组织管理工作：根据年度税后净利润确定虚拟股权分配方案；根据员工持股情况设立员工个人持股明细账户，登记员工持有的虚拟股权状况，结算年终分红收益，办理虚拟股权的授予等事宜。

（2）董事会负责审核虚拟股权授予方案。

（3）董事会负责批准授予人选，制订年终分红方案，批准虚拟股权的授予方案。

（4）股东大会负责批准虚拟股权设置方案以及年终分红方案。

第二章　虚拟股权的授予

第五条　授予对象确定的标准和范围

虚拟股权授予对象参照如下标准确定：

（1）在公司的历史发展中做出过突出贡献的人员；

（2）公司未来发展亟须的人员；

（3）年度工作表现突出的人员；

（4）其他公司认为必要的标准。

授予范围包括公司高级管理人员、中层管理人员、业务骨干以及对公司有卓越贡献的新老员工等。

第六条　授予对象的确定

虚拟股权的授予，由公司根据上述标准在可选范围内提名确定具体人员名单，报经董事会批准。后进入公司的新员工如果符合上述条件，公司可以调整当年的股权激励计划，经董事会批准后，新员工可作为当年度的激励对象。原则上员工需在公司工作满一个自然年后（自入职到该方案每年的实施时间）方可享受该方案。

第三章　授予数量的确定

第七条　虚拟股权持有数量

虚拟股权的授予数量，根据虚拟股权激励对象所处的职位确定股权级别及其对应基准职位股数（经董事会表决同意后基准职位股数可按年度调整），根据个人能力系数和本司工龄系数确定计划初始授予数量，根据年终绩效考核结果确定当年最终授予虚拟股权数量。

虚拟股权的初始授予数量 = 基准职位股数 × 能力系数 × 本司工龄系数

虚拟股权的最终授予数量 = 虚拟股权的初始授予数量 × 绩效考核系数

第八条 股权级别及职位股数确定（见下表）

股权级别（职位股数）评定表

股权级别	评定标准	基准职位股数（股）
1 级	通过按指令能基本完成本岗位的工作任务	40000
2 级	能够独立、合格地完成本岗位的工作	60000
3 级	通过自己的技术专长或团队管理能较好地完成本岗位的工作	80000
4 级	通过他人或团队管理能完成工作目标，业绩卓越且能保持团队稳定	100000

本方案实施或修订后，公司未来因权益分派、股票发行或其他因素导致总股本变动的，则上述基准职位股数按照总股本变动比例同步调整，相应基准职位股数按照变动时间进行加权平均计算确定（2015 年股本变动已直接调整基准职位股，不再加权计算）。

第九条 个人能力系数

个人能力系数由公司根据下表所列能力评定标准，结合员工个人学历、工作经历及在公司的工作表现等因素进行综合评定。

能力系数评定表

能力等级	能力评定标准	能力系数
中级	◆熟练运用所掌握知识、技能完成一般复杂程度的工作；	
	◆对工作相关风险或潜在问题具有一般的认知与把控能力；	1.0
	◆能够将岗位相关经验应用于工作实际。	
高级	◆精通某一方面知识或技能的工作应用；	
	◆能够独立处理富有挑战性和复杂的事项；	1.1
	◆能够带领一定规模的团队开展相关工作。	

续表

能力等级	能力评定标准	能力系数
专家级	◆能被征询意见，解决本职工作领域相关的复杂技术问题； ◆能对其掌握的知识、技能提出战略性建议或做出合理调整； ◆对公司业务及其工作有敏锐的洞察力并提出解决方案。	1.2

第十条 本司工龄系数表

本司工龄系数表

本司工龄	本司工龄系数
3 年以下（含）	1.0
3 年至 5 年（含）	1.1
5 年以上	1.2

第四章 业绩目标与绩效考核

第十一条 业绩目标

公司以年度营业利润作为业绩考核指标。设定的每年业绩目标为：年度营业利润增长率不低于 20%（含 20%）。上述业绩目标作为确定是否授予年度分红权激励基金的基准指标。在计算确定上述作为业绩目标的营业利润时，涉及本方案所产生的应计入考核年度的成本费用不予扣除。

第十二条 业绩目标考核

每个考核年度期满且审计报告出具后 30 日内，由董事会组织财务部门考核是否实现公司业绩目标。如公司业绩目标实现，则开始实施当年度的分红权激励，向激励对象授予分红权激励基金。业绩目标未能实现的，不得授予分红权激励基金。

第十三条 业绩目标调整

当出现如下情况时，由董事会审议决定，可对公司业绩目标做出相应调整以剔除下述因素对利润的影响：

（1）会计政策及会计处理办法发生重大变更；

（2）国家税收政策直接导致公司的税收发生重大变化；

（3）国家经济环境、经济政策、行业政策等的重大变化直接对公司产品的市场和价格产生重大影响；

（4）战争、自然灾害等不可抗拒因素影响公司正常经营；

（5）发生管理人员职责范围外的其他不可控制风险。

如果调整后的业绩目标变动幅度超过 30%，则须由股东大会重新审议通过后才能执行。

第十五条 考核周期

本计划以一个完整的会计年度为一个业绩目标和绩效考核的周期。

第十六条 考核内容

每年年初，根据激励对象所在岗位的岗位职责，确定考核内容，包括工作态度、工作能力和工作业绩等方面的考核，其中工作业绩是重点考核内容。

第十七条 考核结果与绩效系数

每年年初，公司对上年度的个人绩效做评估，评定激励对象的考核结果和绩效系数。其结果作为激励对象参与股权激励基金分配的依据之一。

绩效系数确定标准

序号	绩效评级	绩效系数
1	优异	1.5
2	良好	1.2
3	达标	1.0
4	不达标	0

第五章 激励基金的提取、分配和发放

第十八条 年度激励基金总额

每年以上述第十一条所确定业绩目标作为是否授予股权激励基金的考核基准指标。在实现公司业绩目标的情况下，按照公司该年度扣除非经常性损益后净利润和虚拟股权占比核算和提取股权激励基金。即当年激励基金总额 = 考核年度扣除非经常性损益后净利润 × 加权虚拟股权总数 / 加权实际总股本

每个考核年度末，当年激励基金总额参考经审计机构初步审定的财务数据和激励对象考核评定情况进行预提。在计算确定预提考核年度激励基金总额所参考的扣除非经常性损益后净利润时，涉及本方案所产生的应计入考核年度的成本费用不予扣除计算。根据经审计的扣除非经常性损益后净利润，确定考核年度最终激励基金实际应发放金额。

第十九条　虚拟股权的每股现金价值

每股现金价值 = 当年激励基金总额 ÷ 实际参与分红的虚拟股权总数

第二十条　分红办法和分红现金数额

将每股现金价值乘以激励对象持有的虚拟股权数量，就可以得到每一个激励对象当年的分红现金数额。

个人实际可分配虚拟股红利 = 虚拟股权每股现金价值 × 虚拟股股数

第二十一条　红利发放

当年的虚拟股红利在次年 5 月发放，虚拟股红利以公司公告为准。虚拟股红利发放通过银行转账发放到员工银行卡上，涉及征税，公司代扣代缴。

第六章　激励计划的修订、终止及其他

第二十二条　虚拟股份退出

从激励对象离职或被解雇之日起所授予虚拟股份自动丧失，不再享有任何分红权。

第二十三条　转换条款

公司处于收购、兼并或转板上市阶段的，虚拟股权可以通过一定的对价方案转化为股票或者现金补偿，具体转换方案另行制订。

第二十四条　修订、解释

本办法试行期为一年，试行期结束后根据执行情况进行修订。本办法由董事会办公室负责拟定、修改和解释，由董事会、股东大会审议通过后实施。

（本案例来自网络，作者不详）

11.6　非上市公司实施股权激励的几个主要问题

非上市公司实施股权激励有几个主要问题需要认真研究和决策。

一、选择哪种持股方式

方式一：直接持股

员工直接持股，顾名思义即被激励对象以其本人名义直接持有公司股权。

企业在初期一般为有限责任公司，有限责任公司股东严格限制在 50 人以内，因此被激励对象人数不宜过多。被激励对象在公司层面直接持股，除收取股息、享有公司分红外，也可以参加股东会议、行使表决权、参与公司决策，一旦未来被激励对象与公司创始人就公司的发展产生根本分歧，将对创始人掌控公司构成最直接的威胁。因此，除创业元老、核心员工中的核心或者公司发展不可或缺、无可替代的极少数人员可通过直接持股模式外，其他被激励对象应当通过持股平台或者创始人代持等方式间接持有激励股权。

方式二：通过持股平台持股

设立特殊目的实体（可以采用公司或者合伙企业形式）作为持股平台，被激励对象作为持股公司股东或者合伙企业的合伙人，间接持有被激励股权。

利用持股平台间接持股，除可以在公司层面维持股权结构的相对稳定外，也可以通过一定方式，如由创始人作为持股平台（公司形式）控股股东或者作为持股平台（合伙企业形式）的执行事务合伙人来实现创始人实际控制持股平台，从而维持其对创业公司的掌控。

二、股权的定价问题

上市公司股权激励计划在行权价格的确定方面是以股票市场价格作为定价基础的。而在中国非上市企业以每股净资产作为行权价格的做法过于简单，以股权价值作价容易价值失真，其客观性、公正性与准确性都存在着严重问题。

三、员工作为股东进退机制的问题

随着公司的发展，公司经营管理者及其他员工将不断发生变化，有的员工会离开公司，有的新员工进入公司。根据员工持有股份的初衷，离开公司的员工就要退出股份，新进员工应持有股份，不过由于是非上市公司，股东的进退机制很难理顺，同时由于公司性质的不同，股东的进入与退出受到的限制相对小很多，因此，非上市公司的进入和退出，操作起来比上市公司复杂得多。

四、购买股权的资金问题

员工通常不具备大额股权的行权支付能力，影响公司股权激励计划的顺利实施。

五、公司价值的评价问题

如同商品的价值，公司的价值只有投入市场才能通过价格表现出来，在有效的资本市场中公司股票的价格就是公司的长期价值。然而，非上市公司要评估其价值却要难得多，目前大多以公司的净资产作为评价标准，但公司净资产随着会计处理的不同差异会很大，不能真实反映公司的长期价值，这也就很难对经营者的业绩做出合理的评价。

11.7　如何设计非上市公司股权激励机制

实施股权激励的重点是确定以下六个激励要素。

1. 定人：即股权授予哪些人。首先，需要将历史贡献者与未来创造者区分开来，对于历史贡献者，授予股权是对其历史贡献的承认，有助于创业元老甘为人梯，帮助新人成长。对于未来创造者，授予股权是要调动其积极性和潜力，为公司创造更大的价值。其次，从国外实践来看，股权激励对象大致有三种情况：经理人员、核心技术人员和有突出贡献人员、一般员工。在确定激励对象时，可以综合考虑职务、业绩和能力等因素。

2. 定量：即授予股权的数量。授予股份一定要进行总量控制。不同行业、不同规模、不同发展阶段企业的授予股份总量应该有所不同。此外，还需要根据情况将授予股份总量区分为当期激励股份和预留股份两部分，尽量不要一次性将可授予股份全部用完。

3. 定价：即股权授予价格及股权退出价格。非上市公司股权激励行权价格通常参照每股净资产，进行平价、折扣或溢价出售。股权回购或转让需要根据主动离职、被裁、因公殉职以及因病死亡等各种不同情况制定不同的价格指导意见。

4. 定时：即确定股权授予日、有效期、等待期、可行权日及禁售期等。通常股权授予日与获授股权首次可以行权日之间的间隔不得少于一年，并且需要分期行权。

5. 定股份来源：即用于股权激励的股份的来源。非上市公司首次实施股权激励的股份通常来自大股东转让、赠与或者增资扩股。现有股东需要慎重确定出让股份的比例，因为这会影响未来公司的治理结构及公司的控制关系。

6. 定资金来源：即被激励者购买股份的资金来源。主要有被激励者直接出资、被激励者工资 / 奖金 / 分红抵扣以及企业资助等。确定资金来源需要综合评估公司现金流、被激励者收入状况等因素。

11.8 河北某教育集团公司股权激励实践案例

本节推荐的实践案例是河北某教育集团公司正在执行的案例。该制度有三个重要特点。

1. 激励对象选择弹性较大。制度中只规定“限于对公司未来发展有突出贡献和持续影响力的核心骨干人才”，然后详细列明取消资格的条件，以此可见，该制度是可以容纳较大比例员工加入的股权激励制度。

2. 股权价格、授予数量确定灵活。股权定价、授予数量是个难题，制度中没有明确计算方法，为股东会、董事会留出一定权衡的空间。

3. 制度是动态股权激励。从第十一条第三款“经营年度初，董事会组织对公司上经营年度决算审计并审批通过决算报告后，公司根据激励对象个人及公司业绩达标情况，结合公司股权激励方案，确定符合股权激励业绩条件的人员名单，并组织计算股权激励基金的额度及可获取股权的额度，财务部门对相关数据进行审核确认。公司将激励名单报董事会审批后，公告激励对象名单、激励数量、激励价格”可以看出，这是一个每年进行一次的股权激励制度，也就可以理解为，这个制度符合动态股权激励的特点。

河北某教育集团员工股权激励管理办法

第一章　总　则

第一条　依据《公司法》《A公司章程》制定本办法，本办法是公司董事会及公司实施股权激励的管理、检查的依据。

第二条　实施股权激励的目的

1. 为提高公司经营管理水平和市场竞争力，倡导以业绩为导向的经营理念，创造激励员工实现目标的工作环境，吸引、激励和稳定公司经营管理骨干。

2. 让公司经营管理骨干转化角色，分享公司发展的成果，与原始股东在公司长远利益上达成一致，有利于公司的长远持续发展及个人价值的提升。

3. 以此为契机逐步理顺公司治理结构，促进公司持续健康发展。

第三条　管理机构及组织实施

1. 公司股东会负责重大股权事项决策；董事会负责公司股权的管理工作。

2. 职责：

2.1 股东会：股东会是公司最高权力机构，在股权方面主要职责为：

（1）审批、决定修改、废止董事会提交的《员工股权激励管理办法》《员工股权激励方案》以及相关配套制度。

（2）审批股权授予方案；批准股权的回购、转让方案。

（3）审议批准董事会提报的利润分配方案及弥补亏损方案。

2.2 董事会：董事会由股东会决议成立，是公司股权激励的管理机构（具体职责在章程中约定），在股权管理方面主要职责为：

（1）负责制定、修订《员工股权激励管理办法》《员工股权激励方案》并报股东会审批。

（2）审核激励对象授予实股股权、期权的资格及条件，并报股东会审批。

（3）批准公司股权激励业绩目标和具体的激励比例。

（4）负责实股股权、期权的登记管理。

（5）提出年终分红方案并提交股东会审议批准。

（6）当公司增资、减资、合并、分立、股权融资、公积金转增股本等事项发生时，确定股份调整办法以及实施具体调整等其他有关股权激励且应由董事会决定的事项。

（7）负责具体办理股权的登记、退出、回购、工商变更手续。

（8）组织股权红利计算及红利支付手续的办理。

（9）根据员工激励基金的获取及持股情况组织设立并管理员工个人持股账户。

第二章　激励对象、股权取得方式及股权结构

第四条　激励对象

激励对象的重点范围限于对公司未来发展有突出贡献和持续影响力的核心骨干人才，在签订《期股激励协议书》后，激励对象必须履行协议约定内容。

激励对象确定为：对公司战略支持价值高的核心业务骨干员工，公司依据员工的岗位价值及工作业绩每年度对员工进行综合评定并提名，报董事会审批。

有下列情形之一的取消激励资格：

1. 严重失职，渎职或严重违反公司章程、规章制度及其他有损公司利益的行为。

2. 个人违反国家有关法律法规，因此被判定刑事责任的。

3. 公司有足够的证据证明激励对象在任职期间，有受贿、挪用、贪污盗窃、泄露公司商业秘密、严重损害公司声誉与利益等行为，给公司造成损失的。

4. 为取得公司利益，采取短期行为虚报业绩、进行虚假会计记录的。

第五条　股权取得的方式及股权结构

1. 采取期股的激励方式。

2. 激励对象个人出资，按购买股权时协议约定价格、比例购买公司股份，购买后股份锁定期为三年。在股份的锁定期内激励对象所获得的股份只有分红权；锁定期满且符合本细则要求的条件进行工商登记后，激励对象享有股东应享有的一切权益；锁定期满后激励对象可以委托其他股东，协议代持股份。

未来如有第三方资本介入，股权结构及持股比例按照股东会决议执行。

第三章　股份的价格

第六条　用于公司激励的股份价格由董事会制订方案，报股东会审议批准后执行。

第七条　董事会每年在公司经营年度结束后，组织（内部或外聘第三方审计机构）对公司进行年度决算审计，审计结果报股东会确认。

第八条　董事会负责办理股权相关手续：组织签订《期股激励协议书》；负责对实股股权按本细则规定办理工商登记手续。

第四章　股权的分红与转让

第九条　股权分红

按照《公司法》与《公司章程》的规定与程序实施。根据《公司法》规定，公司当年实现的利润总额，应按照国家有关规定作相应调整后，依法缴纳所得税，根据股东会决议，按股东持股比例分配利润。公司当年无利润时，不得向股东分配股利。

公司持有的本公司股份（如本公司收回的代持股份）不得分配利润。

激励对象在获授的股权当年年末决算审计后，如有可分配利润即可享受股东按规定分派的红利。每一会计年度的分红方案由董事会提出分配预案，报股东会批准后实施。如公司遭遇亏损、停业或者破产清算时，持股员工按持股比例承担经营风险。激励对象每年获得的投资收益要依法缴纳个人所得税，并由公司在进行收益分配时一次性代为征收。

第十条　股权变更

（一）公司发生控制权变更、合并、分立

若因任何原因导致公司发生控制权变更、合并、分立等情况，所有已按规定获取的股权及持股比例按股东会决议方案执行，具体调整办法在假设事项发生前另行制定。

（二）激励对象发生职务变更、离职、死亡等事项

1. 激励对象职务发生变更，但仍担任股权激励范围的岗位，其已获授的股权和期股不做变更。但是激励对象不能胜任工作岗位、考核不合格、触犯法律、违反职业道德、泄露公司机密、失职或渎职等行为严重损害公司利益或声誉而导致的职务变更，经公司提名并报董事会批准备案，公司有权按原价格收回期股；如果公司当期每股价格低于购股时每股价格，则公司按当期每股价格收回期股。

2. 激励对象因触犯法律、违反职业道德、泄露公司机密、失职或渎职等行为严重损害公司利益或声誉而被公司解聘的，自离职之日起，公司有权按“当期每股价格”与“购股时每股价格”孰低的价格收回期股和实股。

3. 激励对象因执行职务负伤导致丧失劳动能力的、因公务无法正常履职的、达到国家和公司规定的退休年龄而离职的，其所获授的股权及期股可以不做变更，也可以由当事人提出转让。

4. 激励对象因主动辞职而离职的，自离职之日公司有权按“当期每股价格”与“购股时每股价格”孰低的价格收回期股和实股。

5. 激励对象因执行职务死亡的，公司有权视情况根据激励对象所持的期股价值进行合理补偿，实股可由其继承人继承，也可以按股东会决议依法转让。

6. 当持股（包括期股）员工发生本办法描述的向公司转让股份的情况时，公司向该持股（包括期股）员工支付的回购款在完成回购之日起的一年后开始兑现，分两年等额兑现，即每年兑现二分之一。

（三）股权转让

1. 股权锁定期内只享受分红权，不享有转让权、表决权、继承权等其他权利。

2. 持股员工转让解锁后的股份必须经股东会三分之二表决权以上的股东批准（包括受让对象、转让数量和转让价格的确定），在同等条件下原股东有优先购买权。

3. 当遇到有敌意转让或收购发生时，公司原股东有权阻止该股权转让。

4. 股权转让与受让双方必须到董事会进行登记备案，否则转让无效。持股员工依法转让其出资后，由董事会将受让人的姓名、住所及受让的出资额记载于股东名册（由董事会登记受让人的姓名、住所及受让的出资额等信息）。

第五章 股权授予、解锁及变更实施程序

第十一条 股权授予程序

股权激励方案由股东会审批后执行。

公司增资扩股由激励对象直接出资购买股权的，在双方签署《期股激励协议书》后 10 个工作日内缴纳其个人自筹资金至公司股权激励专用资金账户，如某激励对象无法按时缴纳个人自筹资金，则视为该激励对象主动放弃激励。

经营年度初，董事会组织对公司上经营年度决算审计并审批通过决算报告后，公司根据激励对象个人及公司业绩达标情况，结合公司股权激励方案，确定符合股权激励业绩条件的人员名单，并组织计算股权激励基金的额度及可获取股权的额度，财务部门对相关数据进行审核确认。公司将激励名单报

董事会审批后，公告激励对象名单、激励数量、激励价格。

董事会及相关部门自年度决算报告审议通过后60日内，完成当年度的全部购股、授予、登记、公告等工作及相关程序。

董事会将设立《股东、期股名册登记表》主要载明：姓名、身份证、住所、《股权、期股证书》号、授予股权及期股的数量、授予期间、调整情况记录、权益享有情况记录、各种签章等。

第十二条 解锁流程

激励对象向董事会提交《解锁申请书》，提出解锁申请。

董事会对申请人的解锁资格与解锁条件审查确认。

激励对象的解锁申请经董事会确认后，由公司统一办理满足解锁条件的股权解锁事宜。

第六章 公司、激励对象的权利和义务

第十三条 公司的权利和义务

1. 公司有权要求激励对象按其所聘岗位的要求为公司工作，若激励对象不能胜任所聘工作岗位或者考核不合格，经公司提请并报董事会审批备案，公司有权按"当期每股价格"与"购股时每股价格"孰低的价格收回期股。

2. 若激励对象因触犯法律、违反职业道德、泄露公司机密、失职或渎职等行为严重损害公司利益或声誉并被公司解除劳动合同的，经董事会审批备案，公司有权按"当期每股价格"与"购股时每股价格"孰低的价格收回期股和实股。

3. 公司根据国家税收法规的规定，代扣代缴激励对象应缴纳的个人所得税及其他税费。

4. 激励对象应根据股权激励计划及方案的有关规定，积极配合相关手续并按流程办理，若因激励对象自身不配合造成损失的，公司不承担责任。

5. 法律、法规规定的其他相关权利义务。

第十四条 激励对象的权利义务

1. 激励对象应当按公司所聘岗位的要求，勤勉尽责、恪守职业道德，遵守公司章程及本管理办法的相关规定，为公司的发展做出贡献。

2. 激励对象不得将本公司的商业秘密以有偿或无偿形式转让他人，不得在其他同类机构中兼任职务，有保护公司的商业秘密的义务。

3. 激励对象应按规定按时足额缴纳购股资金。

4. 激励对象有权按照本计划的规定行权，并遵守锁定期的相关规定。

5. 激励对象获授的期股在锁定期内不得用于担保、质押或偿还债务。

6. 激励对象因本计划获得的收益应按国家税收法规缴纳个人所得税及其他税费。

7. 激励对象获授的期股在解锁登记前不享受转让权、继承权、表决权，锁定期满解锁后，享受股东应享有的一切权利。

8. 法律法规、公司章程规定的股东的其他相关权利义务。

第十五条 其他说明

本办法不构成公司对员工聘用期限的承诺，公司对员工的聘用关系仍按公司与激励对象签订的劳动合同执行。

第七章 附 则

第十六条 试行、修订及解释

股权激励方案实施时经营环境及外部条件发生重大变化时，可由公司提议变更激励约束条件甚至终止该方案，并报董事会审核、股东会批准，可能变化的情况包括如下：

1. 市场环境发生不可预测的重大变化，严重影响公司持续经营；

2. 因不可抗力对公司经营活动产生重大影响；

3. 国家政策重大变化影响股权激励方案实施的基础；

4. 其他董事会认为的重大变化。

本办法是公司实施股权激励方案以及股权激励操作与管理的基本依据，一经股东会批准，无论股东会、董事会或激励对象均按此办法理解、解释、执行。

本办法的制定是以《公司法》《劳动法》《劳动合同法》以及国家会计准则等相关法律法规为前提，如有与上述法律相悖内容的表述，以相关法律法规为准。

12 第十二章 薪酬的变革趋势

薪酬变革有哪些趋势?

企业薪酬变革需要哪些环境准备?

什么是阿米巴与阿米巴组织的划分原则?

合伙制薪酬体系如何变革?

12.1 薪酬变革的趋势

1. 越来越多的公司重视薪酬的可支付性

薪酬工作者，在工作中十分关注对外具有竞争力、对内具有公平性的原则，我们有很多的行业调研与专业工具在这两方面使我们走在越来越专业的路上，但在当今互联网、物联网的时代，薪酬的可支付性越来越得到重视，如果没有财务头脑，人力资源管理是盲目的，没有经营头脑，薪酬管理更是盲目的。华为任正非一直强调："我们的战略就是活下去。你赚到钱交一点给我你才能分享，你赚不到钱活该饿肚子。"华为每年做预算薪酬都是根据业务产出的预算来定薪酬费用包的预算，是否可以支付这么高的薪酬总额是由产出来决定的，而且是由实时产出来决定的。2014 年诺基亚将移动部门卖给微软时，诺基亚的高层说，"我们并没有做错什么，但不知道为什么，我们输了"，外界变化的环境决定了业绩产出是动态的，甚至直接决定着企业的生死，所以薪酬的可支付性必须与经营数据捆绑在一起来管理，经营数据的动态输入成为薪酬支付多少的重要限制条件，很多效率不高的公司或者亏损的公司，往往是先把管理层与员工的都分配完毕了，再看给股东留下多少，在没有薪酬投入产出规划和不讲究动态支付的情况下，是很容易出现公司搞了各种核算，往往单个项目核算盈利，奖金也发了，但最后公司整体看不见大盈利，投资回报率下降。所以薪酬的可支付性以及薪酬与业务产出的配比标准，在行业是高、中还是低，是个十分重要的效率比率指标。

2. 薪酬成本随市场价值弹性管理

国内薪酬弹性管理进行比较彻底且全面的组织当属海尔。张瑞敏在海尔进行的“人、单、酬一体化”薪酬管理，所有员工的薪酬由面向市场所创造的价值多少来决定，没有获得利润，一切都不存在，薪酬要完全和个体收益相关，同时要完全的市场化，向市场要效益。他认为如果在开放的市场系统中来检验，不能从市场上获得利润，内部交易是没有价值的，一些岗位的存在与设置也是没有价值的。任正非也多次提到了华为的费用包管理，华为按照产品线产出的比例下放薪酬费用包。国内还有很多大型互联网公司和上市公司均以关键的业绩指标的比例来弹性管理薪酬成本。弹性管理的本质在于维持一定的人力资本投入产出标准，在薪酬管理实践中，不能等到全年12个月结束了再去管理，此时已经没有了弹性调整的余地。薪酬的弹性管理有越来越趋向于向更短的周期、更高的调整频率的趋势，以快速做出对市场产出的高频联动。同样，作为国企改革的先锋，规模庞大的中国联通也在最近几年坚决打破传统工资体系和总量限额，根据市场化对标确定薪酬目标值，以绩效结果确定薪酬兑现值，通过“多劳”实现“多得”，在业绩提升的前提下，同步快速提升广大基层员工薪酬水平的外部竞争力。老板的思维是被市场校正的，而员工、管理层的思维和行为是被薪酬校正的，换句话说，企业给员工的每一分钱都是投资，投资就要有回报，中国有70%～80%的传统企业运用着旧的工资体系：不加考核的发死工资或者固定工资比例极高，这样就会导致员工干多干少一个样，干好干坏一个样。所以要在员工内部实行“多劳多得”，通过考核来定薪，建立合理的薪酬池。

3. 薪酬有按照团队薪酬包支付的趋势

越来越多的企业年度《绩效任务书》是按照团队一起来签署的，而不再是一个一个的个体任务书，整个团队面向共同的团队目标与薪酬包配比，也就是团队对投出产出的效率负责，而不是对预算的薪酬绝对值负责。这种小团队的兴起是未来的一种趋势，而且越来越多的组织在向这个方向变革或演进。近几年在全球组织发展领域呈现出“大平台小前端微组织”的趋势，减少中间层，企业平台化，激发小团队活力，对市场与客户需求做出快速反应。Google的总裁在其2015年发表的专著《重新定义公司》中，强调未来组织形态应该是化小单元，同时重视人才密度的提高。海尔这么超大体量的组织也被划分为 2000 多个自主经营体和小微组织，360 公司的周鸿祎也提到："在新的时代，企业的架构和管理方式也应该会随之而改变，组织一定是扁平化的，一定是以产品与用户为核心的，一定是小而美的，360 公司也把自己的公司划分为 400 多个团队。"只要把组织平台搭建好，赋予团队价值创造的效率标准，提供团队创造价值的平台资源，分享超额利润，人事权、薪酬权，费用权都可以下放给团队的负责人，由整个团队对薪酬效率负责。

4. 薪酬预算从建立薪酬包的投入产出比标准制定开始

薪酬包比例管理法，已经成为薪酬管理的顶层设计的一部分，也是薪酬管理与预算的顶层逻辑，这样可以保证薪酬管理走在正确的效率之路上，在此效率标准上，辅以薪酬"对外具有竞争力，对内具有公平性"的工作原则，将薪酬管理全方位融入企业的经营与员工的分配均衡中。在某些集团公司，也曾出现这样的问题，收购后的公司与原母体公司，在相同的人数、相同的人均薪酬水平、相同的业务形态下，最终年度净利润可以有几十倍的差异，原因就在于公司薪酬年度管理的源头逻辑不一样。一个一开始就有效率要求，全年按照效率以终为始的弹性管理；另一个没有效率要求，按照推土机式的管理，推到哪里是哪里，薪酬发到哪里是哪里。因此建立薪酬包的投入产出比是至关重要的薪酬工作。同时与薪酬包关联的核心指标，应根据企业的生命周期和战略投入规划以及企业的行业性质等，去选择最大程度反映企业经营成果且简单有效的指标，不宜过多，最多不超过 1 ~ 2 个。有很多不采用薪酬费用包管理的公司，针对每个岗位进行考核，少则 7 ~ 8 个指标，多则甚至 10 几个，绩效的导向呈散打状态不聚焦，产生不了很强的绩效拉力。因此，在薪酬包管理下，每家企业的选择应该不一样，可能是合同额，也可能是收入，也可能是净利润，互联网公司也可能是用户数，也可能是流量等的核心指标，深度授权就是在这个效率标准下，向每一个团队组织授权，将人事权、分配权全部下放，这与传统的科层制下层审批单个员工的薪酬完全不同，员工薪酬取决于他们的产品与服务在市场上的成功程度。

5. 薪酬设计的多样性与得到的快速感知性

除了固定工资，浮动工资、奖金、津贴、福利等，更多有创意的一级、二级股权激励、内部创业、合伙人制以及特别跟投项目设计等，都让薪酬设计可选择的菜单越来越多，呈现多样性与创新性，共投、共创、共收益的激励模式层出不穷。与此同时，对于价值创造与薪酬分配的终端感知度，无论从计算、查询、反馈、发放，都在缩短周期，让员工快速感知价值创造的结果。目前，尽管大部分企业都执行月度发放，但是不影响在最短的周期内（日 / 周 / 月）让员工了解到薪酬与劳动价值创造之间的关系，在国内一些先进的企业，员工在 PC 端或移动端，已经可以实时地对自己的劳动所得进行查询与互动。即便是对于外部客户服务流程复杂的华为，任正非也提到，坚决反对年终奖制度，他认为年终奖已经落后，更强调过程奖、及时奖。比如，应有 50% 幅度的过程奖在年终前发完，没有发完的，到年终就收回去，这样倒逼各部门发放项目奖、过程奖、及时奖。有一年在东莞的某一条街上，有很多的快递公司，其中不乏国企以及民企圆通、顺风等一些公司，据观察，最早关门下班的是国企，最晚到了 12 点还不下班的是顺风，这里面就有一个薪酬发放感知度的问题，国企的大部分薪酬是按照一定的级别固定发放的，而多加班发出的包裹与员工收入之间并无明显的可感知关联，而顺风的快递员手里有个计量重量和结算的计重器，很容易从每一个发走的货物中感知到自己的薪酬变化，快递员每时每刻都能感觉到为自己干的动力。

12.2 企业薪酬变革环境准备

1. 文化层面的变革

在文化层面，企业存在的价值到底是什么？这涉及企业的创始人的精神世界以及对企业创办的终极意义的探寻。日本稻盛和夫认为："追求全体员工物质与精神两方面幸福的同时，为人类、社会的发展，进步做出贡献。"任正非经常挂在嘴边的有三句话，"第一，以客户为中心；第二，以奋斗者为本；第三，长期坚持艰苦奋斗"。在文化层面，创始人要真正从内心敢于向下分配，敢于拉开收入的差距，敢于向下授权，放弃很多代表着科层制下的权力象征，敢于进行大平台小前端的组织变革，把多达 6 ~ 7 层的组织扁平化到最多 2 ~ 3 层，敢于将财务数据在经营中公开、透明，敢于塑造公开、公平、公正的经营环境，这些都会引起文化层面的深度变革。

2. 组织层面的变革

"先发制人，后发制于人。"阿里巴巴、百度、腾讯、华为、海尔等线上线下巨头不约而同地通过事业单位重组与组织架构调整，以期赢得快速演变中的生态系统的主控权。这个现象说明了网络时代的组织必须顺势而变，有充分的弹性与应变能力。网络时代带来的商业活动中的信息透明与权力重组，使决定权转移到了消费者的手中，企业的一个回应延迟即可能失之千里。在这种趋势下，"顾客是第一，员工也是第一"，企业唯有建设一个能连接员工与企业创新需求的平台型组织，才能持续产生有益于人类生活进步的创新。打破科层制建立平台化组织的不仅仅限于互联网企业，国企的海尔以及中国联通等体量较大的组织，都在构架平台型的组织。

3. 财务层面的变革

从核算会计，到管理会计，进而到经营会计的转变。任正非在讲到让前线呼唤炮火的授权过程时也提到了："在管理进步中，财务的进步是一切进步的支撑，没有优良的财务管理，没有可靠的监控，我们的授权就不能完成，前方就不能直接呼唤炮火，官僚、臃肿的机构长存，我们如何能活下去？我们要坚定地支持公司的 IFS 变革，通过 3 ~ 5 年的努力，实现'加速现金流入，准确确认收入，项目损益可见，经营风险可控'的变革蓝图。财务人员应在这场变革中，加强业务建设，夯实组织基础，提高个人修养，以'责任、奋斗、融合、成长'的胸怀，更好地服务业务、支撑发展，真正实现'计划、预算、核算'的全流程管理。""所谓经营，数字便是一切"，这是在日本创立 250 多家企业、经历 4 次经济周期没有一家公司亏损的，且市值曾达日本第一的稻盛和夫反反复复强调的一个重点。"不懂财务数据怎能经营企业！"在他看来，企业经营者做出正确的经营判断的前提是要精通财务数据以及数据处理的方法。在日本有一种说法，"中小企业似脓包，一旦变大便破碎"，稻盛和夫的解释是"因为没有采用有效的管理会计手法"。怎样才算是成功的经营？什么样的管理会计手法最有效？要成为真正的经营者，就必须要会算账，懂会计。

企业经营者必须正确把握自己企业实际的经营状况，在此基础上做出正确的经营判断。而要做到这一点，前提就是要精通财务数据以及数据处理的方法。如何通过数字展开经营？首先是“数字正确”。我们每天都要意识到，只有拿到正确的经营数字，各个部门乃至整个公司才能据此进行经营判断。其次是“数字透明”。要用严肃的态度来“通过数字展开经营”。财务必须是光明正大的，不能弄虚作假。另外，不但经营者要知道公司的经营状况，员工也需要知道经营者在干什么，这才叫透明。通过构建一个玻璃般透明的系统，使隐蔽或模糊事实的企图变得不可能。再次是“数字管理”。最小的组织单位也必须有明确的数字目标。要用具体的数字明确地表述目标，不光是销售额，包括利润都要建立明确的目标，并用数字具体地表示出来，而且这种目标在空间和时间上都必须明确。空间上明确，即目标不是全公司的一个抽象数字，而是要分解到各个部门的详细资料。让员工们明白自己每一天的任务，完成这些任务就必须明确目标。最后是“数字经营”。利润无须强求，量入为出，利润随之而来。销售最大化、费用最小化是经营的原点。在销售额提升的同时，不是增加费用，而是保持费用不变，可能的话还要降低费用，这才是经营。

4. 分配层面的变革

在分配层面除了多样性，弹性分配对于内部企业沿袭多年的薪酬机制是一种挑战，薪酬从纵向的、按照预算由上级进行调整到由市场决定发放多少，在这个过程中，是不是每个人都有发薪的资格，都有存在的理由？海尔在其组织变革中于 2014 年消减了 16000 名含中高层在内的人员，市场与收入非但没有降低反而有所提高，因此在这种变革中无数的企业都要面临一些技能老化的管理者，甚至“专业上优秀的员工”，由于技能落后或者成本过高或其他不被内部组织选择留下的种种原因而被动离开平台，这都是薪酬变革带来的剧烈组织变革。同时，平台化的组织，一定要进行利润分享，唯有分享，才能够激活直接面向市场的小团队的活力，变“要我干”为“我要干”，而分享的力度也有逐步加大的趋势，很多平台化的组织甚至提出了 100% 的超额利润分配机制，超额激励分几年在每年完成任务的基础上逐年发放，这也是十分挑战企业创始人的分配理念，企业做大做强一定要有胸怀把钱分好，这是人性的考验，也是由对人性理解的深度决定的。

12.3 阿米巴体系下的薪酬变革

1. 什么是阿米巴与阿米巴组织的划分原则

提出阿米巴经营理念的是日本管理大师稻盛和夫，“阿米巴”在拉丁语中是单个原生体的意思，属原生动物变形虫科，虫体赤裸而柔软，其身体可以向各个方向伸出伪足，使形体变化不定，故而得名“变形虫”。阿米巴变形虫最大的特性是能够随外界环境的变化而变化，不断地进行自我调整来适应所面临的生存环境。对组织而言就是，将组织分成若干个独立核算单元体，自食其力，自负盈亏，让员工潜力得到惊人的激发，让隐性机会变成现实，销售最大化，费用最小化，而组织中的每个员工必须懂成本、会经营，这样才能使得组织利润得到大幅提高。

从 2009 年开始，在国内开始逐渐实施一种组织内部交易化的“阿米巴经营体系”。例如，海尔的“人人都当 CEO”，七匹狼的“人人都当合伙人”，华为的“上将班长”，其本质都是阿米巴经营模式。

组织在确定采用阿米巴经营模式后，首先要做的是，对现有组织进行重新划分，最终使新的组织适应阿米巴的经营模式。

下面介绍一些关于阿米巴团队划分的基本原则。

（1）划分的维度：要从组织的实际业务出发，可以按照产品线、业务、客户、区域等多个维度进行阿米巴团队的划分，但需要满足的一个前提是划分后的阿米巴团队可以独立核算。

（2）划分的颗粒度：关于阿米巴划分的颗粒度，可大可小，大到一个子公司、一个业务单元、一个产品线，小到一个几人小组。这个与组织的独立核算能力直接相关。也就是说，只要能够独立核算到的最小单元即可划分为阿米巴团队。最低 / 小层级的阿米巴团队也叫末级阿米巴，一般人员建议不低于 3 人，不高于 30 人；设置最小人数建议主要是考虑组织人员变更后，不会因为人员太少而使业务发生“遗失”；设置最大人数建议主要是从管理的幅度来考虑，阿米巴本质就是一个个小的单元体，可以灵活地、动态地随着外界环境的变化而快速地调整自己，最终生存和持续地发展下去。

（3）划分的关键绩效要求底线：被划分为阿米巴团队的另一个前提是要遵循和满足组织当期对绩效要求的底线。在进行阿米巴团队划分的时候，要确定一个阿米巴团队的关键业绩要求底线，关键业绩要求是当期衡量组织价值最重要的一个可以量化的指标，关键业绩要求既可以是合同、收入、毛利、利润等财务指标，也可以是用户数量、访问量等客户指标。如果阿米巴团队不能达到满足关键绩效要求的底线，那么其就失去了存在的价值和意义。当然，对于组织具有战略价值的业务可以除外，予以单独考虑为宜。

2. 平台与阿米巴团队 / 个体利益的比例分配

在完成组织中基于阿米巴团队的组织架构划分后，组织就真正演变成了一个平台。在平台化组织下，确定平台与阿米巴团队创利之间的比例关系十分重要。华为每个产品线都有自己的费用包比例，在挣得的净利润（或毛利）按多少比例上缴给公司，多少比例用于薪酬分配上都是有规定的；海尔也是于每年年初，根据上一年的小微组织的净利润收益与人力成本总额之间的关系，结合当年目标值确定自挣自化的薪酬包比例关系。这些比例的确定每家公司都不太一样，比例的高低，受行业平均水平、企业产品生命周期、股东再投入对利润留存及员工层面分配均衡的影响，但无论如何，这个比例关系在年度预算中明确下来是十分重要的环节，只有确定了比例关系，成本才能够弹性控制。

阿米巴团队的分配比例一经平台就要向平台缴纳一定的利润，如滴滴打车，司机与乘客只要开始起步创造价值，在结算后就要向平台贡献一定的利润，而这个利润就是分成比例，这个分成比例要进行大量的平台投资分摊及平台上运行的小的阿米巴（司机）的量来进行预测。

3. 平台与阿米巴的责权利

平台做得越大，就会吸引越多的阿米巴团队（小微组织或者是个体创利者）。而在平台上的一个个阿米巴团队只要能够为平台贡献价值，如净利润，其对平台的净利润贡献就可以随着阿米巴团队的扩展不断扩大。对于平台上配置的所有阿米巴团队，是分配规则的制定者，同时更是共生生态环境的塑造者，要让每一个阿米巴团队在这个平台上感觉到阳光透明，呼吸自由，他们拥有团队的自我组合权、自由组织间转移权、员工招聘权、定薪权、辞退权决定团队人员发放多少的权力和报销多少的权力以及利润分享的权利，但是他们的使命就是：必须按照效率完成任务！这些权力的下放，也意味着内部经营人才的培养，因为这些权力的拥有者就是潜在的 CEO。

4. 阿米巴薪酬预算与业绩动态预警下的弹性薪酬包管控

在阿米巴经营模式下，直接面对客户的一端成为整个资源价值链的起点，通过组织内部的交易，组织内部的交易不是以流程和计划来衡量价值的，而是在内部交易中，交易双方通过自行价值判断来决定各自价值的大小。最终谁的价值贡献越大，谁就可以获得和整合更多的资源，进而获得更多的收益。

（1）薪酬组成：包括完成目标任务和价值对应的薪酬以及超额完成目标任务和价值对应的薪酬两个部分。

（2）薪酬预算规则：在阿米巴经营模式下，各个独立核算的单元体薪酬预算与自身创造的价值，如净利润直接关联。年初根据每一个独立核算的单元体创造价值的大小确定年度预算薪酬预算总额，创造的价值越大，核算单元体的薪酬预算总额越高。对于相同业务形态的核算单元，薪酬预算总额与创造价值的比例是相同的，即薪酬预算总额的大小与独立核算单元体的人员、人数没有关系，只与创造的价值有关，这样可以充分体现出价值创造与分配的内部公平性。对价值的衡量与核算规则，不同的组织有不同的方式，一般情况下，多以净利润作为价值创造的指标。在薪酬预算总包的基础上，核算单元体的负责人根据个人价值贡献确定每个员工的基本薪酬标准，此薪酬预算是匹配完成目标任务下所释放的薪酬。对于没有完成的，会实施阶段性的预警和调整；对于超额完成目标任务的，超额部分将以利润分享的方式释放和兑现。

（3）薪酬与价值创造的动态预警管理机制：所谓的“动态”预警管理机制指的是“目标价值创造的完成进度比与薪酬费用预算总包释放比进行联动控制”。年初根据目标任务确定薪酬预算总包，根据业务的周期性，如一般情况是在半年度、3 季度业绩出来之后根据目标任务完成情况重新匹配薪酬总包，对应未按照薪酬总包与目标任务进行匹配的，需要调整至匹配。其中应首先重点调整各级干部的薪酬，同时各级干部需主动提出改善业绩的有效措施，包括但不限于人员优化、费用缩减等措施。

12.4　合伙制薪酬体系变革

互联网时代已经到来，运行模式平台化、服务变得极致且专业化、相应速度变得更加的快速，以便最大限度地整合资源。合伙机制应运而生，并且将成为互联网时代的新常态，也成为组织内部建立协同的主要模式。

本书中提到的合伙机制与法律意义上的传统合伙制不一样，它所体现的是一种合作机制、协同机制、评价机制、分配机制。在这种机制下，人人平等，谁做规则都是一样的。随着合伙机制的进一步发展和应用，未来的组织将变得没有老板、没有高管、没有员工，只有共同的合伙人，每个人根据自己在创造价值过程中的贡献，通过内外部交易完成协同。

在合伙机制下，组织将完成从绩效激励到价值分享机制的演变，并在快速、精确的核算基数上进行分享。分享的方式需要提前约定好，如海尔提出的“人、单、酬一体化”，不论职务高低，不论组织层级，公司上下一律按每个人服务的对象价值、实现的价值获取相应回报；与此同时，也需要组织内部建立起“以战功论英雄”的“赛马文化”。

合伙机制下的价值分享的前提是兑现承诺价值以及超额价值的创造，即合伙人的薪酬组成包括：最保险可掌控的（相对固定的，薪酬预算范围内的）+有一定风险的（中长期激励：员工持股计划）+高风险的（内外部投资机会，如跟投计划、成立合资公司等）三个部分。分享机制是非常多样化的，目前在国内很多行业特别是房地产行业中实践得比较早且日趋成熟。

（1）公司持股（中长期激励，风险中等，收益中等）

主要针对的是一线的公司管理干部。万科采取的持股方案是，将超额利润的奖金委托第三方进行操作，用于购买万科的股票，核心团队的持股比率为 10%，这样做既能确保管理层与公司发展利益保持一致，又可以稳固公司股权的控制权，降低恶意收购的风险。

表 12–1 万科"公司持股计划"

具体参数	详细情况
遵循原则	自愿参与
入围条件	EP（经济利润）奖金获得者（约 200 多名一线公司管理层）
持股方式	未来 EP 奖金转化股权
持股比例	10%
收益回报	根据资金流情况分期返本和分红

（2）项目跟投（风险较高、收益较高）

表 12–2 不同企业的跟投计划对比

企业	跟投计划名称	跟投人员	跟投机制
万科集团	项目跟投制 2.0	项目所在一线公司管理层、项目管理人员	份额少于项目峰值资金的 5%，项目所在一线跟投人员，可建立额外受让跟投（4%）
碧桂园	同心共享	集团董事，副总裁、中心负责人及区域总裁、项目经理	总部高管成立基金，每个项目均投 5%，区域总裁、项目经理等仅需投资自己区域的项目，占比不高于 10%
越秀地产	雇员奖励计划	项目上的管理团队及核心成员	首个项目全体成员所持的股权将不超过 2%，管理层跟投比例不超过 10%
金地地产	核心员工投资项目公司计划	集团主管投资高管、集团投资部门负责人以及区域公司负责人、区域公司主管投资负责人、区域公司主管营销负责人、城市公司负责人、项目负责人以及项目关键人员	合计持有的项目公司股权需小于 10%，单个核心员工投资人股权需小于 1%
当代置业	智业合伙人计划	研发设计小组	股权跟投是以股东身份共担风险收益，股份占比不高于 5%；债券跟投是配合股权跟投，将股权跟投额度乘以一定钢管倍数，以此额度参与债权跟投，当业绩目标达成时，享受固定债权跟投收益

数据来源：公开资料以及睿信地产研究院。

（3）成立有限合伙企业（风险高、收益高）

相比较前两种中长期激励计划，公司与合伙人联合成立合资公司，合伙人实际拥有一定比例的股份的机制，具有更强的激励性，但与此同时其具有更高的风险性。这种方式有些类似于内部创业，但与单纯的内部创业又有所不同，组织与合伙人的黏度更加紧密。目前，国内采取这种方式的并不多，随着互联网的进一步发展，这种方式将被越来越多的组织所应用。

综上所述，从合伙人角色的演变过程来看，从利益共同体，到事业共同体，再演变到命运共同体，合伙机制发生了巨大的变化，进而推动合伙机制下的薪酬体系处于不断发展、变革中并日趋完善，从稳定和保障性薪酬，到中长期等股权类薪酬激励的补充，再到提供实现个人事业与财务自由化的管道，组织与个人的黏性基本上达到了无缝的阶段，当然，在每一种机制下，都需要设计出相应的退出机制，这样才能真正地实现组织与个人的共赢。

图书在版编目 (CIP) 数据

HR 薪酬管理整体解决方案：共享价值分配新规则 / 于彬彬著 .—北京：中国法制出版社，2018.4（2023.4 重印）

（HR 管理整体解决方案丛书）

ISBN 978-7-5093-9379-6

Ⅰ.① H… Ⅱ.①于… Ⅲ.①企业管理－工资管理－研究 Ⅳ.① F272.923

中国版本图书馆 CIP 数据核字（2018）第 065639 号

责任编辑：马春芳　潘孝莉　　　　封面设计：柏拉图创意

HR 薪酬管理整体解决方案：共享价值分配新规则

HR XINCHOU GUANLI ZHENGTI JIEJUE FANG'AN：GONGXIANG JIAZHI FENPEI XIN GUIZE

著者 / 于彬彬

经销 / 新华书店

印刷 / 北京虎彩文化传播有限公司

开本 / 710 毫米 ×1000 毫米　16 开　　　　印张 / 17.25　字数 / 264 千

版次 / 2018 年 6 月第 1 版　　　　2023 年 4 月第 3 次印刷

中国法制出版社出版

书号 ISBN 978-7-5093-9379-6　　　　定价：59.00 元

值班电话：010-66026508

北京西单横二条 2 号　邮政编码 100031　　　　传真：010-66031119

网址：http://www.zgfzs.com　　　　**编辑部电话：010-66073673**

市场营销部电话：010-66033393　　　　**邮购部电话：010-66033288**

（如有印装质量问题，请与本社印务部联系调换。电话：010-66032926）